ANTIMANUEL DE PHILOSOPHIE

La tâche de la philosophie selon Nietzsche : « Nuire à la bêtise ».

Le Gai Savoir, paragraphe 328.

DU MÊME AUTEUR

PHYSIOLOGIE DE GEORGES PALANTE, Pour un nietzschéisme de gauche, Grasset, 2002 (1re éd. Folle Avoine, 1989).

LE VENTRE DES PHILOSOPHES, Critique de la raison diététique, Grasset, 1989.

CYNISMES, Portrait du philosophe en chien, Grasset, 1990.

L'ART DE JOUIR, Pour un matérialisme hédoniste, Grasset, 1991.

L'ŒIL NOMADE, La peinture de Jacques Pasquier, Folle Avoine, 1993.

LA SCULPTURE DE SOI, La morale esthétique, Grasset, 1993 (Prix Médicis de l'essai).

ARS MORIENDI, Cent petits tableaux sur les avantages et les inconvénients de la mort, Folle Avoine, 1994.

LA RAISON GOURMANDE, Philosophie du goût, Grasset, 1995.

MÉTAPHYSIQUE DES RUINES, La peinture de Monsu Désidério, Mollat, 1995.

LES FORMES DU TEMPS, Théorie du sauternes, Mollat, 1996.

LE DÉSIR D'ÊTRE UN VOLCAN, Journal hédoniste, Grasset, 1996.

POLITIQUE DU REBELLE, Traité de résistance et d'insoumission, Grasset, 1997.

LES VERTUS DE LA FOUDRE, Journal hédoniste II, Grasset, 1998.

À CÔTÉ DU DÉSIR D'ÉTERNITÉ, Fragments d'Égypte, Mollat, 1998.

THÉORIE DU CORPS AMOUREUX, Pour une érotique solaire, Grasset, 2000.

L'ARCHIPEL DES COMÈTES, Journal hédoniste III, Grasset, 2001.

ESTHÉTIQUE DU PÔLE NORD, Stèles hyperboréennes, Grasset, 2002.

L'INVENTION DU PLAISIR, Fragments cyrénaïques, LGF, 2002.

CÉLÉBRATION DU GÉNIE COLÉRIQUE, Tombeau de Pierre Bourdieu, Galilée, 2002.

SPLENDEUR DE LA CATASTROPHE, La peinture de Vélikovic, Galilée, 2002.

LES ICONES PAÏENNES, Variations sur Ernest Pignon-Ernest, Galilée, 2003.

ARCHÉOLOGIE DU PRÉSENT, Manifeste pour une esthétique cynique, Adam Biro/Grasset, 2003.

FÉERIES ANATOMIQUES, Généalogie du corps faustien, Grasset, 2003.

LA PHILOSOPHIE FÉROCE, Exercices anarchistes, Galilée, 2004.

ÉPIPHANIES DE LA SÉPARATION, La peinture de Gilles Aillaud, Galilée, 2004.

LA COMMUNAUTÉ PHILOSOPHIQUE, Manifeste pour l'Université populaire, Galilée, 2004.

TRAITÉ D'ATHÉOLOGIE, Physique de la métaphysique, Grasset, 2005.

LA SAGESSE TRAGIQUE, Du bon usage de Nietzsche, LGF, 2006.

CONTRE-HISTOIRE DE LA PHILOSOPHIE, tomes 1 et 2, Grasset, 2006.

VLADIMIR VÉLICKOVIC : KARTON, Thalia, 2006.

LA PUISSANCE D'EXISTER, Manifeste hédoniste, Grasset, 2006.

SUITE À LA COMMUNAUTÉ PHILOSOPHIQUE, Une machine à porter la voix, avec Patrick Bouchain, Galilée, 2006.

LA PHILOSOPHIE FÉROCE, vol. II, Traces de feux furieux, Galilée, 2006.

MICHEL ONFRAY

Antimanuel de philosophie

Leçons socratiques et alternatives

1, rue de Rome - 93561 Rosny Cedex

L'auteur tient particulièrement à remercier Micheline Hervieu pour sa logistique complice, Franck Perret, son élève, pour ses portraits d'auteurs, Jean-François Sineux pour ses poules philosophes, Emmanuel Barthélemy pour tout.

Couverture : Joëlle Parreau
Maquette : Joëlle Parreau et Bertrand Sampeur
Mise en page : Bertrand Sampeur
Illustrations : Jochen Gerner
Iconographie : Laurence Thivolle

ISBN : 978-2-84291-741-8
Imprimé par IME

À mes élèves de lycée technique passés, présents et futurs.

SOMMAIRE

Introduction

Faut-il commencer l'année en brûlant votre professeur de philosophie ? 15

- Raoul Vaneigem
- Jean Dubuffet
- Karl Gottlob Schelle
- Jacques Derrida
- Pierre Hadot

PARTIE 1
QU'EST-CE QUE L'HOMME ?

1. La Nature

Le singe, le cannibale et le masturbateur 29

Reste-t-il beaucoup de babouin en vous ? 30

- Julien de La Mettrie
- Emmanuel Kant
- Denis Diderot
- Thomas Hobbes
- Simone de Beauvoir
- Voltaire

Avez-vous déjà mangé de la chair humaine ? 43

- Michel de Montaigne

Pourquoi ne pas vous masturber dans la cour du lycée ? 50

- Wilhelm Reich
- Cyniques
- Peter Sloterdijk

D'autres textes sur la Nature 59

- François Dagognet

2. L'Art

Le décodeur, la Joconde et la pissotière 61

Faut-il toujours un décodeur pour comprendre une œuvre d'art ? 62

- Paul Veyne

- Theodor W. Adorno
- Walter Benjamin

Que fait donc la Joconde dans la salle à manger de vos grands-parents ? ... 71

- Jean Dubuffet

À quel moment une pissotière peut-elle devenir une œuvre d'art ? ... 79

- Octavio Paz
- Marcel Duchamp
- Platon

D'autres textes sur l'Art ... 90

- Georges Bataille
- Pierre Bourdieu
- Arthur Schopenhauer

3. La Technique

Le cellulaire, l'esclave et la greffe ... 93

Pourriez-vous vous passer de votre téléphone portable ? ... 94

- Max Horkheimer et Theodor W. Adorno
- Paul Virilio

Faut-il greffer le cerveau de votre prof de philo dans la boîte crânienne de son collègue de gym ? ... 101

- Hans Jonas

Le smicard est-il l'esclave moderne ? ... 106

- Friedrich Nietzsche
- Paul Lafargue
- André Gorz
- Herbert Marcuse

D'autres textes sur la Technique ... 116

- René Descartes
- Aristote
- Jürgen Habermas
- Ernst Jünger

Partie 2
Comment vivre ensemble ?

4. La Liberté

L'architecte, le pédophile et Internet 123

Pourquoi votre lycée est-il construit comme une prison ? 124

- Gilles Deleuze
- Jeremy Bentham
- Michel Foucault

Un éducateur pédophile choisit-il sa sexualité ? 133

- D'Holbach
- Baruch Spinoza
- Sade
- Max Horkheimer et Theodor W. Adorno

Laisserez-vous les sites pornographiques d'Internet accessibles à vos enfants ? 144

- John Stuart Mill
- Karl Popper

D'autres textes sur la Liberté 151

- Jean Grenier
- Pierre Joseph Proudhon
- Michel Bakounine
- Max Stirner

5. Le Droit

Le règlement, le surveillant et la police 155

Devez-vous refuser d'obéir à votre surveillant général quand il débite des sottises ? 156

- Épicure
- Étienne de La Boétie
- Jean Meslier
- Henri-David Thoreau
- John Locke
- Baruch Spinoza
- Pierre Gassendi
- Sophocle

Hugo Grotius

Faut-il jeter le règlement intérieur de votre lycée à la poubelle ? 170

Marcel Conche

Jean-Jacques Rousseau

La police existe-t-elle pour vous pourrir la vie systématiquement ? .. 178

Claude Adrien Helvétius

6. L'Histoire

La violence, le nazi et le nihiliste 185

Peut-on recourir à la violence ? 186

René Girard

Georges Sorel

Croyez-vous utile de juger d'anciens nazis presque centenaires ? 194

Vladimir Jankélévitch

Myriam Revault d'Allonnes

Que dites-vous en gravant « no future » *sur vos tables ?* 202

Emil Michel Cioran

Hannah Arendt

Saint Augustin

Condorcet

G.W.F. Hegel

Emmanuel Kant

D'autres textes sur l'Histoire 214

Volney

Eric Hobsbawm

Partie 3
Que peut-on savoir ?

7. La Conscience

La pomme, l'évanouissement et le psychanalyste 219

Qu'est-ce qui s'évapore quand vous perdez conscience (seul ou à deux) ? 220

- Jean-Paul Sartre
- Étienne de Condillac
- René Descartes

Pourquoi la pomme d'Adam vous reste-t-elle en travers de la gorge ? 228

- *La Genèse*
- Vladimir Jankélévitch
- Charles de Saint-Évremond
- Fernando Pessoa
- Jean-Jacques Rousseau

Que cherchiez-vous dans le lit de vos parents à six ou sept ans ? 238

- Sigmund Freud
- Wilhelm Reich

Un autre texte sur la Conscience 247

- Gottfried Wilhelm Leibniz

8. La Raison

La cuite, l'horoscope et le raisonnable 249

Quelle part de votre raison disparaît dans une soirée bien arrosée ? 250

- Emmanuel Kant

Votre succès au bac est-il inscrit dans les astres ? 257

- Lucrèce
- Theodor W. Adorno
- Nicolas Malebranche
- Gaston Bachelard
- Thomas d'Aquin

Pourquoi faudrait-il être raisonnable ? 268

- Max Horkheimer
- Épictète
- Blaise Pascal

D'autres textes sur la Raison 276

- Paul Feyerabend
- Friedrich Nietzsche

9. La Vérité

Le politicien, le menteur et le cannabis 279

Quand vous l'aurez trompé(e), le direz-vous à votre ami(e) ? 280

- Emmanuel Kant
- Theodor W. Adorno

Faut-il être obligatoirement menteur pour être Président de la République ? 287

- Pierre Hadot
- Platon
- Nicolas Machiavel

Pourquoi pouvez-vous acheter librement du haschisch à Amsterdam et pas dans votre lycée ? 294

- Blaise Pascal

D'autres textes sur la Vérité 299

- Platon
- Alain
- Francis Bacon
- Simone Weil

Conclusion

Laissez-les vivre 307

- Raoul Vaneigem
- Jacques Derrida

Annexes

Comment séduire votre correcteur ? 316

Index 331

Introduction

Faut-il commencer l'année en brûlant votre professeur de philosophie ?

Pas tout de suite. Attendez un peu. Donnez-lui au moins le temps de faire ses preuves avant de l'envoyer au bûcher. Je sais, on vous a prévenus contre la matière : elle ne sert à rien, on ne comprend pas ce que raconte celui qui l'enseigne, elle accumule les questions sans jamais donner de réponses, elle se réduit souvent à la copie d'un cours dicté et aux crampes de poignet associées, etc. Vous n'avez pas entièrement tort, c'est souvent le cas. Mais pas non plus complètement raison, car ce n'est pas toujours vrai...

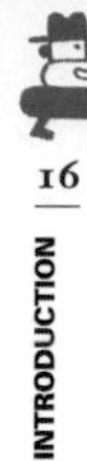

Barbons, barbus et barbants...

Vous avez raison : la philosophie peut franchement barber son monde... En premier lieu, quand elle use, mais surtout quand elle abuse de mots compliqués : ataraxie, phénoménologie, noumènes, éidétique, et autres termes impossibles à prononcer, mémoriser ou utiliser. Ensuite, quand elle s'excite sur des questions qui paraissent sans intérêt ou ridicules : pourquoi y a-t-il de l'être plutôt que rien ? — une question de Leibniz (1646-1716), réactivée par Heidegger (1889-1976), deux penseurs allemands essentiels. Ou quand elle cumule l'inconvénient des mots impossibles avec celui des questionnements extravagants. Par exemple : comment des jugements synthétiques *a priori* sont-ils possibles ? (question trouvée chez Kant (1724-1804), un philosophe allemand du XVIIIe siècle, dans son livre majeur *Critique de la raison pure*, 1781). Enfin, la matière peut vous ennuyer si elle persiste à privilégier les questionnements sans jamais se soucier d'apporter des réponses. Car certains pensent la question plus importante que la réponse... (ceux qui veulent rester tranquilles dans leur coin et passent leur vie à éviter de trouver, ce qui permettrait de passer à autre chose, de tourner la page). Si vous tombez sur un professeur qui excelle dans l'un de ces défauts, voire dans deux, sinon trois, vous avez raison, c'est mal parti...

... ou brillants, babas, hilarants

Mais vous pouvez aussi ne pas avoir complètement raison : car la philosophie peut se pratiquer avec un réel plaisir... Précisons avant tout que le vocabulaire technique ou spécialisé peut être nécessaire. On l'accorde bien au médecin ou au mécanicien qui peuvent parler l'un d'artériole, l'autre de culbuteur sans attirer le reproche : l'usage du vocabulaire spécialisé peut parfois s'avérer indispensable. En philosophie, il vaut mieux le plus souvent l'éviter et préférer le vocabulaire courant. Mais si ça n'est pas possible, parce que l'interrogation un peu fine nécessite des instruments appropriés, alors on peut y avoir recours, sans exagérer. Le vocabulaire technique s'apprend, on ne naît pas avec — de même pour celui dont vous disposez aujourd'hui. Acceptez le principe que vous pouvez élargir votre vocabulaire en apprenant quelques mots de philosophie essentiels pour mieux réfléchir efficacement. Plus votre vocabulaire est riche, plus votre pensée peut s'approfondir ; moins il l'est, moins vous serez à même de décoller des lieux communs...

En ce qui concerne les questions apparemment extravagantes, vous pouvez avoir raison : certaines proviennent exclusivement des personnes qui se spécialisent outrancièrement dans la discipline. Vous n'êtes pas guettés par ce risque... Laissez-le aux amateurs. Pourquoi pas vous, d'ailleurs, quand vous aurez plusieurs années de philosophie derrière vous ? Quoi qu'il en soit, ne réduisez pas toute la discipline à la pratique des seuls débats spécialisés. Commencez par essayer de résoudre les questions que vous vous posez dans votre vie quotidienne, la philosophie existe pour ça. Le cours de philosophie peut et doit y aider.

Enfin, vous pourrez effectivement trouver, à un moment donné de votre Terminale, que vous croulez sous les questions et qu'en regard, les réponses paraissent moins évidentes, moins fréquentes. Vous aurez raison : il existe dans l'année une période où nombre des idées communes que vous teniez de vos parents, de votre milieu, de votre époque s'effritent et laissent place à un désert angoissant. N'arrêtez pas pour autant de faire votre trajet philosophique. Au contraire. C'est en continuant que vous dépasserez cet état d'inquiétude pour commencer à trouver un réel plaisir à résoudre des problèmes philosophiques personnels puis généraux.

Éloge de la socratisation

En fait, votre rapport à la philosophie dépend de celui qui vous présente la discipline. On n'y échappe pas... Et dans cet ordre d'idée, tout est possible. Le pire et le meilleur. Car vous pouvez aussi bien subir l'enseignant qui vous fâche définitivement avec la matière que rencontrer un personnage qui vous fait aimer la discipline, ses figures majeures et ses textes essentiels — et pour toujours. Faites ce que vous voulez du premier, en revanche, épargnez le second... Mais attendez, avant de vous faire une idée, d'avoir pu juger sur pièce.

Le pire, sans conteste, c'est le fonctionnaire de la philosophie : le professeur obsédé par le programme officiel — au fait, celui des séries techniques est constitué de neuf notions : la Nature, l'Art, la Liberté, le Droit, la Technique, la Raison, la Conscience, l'Histoire, la Vérité, et d'une série de philosophes : une trentaine d'œuvres complètes entre Platon (427-347 av. J.-C.), le plus ancien et Heidegger (1889-1976), le trépassé le plus récent ; car, pour l'institution, un bon philosophe est un philosophe mort... Cette catastrophe scolaire ne s'écarte pas une seconde d'un vieux manuel sinistre, d'un cours rédigé depuis des années et ne chemine aucunement hors des sentiers battus de l'histoire de la philosophie. Il vous enseigne les morceaux choisis obligatoires et traditionnels. Que vous ayez faim ou non, il vous gave de notes inutiles le jour de l'examen puisqu'en aucun cas on ne vous demande d'apprendre par cœur et de régurgiter un savoir appris comme on mémoriserait les pages d'un annuaire téléphonique.

Rembrandt (1606-1669), *Philosophe en méditation* (1632).

Le meilleur, c'est l'enseignant socratique. C'est-à-dire ? Socrate (469-399 av. J.-C.) était un philosophe grec qui agissait dans les rues d'Athènes, en Grèce, il y a presque vingt-cinq siècles. Sa parole s'adressait à ceux qui s'approchaient de lui sur la place publique, dans la rue. Il les inquiétait en leur faisant comprendre avec une réelle ironie et une véritable maîtrise de la parole que leurs certitudes ne supportaient pas longtemps l'examen et la critique. Après avoir fréquenté Socrate et discuté avec lui, les individus s'en trouvaient métamorphosés : la philosophie leur ouvrait d'immenses possibilités et changeait le cours de leur existence.

L'enseignant socratique met son savoir, son ironie, sa maîtrise de la parole, sa culture, son goût du théâtre et son talent pour la mise en scène de la pensée, à votre service, au service de vos questionnements, de vos interrogations, afin que vous puissiez utiliser la discipline dans votre existence pour mieux penser, être plus critique, mieux armé pour comprendre le monde et éventuellement agir sur lui. À ses yeux, le cours propose une occasion (quelques heures hebdomadaires pendant trente-trois semaines, soit plusieurs dizaines d'heures dans une année sauf arrêts maladie, verglas sur les routes, pannes d'oreiller, école buissonnière...) — une occasion, donc, de soumettre la réalité et le monde à une critique constructive.

Pour ce genre d'enseignant, il n'y a pas d'un côté les sujets nobles, proprement philosophiques (l'origine du temps, la nature de la matière, la réalité des idées, la fonction de la raison, la formation d'un raisonnement, etc.), et de l'autre les sujets qui ne le seraient pas (aimer l'alcool, fumer du haschisch, se masturber, recourir à la violence, avoir affaire à la police, refuser un règlement intérieur, mentir à ceux qu'on aime, et autres sujets abordés dans ce manuel en regard d'une série de textes philosophiques), mais des traitements philosophiques de toutes les questions possibles. Le cours ouvre une scène où se joue, via l'enseignant, un perpétuel mouvement d'aller et retour entre votre existence et les pensées philosophiques disponibles.

La philosophie comme cour des miracles

Bien sûr, je vous souhaite de ne pas subir toute l'année un spécimen du genre fonctionnaire de la philosophie. Mesurez votre bonheur s'il ne croise pas votre chemin et que vous avez plutôt la chance de passer neuf mois (le temps d'une gestation de classe terminale, du moins pour ceux qui ne s'attardent pas...) avec un enseignant socratique. Sachez toutefois que rarement ces deux figures apparaissent aussi distinctement dans les salles de classe et que les obligations scolaires d'enseigner une méthode de la dissertation et du commentaire de texte, la nécessité (pénible pour vous autant que pour votre enseignant) de donner des devoirs, corriger des copies, rendre des notes, la perspective du bac, tout cela contraint chaque professeur à composer, tirer des bords entre l'administration et la pratique de la philosophie.

De sorte qu'indépendamment de votre malchance si vous subissez l'un ou de votre bonheur si vous rencontrez l'autre, vous devez bien dissocier le médiateur de la discipline et la discipline elle-même. Indépendamment de celui qui l'enseigne, la philosophie s'étend sur presque trente siècles de pensées et de penseurs, en Inde, en Chine (un monde qu'on n'enseigne pas en France, puisqu'on fait traditionnellement commencer, à tort, la philosophie en Grèce au VIIe siècle avant Jésus-Christ chez les présocratiques — ceux qui enseignent avant Socrate : Parménide, Héraclite, Démocrite parmi beaucoup d'autres), mais aussi en Grèce, à Rome et en Europe. Ces systèmes de pensées, ces idées, ces hommes proposent assez de questions et de réponses pour que vous trouviez votre compte dans un livre, un texte, des pages ou une figure émergeant de cet univers singulier.

Dans les programmes officiels, on transmet des valeurs sûres, classiques. La plupart du temps elles dérangent peu l'ordre social, moral et spirituel, quand elles ne le confortent pas nettement. Mais il existe aussi, et en quantité, des philosophes marginaux, subversifs, drôles, qui savent vivre, rire, manger et boire, qui aiment l'amour, l'amitié, la vie sous toutes ses formes — Aristippe de Cyrène (vers 435-350 av. J.-C.) et les philosophes de son école, les Cyrénaïques, Diogène de Sinope (Ve s. av. J.-C.) et les Cyniques, Gassendi (1592-1655) et les Libertins, La Mettrie (1709-1751), Diderot (1713-1784), Helvétius (1715-1771) et les Matérialistes, Charles Fourier (1772-1837) et les Utopistes, Raoul Vaneigem (né en 1934) et les Situationnistes, etc.

N'imaginez pas, parce qu'on vous présente prioritairement des penseurs peu excitants — ou que l'enseignant qui vous les transmet ne paraît pas lui non plus excitant —, que toute la philosophie se réduit à de sinistres personnages ou de tristes sires d'autant plus doués à penser qu'ils sont malhabiles dans la vie et décalés dans l'existence. Elle est un continent rempli de monde, de gens, d'idées, de pensées contradictoires, diverses, utiles à la réussite de votre existence, afin que vous puissiez sans cesse vous réjouir de votre vie et la construire jour après jour. À votre enseignant de vous fournir la carte et la boussole, à vous de tracer votre chemin dans cette géographie touffue, mais passionnante. Bon vent...

TEXTES

Raoul Vaneigem (belge, né en 1934)

Devenu l'un des maîtres à penser du courant contestataire de mai 68 avec un livre culte : *Traité de savoir-vivre à l'usage des jeunes générations* (1967). Effectue une critique radicale du capitalisme, instrument de mort et d'aliénation, et défend la révolution comme condition de réalisation de la jouissance.

Dresser l'animal rentable

L'école a-t-elle perdu le caractère rebutant qu'elle présentait aux XIXe et XXe siècles, quand elle rompait les esprits et les corps aux dures réalités du rendement et de la servitude, se faisant une gloire d'éduquer par devoir, autorité et austérité, non par plaisir et par passion ? Rien n'est moins sûr, et l'on ne saurait nier que, sous les apparentes sollicitudes de la modernité, nombre d'archaïsmes continuent de scander la vie des lycéennes et des lycéens.
L'entreprise scolaire n'a-t-elle pas obéi jusqu'à ce jour à une préoccupation dominante : améliorer les techniques de dressage afin que l'animal soit rentable ?
Aucun enfant ne franchit le seuil d'une école sans s'exposer au risque de se perdre ; je veux dire de perdre cette vie exubérante, avide de connaissances et d'émerveillements, qu'il serait si exaltant de nourrir, au lieu de la stériliser et de la désespérer sous l'ennuyeux travail du savoir abstrait. Quel terrible constat que ces regards brillants soudain ternis !
Voilà quatre murs. L'assentiment général convient qu'on y sera, avec d'hypocrites égards, emprisonné, contraint, culpabilisé, jugé, honoré, châtié, humilié, étiqueté, manipulé, choyé, violé, consolé, traité en avorton quémandant aide et assistance.
De quoi vous plaignez-vous ? objecteront les fauteurs de lois et de décrets. N'est-ce pas le meilleur moyen d'initier les béjaunes aux règles immuables qui régissent le monde et l'existence ? Sans doute. Mais pourquoi les jeunes gens s'accommoderaient-ils plus longtemps d'une société sans joie et sans avenir, que les adultes n'ont plus que la résignation de supporter avec une aigreur et un malaise croissants ?

Avertissement aux écoliers et lycéens, Mille et une nuits, département de la librairie Arthème Fayard, 1998.

Jean Dubuffet (français, 1901-1985)

Marchand de vin, peintre volontairement et faussement naïf, théoricien de l'art. Souhaite réhabiliter, dans le monde de la création, la puissance des malades, des fous, des gens simples et sans culture, des ouvriers et des paysans. Attaque ceux qui fabriquent le goût d'une époque : marchands, critiques, intellectuels, professeurs...

Le professeur : une éponge cramponnée

Les professeurs sont des écoliers prolongés, des écoliers qui, terminé leur temps de collège, sont sortis de l'école par une porte pour y rentrer par l'autre, comme les militaires qui rengagent. Ce sont des écoliers ceux qui, au lieu d'aspirer à une activité d'adulte, c'est-à-dire créative, se sont cramponnés à la position d'écolier, c'est-à-dire passivement réceptrice en figure d'éponge. L'humeur créatrice est aussi opposée que possible à la position de professeur. Il y a plus de parenté entre la création artistique (ou littéraire) et toutes autres formes qui soient de création (dans les plus communs domaines, de commerce, d'artisanat ou de n'importe quel travail manuel ou autre) qu'il n'y en a de la création à l'attitude purement homologatrice du professeur, lequel est par définition celui qui n'est animé d'aucun goût créatif et doit donner sa louange indifféremment à tout ce qui, dans les longs développements du passé, a prévalu. Le professeur est le répertorieur, l'homologueur et le confirmeur du prévaloir, où et en quel temps que ce prévaloir ait eu lieu.

Asphyxiante culture (1968), Minuit, 1986.

Karl Gottlob Schelle (allemand, 1777-?)

S'inscrit dans le courant dit de Philosophie populaire qui, fin XVIIIe, début XIXe siècle, veut sortir la discipline du ghetto universitaire et illisible dans lequel elle étouffe. Pour ce faire, propose de réconcilier l'exercice philosophique et les préoccupations quotidiennes.

S'appliquer à des objets de la vie

La philosophie ne peut conserver son influence, sa force de conviction générale, que si elle s'applique à des objets de la vie et du monde. Elle-même ne contient que les germes capables de féconder les vastes terres de l'humanité. C'est la tâche du philosophe pratique de favoriser, à partir de la philosophie, le développement de ces germes dans leur rapport avec les différents objets de la vie. Si l'on avait déjà atteint partout les principes supérieurs et premiers de la philosophie, comme se l'imaginent peut-être certains philosophes purement spéculatifs, on n'aurait certes pas besoin d'un tel processus de développement : or c'est loin d'être le cas. Chaque objet particulier possède sa nature propre, demande des examens particuliers que la raison ne pourra mener à bien sans l'avoir sous les yeux, et celui qui s'oblige à des examens de ce type fait concorder, en tant que philosophe, les objets de ces investigations avec les exigences de la raison. La philosophie doit se rapprocher en toute confiance du domaine de la vie ; loin de toute prétention, elle doit se montrer capable de distraire les gens aux heures de loisirs, elle doit même se mêler aux plaisirs d'une humanité raffinée pour faire également sentir sa valeur dans des domaines qui n'ont rien de philosophique et étendre son influence à toute la partie cultivée de la nation dont elle revendique l'amour.

L'Art de se promener (1802), trad. P. Deshusses, Payot & Rivages, 1996.

Jacques Derrida (français, né en 1930)

Invente la déconstruction, l'art de démonter par l'analyse et la lecture des textes de philosophie ce qu'ils ont véritablement dans le ventre — leurs sous-entendus idéologiques, politiques et métaphysiques. A milité pour une pédagogie rénovée de la philosophie dans les lycées.

Enseigner la force critique

La Déclaration universelle des droits de l'homme engage naturellement à former par l'« instruction » des sujets capables de comprendre la philosophie de cette Déclaration et à y puiser les forces nécessaires pour « résister au despotisme ». Ces sujets philosophes devraient être en mesure d'assumer l'esprit et la lettre philosophiques de la Déclaration, à savoir une certaine philosophie du droit naturel, de l'essence de l'homme qui naît libre et égal en droit aux autres hommes, c'est-à-dire aussi une certaine philosophie du langage, du signe, de la communication, du pouvoir, de la justice et du droit. Cette philosophie a une histoire, sa généalogie est déterminée, sa force critique est immense, mais ses limites dogmatiques non moins certaines. L'État (français) devrait tout faire, et il a beaucoup fait, pour enseigner (ne disons pas nécessairement inculquer) cette philosophie, pour en convaincre les citoyens : d'abord par l'école et à travers toutes les procédures éducatives, bien au-delà de l'ancienne « classe de philosophie ».

Du droit à la philosophie, Galilée, 1990.

Vuillemin, dessin paru dans *Phosphore* (1998).

Pierre Hadot (français, né en 1922)

Révolutionne l'histoire de la philosophie ancienne grecque et romaine (du VIe s. av. J.-C. au Ve s. ap. J.-C.) en démontrant qu'à cette époque l'adoption d'une philosophie oblige à modifier radicalement sa propre existence afin de mettre sa théorie et sa pratique en conformité.

Célébrer la vie philosophique

On réfléchit assez rarement sur ce qu'est en elle-même la philosophie. Il est effectivement extrêmement difficile de la définir. Aux étudiants en philosophie, on fait surtout connaître des philosophes. Le programme d'agrégation leur propose régulièrement, par exemple, Platon, Aristote, Épicure, les Stoïciens, Plotin, et, après les « ténèbres » du Moyen Âge, trop souvent ignorées des programmes officiels, Descartes, Malebranche, Spinoza, Leibniz, Kant, Hegel, Fichte, Schelling, Bergson et quelques contemporains. Pour l'examen, il faudra rédiger une dissertation qui montrera que l'on connaît bien les problèmes que posent les théories de tel ou tel auteur. Une autre dissertation témoignera de la capacité que l'on a de réfléchir sur un problème qualifié de « philosophique », parce qu'il a été en général traité par les philosophes anciens ou contemporains. En soi, il n'y a rien à redire à cela. C'est bien, semble-t-il, en étudiant les philosophies que l'on peut avoir une idée de la philosophie. Pourtant l'histoire de la « philosophie » ne se confond pas avec l'histoire des philosophies, si l'on entend par « philosophies » les discours théoriques et les systèmes des philosophes. À côté de cette histoire, il y a place en effet pour une étude des comportements et de la vie philosophiques.

Qu'est-ce que la philosophie antique ?, Gallimard, 1996.

Choisir une manière de vivre

Le discours philosophique prend donc son origine dans un choix de vie et une option existentielle et non l'inverse. […] Cette décision et ce choix ne se font jamais dans la solitude : il n'y a jamais ni philosophie ni philosophes en dehors d'un groupe, d'une communauté, en un mot d'une « école » philosophique et, précisément, une école philosophique correspond alors avant tout au choix d'une certaine manière de vivre, à un certain choix de vie, à une certaine option existentielle, qui exige de l'individu un changement total de vie, une conversion de tout l'être, finalement à un certain désir d'être et de vivre d'une certaine manière. Cette option existentielle implique à son tour une certaine vision du monde, et ce sera la tâche du discours philosophique de révéler et de justifier rationnellement aussi bien cette option existentielle que cette représentation du monde. Le discours philosophique théorique naît donc de cette option existentielle initiale et il y reconduit, dans la mesure où, par sa force logique et persuasive, par l'action qu'il veut exercer sur l'interlocuteur, il incite maîtres et disciples à vivre réellement en conformité avec leur choix initial, ou bien il est en quelque sorte la mise en application d'un certain idéal de vie.

Je veux dire, donc, que le discours philosophique doit être compris dans la perspective du mode de vie dont il est à la fois le moyen et l'expression et, en conséquence, que la philosophie est bien avant tout une manière de vivre, mais qui est étroitement liée au discours philosophique.

Qu'est-ce que la philosophie antique ?, Gallimard, 1996.

Statuette talisman mu'po, Cameroun.

Qu'est-ce que l'homme ?

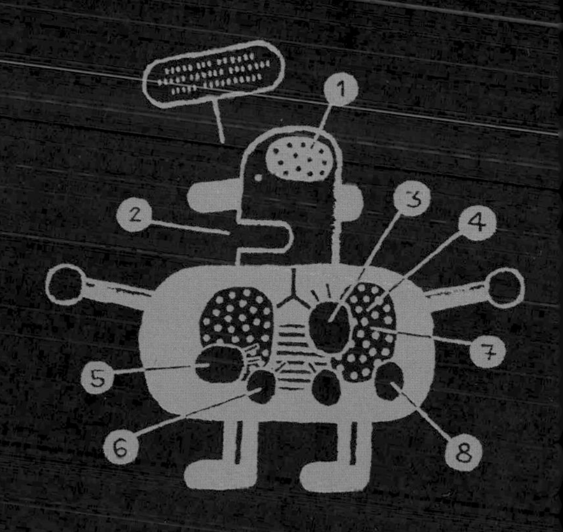

Nudistes sur l'Île du Levant (photographie d'Elliott Erwitt, 1968).

1

La Nature
Le singe, le cannibale et le masturbateur

Reste-t-il beaucoup de babouin en vous ?

Chez certains, oui, incontestablement... Passez seulement une heure avec eux, vous vous en apercevrez rapidement. Chez d'autres, c'est moins flagrant. Sur ce terrain, les hommes accusent des différences et des inégalités considérables. De la monstruosité au génie, les degrés ne manquent pas. Où sommes-nous, où êtes-vous entre ces deux extrêmes ? Plus proches de la bête ou de l'individu d'exception ? Dur de répondre. D'autant que les parts animales et humaines paraissent difficiles à séparer nettement. Où est le babouin ? Où est l'humain ? Les deux figures semblent parfois connaître une étrange imbrication...

Pourtant, on distingue ce qui est commun au babouin et à l'humain — au singe et au Pape. Pour ce faire, on peut recourir aux leçons données par la physiologie (les raisons du corps) et l'éthologie (la logique des comportements humains éclairés par ceux des animaux). Ces deux disciplines renseignent sur ce qui, en chacun de nous, procède et découle encore de la bête, malgré des siècles d'hominisation (le fait de devenir de plus en plus humain pour l'homme) et de civilisation.

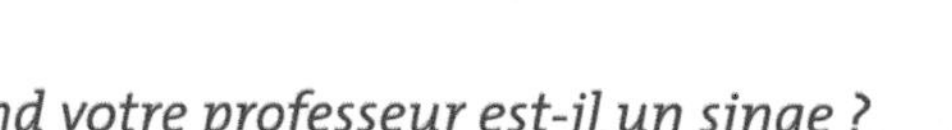

Quand votre professeur est-il un singe ?

La physiologie nous apprend l'existence de besoins naturels communs au babouin et au professeur de philosophie. Boire, manger et dormir apparaissent comme d'inévitables contraintes imposées par la nature. Impossible de s'y soustraire sans mettre en péril sa survie. La nécessité de restaurer ses forces par la nourriture, la boisson et le sommeil souligne l'identité entre le corps animal et le corps humain. Tous deux fonctionnent sur les mêmes principes, comme une machine en combustion qui appelle reconstitution régulière de ses forces pour pouvoir continuer à exister.

De même, la physiologie montre un besoin sexuel actif aussi bien chez le primate que chez l'homme. Cependant, ce besoin naturel n'est pas nécessaire à la survie individuelle, mais à celle de l'espèce. Arrêter de boire, de manger et de dormir met en péril la santé physique d'un corps. Ne pas avoir de sexualité n'entame en rien la santé physique — on n'en dira pas de même pour la santé psychique. Si l'individu ne craint rien de l'abstinence sexuelle, l'humanité, elle, y risque sa survie. La copulation des animaux assure la transmission de l'espèce, celle des hommes, par d'autres voies (le mariage, la famille monogame, la fidélité présentée comme une vertu) vise exactement les mêmes fins.

Pour sa part, l'éthologie enseigne qu'il existe des comportements naturels communs aux animaux et aux humains. On se croit souvent mis en mouvement par la conscience, la volonté, le libre choix. En fait, on obéit la plupart du temps à des mouvements naturels. Il en va ainsi lors des rapports violents et agressifs que l'on peut avoir avec les autres. Dans la nature, les animaux s'entretuent afin de partager le groupe en dominants et dominés, ils adoptent des postures physiques de domination ou de soumission, ils se battent pour gouverner des territoires. Les hommes font de même... La méchanceté, l'agressivité, les guerres, les rapports violents se nourrissent des parts animales en chacun.

De même, le babouin et le séducteur s'y prennent, sur le fond, d'une façon identique dans les relations sexuées. Seule la forme change. Ainsi, le singe recourt à la parade, il montre ses parties les plus avantageuses, ses dents, il crie, danse, se consume en démonstrations qui le valorisent, écarquille les yeux, dégage des senteurs déterminantes, il entre en conflit avec les mâles désireux de posséder la même femelle que lui, les dissuade par des mimiques agressives appropriées, etc. Que fait le Don

Juan qui s'habille, se parfume, se pare, use de ses avantages incontestables (prestance, voiture décapotable, vêtements griffés, carte bleue et compte en banque en conséquence), toise ou méprise du regard les hommes qui pourraient passer pour des rivaux, offre des cadeaux (bouquets de fleurs, invitation à dîner, bijoux, week-end galants, vacances au soleil, etc.) sinon donner une forme culturelle à des pulsions naturelles destinées à assurer la possession d'une femelle par un mâle ?

On constate que le babouin et l'homme se séparent sur la façon de répondre aux besoins naturels. Le singe reste prisonnier de sa bestialité, alors que l'homme peut s'en défaire, partiellement, totalement ou la différer, y résister, la dépasser en lui donnant une forme spécifique. D'où la culture. Face aux besoins, aux instincts et aux pulsions qui dominent l'animal intégralement et le déterminent, l'homme peut choisir d'exercer sa volonté, sa liberté, son pouvoir de décision. Là où le babouin subit la loi de ses glandes génitales, l'homme peut lutter contre la nécessité, la réduire, et inventer sa liberté.

Ainsi en matière de sexualité invente-t-il l'amour et l'érotisme, le sentiment et les jeux amoureux, la caresse et le baiser, la contraception et le contrôle des naissances, la pornographie et le libertinage, autant de variations sur le thème de la culture sexuée. De même, en ce qui concerne la soif et la faim : les hommes dépassent les besoins naturels en inventant des façons spécifiques d'y répondre (techniques de cuisson, de salage, de fumage, de boucanage, de fermentation), ils se servent des épices, inventent la cuisine et la gastronomie. De sorte que l'érotisme est à la sexualité ce que la gastronomie est à la nourriture : un supplément d'âme, une valeur intellectuelle et spirituelle ajoutée au strict nécessaire, ce dont les animaux sont incapables.

Pourquoi votre singe ne sera pas professeur de philosophie...

Enfin, l'homme et le babouin se séparent radicalement dès qu'il s'agit des besoins spirituels, les seuls qui soient propres aux hommes et dont aucune trace, même infime, ne se trouve chez les animaux. Le singe et le philosophe se distinguent difficilement dans leurs besoins et leurs comportements naturels ; puis ils se séparent partiellement quand l'homme répond aux besoins par des artifices culturels ; en revanche, ils se distinguent radicalement par l'existence, chez les humains, d'une série d'activités spécifiquement intellectuelles. Le singe ignore les besoins de spiritualité : pas d'érotisme chez les guenons, pas de gastronomie chez les chimpanzés, certes, mais pas plus de philosophie chez les orangs-outangs, de religion chez les gorilles, de technique chez les macaques ou d'art chez les bonobos.

Le langage, pas forcément la langue articulée, mais le moyen de communiquer ou de correspondre, d'échanger des positions intellectuelles, des avis, des points de vue : voilà la définition réelle de l'humanité de l'homme. Et avec le langage, la possibilité d'en appeler à des valeurs morales, spirituelles, religieuses, politiques, esthétiques, philosophiques. La distinction du Bien et du Mal, du Juste et de l'Injuste, de la Terre et du Ciel, du Beau et du Laid, du Bon et du Mauvais, ne s'opère que dans le cerveau humain, dans le corps de l'homme, jamais dans la carcasse d'un babouin. La culture éloigne de la nature, elle arrache aux obligations qui soumettent aveuglément les animaux qui n'ont pas le choix.

Paris, Hôtel-Drouot (photographie d'Elliot Erwitt).

La façon de répondre aux besoins naturels et l'existence spécifique d'un besoin intellectuel ne suffisent pas pour distinguer l'homme des villes et le singe de la forêt. Il faut ajouter, comme signe spécifiquement humain, la capacité à transmettre des savoirs mémorisés et évolutifs. L'éducation, la mise en condition intellectuelle, l'apprentissage, la trans-

mission de savoirs et de valeurs communes contribuent à la fabrication des sociétés où les agencements humains se font et se refont sans cesse. Les sociétés babouines sont fixes, non évolutives. Leurs savoir-faire sont réduits, simples et limités.

Plus l'acquisition intellectuelle augmente en l'homme, plus le singe recule en lui. Moins il y a de savoir, de connaissance, de culture ou de mémoire dans un individu, plus l'animal prend place, plus il domine, moins l'homme connaît la liberté. Satisfaire les besoins naturels, obéir aux seules impulsions naturelles, se comporter en personnage dominé par ses instincts, ne pas ressentir la force de besoins spirituels, voilà ce qui manifeste le babouin en vous. Chacun porte sa part de singe. La lutte est quotidienne pour s'arracher à cet héritage primitif. Et jusqu'au tombeau. La philosophie invite à mener ce combat et elle en donne les moyens.

Jean-Baptiste Chardin (1699-1779), *Le singe peintre.*

TEXTES

Julien de La Mettrie (français, 1709-1751)

Nie l'existence de Dieu et de l'âme, puis réduit toutes les manifestations du réel à des combinaisons de matière. Médecin de formation — spécialiste des maladies sexuellement transmissibles — il affirme que l'homme est une machine. Meurt d'une indigestion de pâté de faisan...

Le singe au petit chapeau

La même Mécanique, qui ouvre le Canal d'Eustachi dans les Sourds, ne pourrait-il le déboucher dans les Singes ? Une heureuse envie d'imiter la prononciation du Maître, ne pourrait-elle mettre en liberté les organes de la parole, dans des Animaux, qui imitent tant d'autres Signes, avec tant d'adresse et d'intelligence ? Non seulement je défie qu'on me cite aucune expérience vraiment concluante, qui décide mon projet impossible et ridicule ; mais la similitude de la structure et des opérations du Singe est telle, que je ne doute presque point, si on exerçait parfaitement cet Animal, qu'on ne vint enfin à bout de lui apprendre à prononcer, et par conséquent à savoir une langue. Alors ce ne serait plus ni un Homme Sauvage, ni un Homme manqué : ce serait un Homme parfait, un petit Homme de Ville, avec autant d'étoffe ou de muscles que nous mêmes, pour penser et profiter de son éducation.

Des Animaux à l'Homme, la transition n'est pas violente ; les vrais Philosophes en conviendront. Qu'était l'Homme, avant l'invention des Mots et la connaissance des Langues ? Un Animal de son espèce, qui avec beaucoup moins d'instinct naturel que les autres, dont alors il ne se croyait pas Roi, n'était distingué du Singe et des autres Animaux, que comme le Singe l'est lui-même ; je veux dire, par une physionomie qui annonçait plus de discernement. Réduit à la seule *connaissance intuitive* des Leibnitiens, il ne voyait que des Figures et des Couleurs, sans pouvoir rien distinguer entr'elles ; vieux, comme jeune, Enfant à tout âge, il bégayait ses sensations et ses besoins, comme un chien affamé, ou ennuyé du repos, demande à manger, ou à se promener.

Les Mots, les Langues, les Lois, les Sciences, les Beaux Arts sont venus ; et par eux enfin le Diamant brut de notre esprit a été poli.

On a dressé un Homme, comme un Animal ; on est devenu Auteur, comme Porte-faix. Un Géomètre a appris à faire les Démonstrations et les Calculs les plus difficiles, comme un Singe à ôter, ou mettre son petit chapeau, et à monter sur son chien docile. Tout s'est fait par des Signes ; chaque espèce a compris ce qu'elle a pu comprendre ; et c'est de cette manière que les hommes ont acquis la *connaissance symbolique*, ainsi nommée encore par nos Philosophes d'Allemagne.

L'Homme-machine (1748).

Emmanuel Kant (allemand, 1724-1804)

Inventeur du Criticisme (critique du fonctionnement de la raison et réduction de son usage aux seuls objets d'expérimentation, le reste, bien séparé, relevant de la foi). Un livre majeur : *Critique de la raison pure* (1781). En morale, laïcise le contenu de l'enseignement des Évangiles.

Un mal radical est en l'homme

Il existe dans l'homme un penchant naturel au mal : et ce penchant lui-même qui doit finalement être cherché dans le libre arbitre et qui est en conséquence imputable, est mauvais moralement. Ce mal est *radical* parce qu'il corrompt le fondement de toutes les maximes, de plus, en tant que penchant naturel, il ne peut être *extirpé* par les forces humaines ; car ceci ne pourrait avoir lieu qu'au moyen de bonnes maximes, ce qui ne peut se produire quand le fondement subjectif suprême de toutes les maximes est présumé corrompu ; néanmoins, il faut pouvoir le dominer puisqu'il se rencontre dans l'homme, comme être agissant librement.

La Religion dans les limites de la simple raison (1793), trad. J. Gibelin, Vrin, 1979.

Denis Diderot (français, 1713-1784)

Écrivain, romancier, auteur dramatique, philosophe, rédacteur de notices pour l'*Encyclopédie*, auteur d'une abondante correspondance, emprisonné pour ses idées, inventeur de la critique littéraire et matérialiste anticlérical. Penseur que se renvoient la littérature et la philosophie sans qu'aucune ne lui accorde une place digne de ce nom.

Contre les amateurs d'ordre

A. — Faut-il civiliser l'homme, ou l'abandonner à son instinct ?
B. — Faut-il vous répondre net ?
A. — Sans doute.
B. — Si vous vous proposez d'en être le tyran, civilisez-le ; empoisonnez-le de votre mieux d'une morale contraire à la nature ; faites-lui des entraves de toute espèce ; embarrassez ses mouvements de mille obstacles ; attachez-lui des fantômes qui l'effraient ; éternisez la guerre dans la caverne, et que l'homme naturel y soit toujours enchaîné sous les pieds de l'homme moral. Le voulez-vous heureux et libre ? ne vous mêlez pas de ses affaires : assez d'incidents imprévus le conduiront à la lumière et à la dépravation ; et demeurez à jamais convaincu que ce n'est pas pour vous, mais pour eux, que ces sages législateurs vous ont pétri et maniéré comme vous l'êtes. J'en appelle à toutes les institutions politiques, civiles et religieuses : examinez-les profondément ; et je me trompe fort, ou vous y verrez l'espèce humaine pliée de siècle en siècle au joug qu'une poignée de fripons se promettait de lui imposer. Méfiez-vous de celui qui veut mettre de l'ordre. Ordonner, c'est toujours se rendre le maître des autres en les gênant.

Supplément au voyage de Bougainville (1773).

Thomas Hobbes (anglais, 1588-1679)

Pessimiste sur la nature humaine, propose, dans une politique matérialiste, indifférente à la question de Dieu, un contrat social générateur de droits et de lois qui agissent en remèdes à la méchanceté naturelle des hommes. Penseur de la souveraineté incarnée dans la figure d'un Roi absolutiste.

L'homme est un loup pour l'homme

Hors de la société civile, il y a perpétuellement guerre de chacun contre chacun. Il est donc manifeste que, tant que les hommes

vivent sans une puissance commune qui les maintienne tous en crainte, ils sont dans cette condition que l'on appelle guerre, et qui est la guerre de chacun contre chacun. La guerre ne consiste pas seulement en effet dans la bataille ou dans le fait d'en venir aux mains ; mais elle existe pendant tout le temps que la volonté de se battre est suffisamment avérée. Le temps est donc à considérer dans le cas de la guerre, comme il l'est dans le cas du beau ou du mauvais temps. Le mauvais temps ne réside pas dans une ou deux averses, mais dans une tendance à la pluie pendant plusieurs jours consécutifs. De même, la guerre ne consiste pas seulement dans le fait actuel de se battre, mais dans une disposition reconnue à se battre pendant tout le temps qu'il n'y a pas assurance du contraire. [...]

Il peut paraître étrange au lecteur qui n'a pas bien pesé tout cela, que la nature ait ainsi séparé les hommes et leur ait donné cette tendance à s'entr'attaquer et à s'entre-détruire. Il peut ne pas vouloir se fier à cette inférence tirée de l'examen des passions. Peut-être désirera-t-il avoir confirmation de la chose par l'expérience. Alors qu'il se considère soi-même quand, partant en voyage, il s'arme et s'inquiète d'être bien accompagné, quand, allant se coucher, il ferme à clef ses portes ; quand, même dans sa maison, il ferme à clef ses coffres, et, cela, sachant bien qu'il y a des lois et des fonctionnaires publics armés pour venger tous les dommages qu'on pourra lui faire ; quelle opinion a-t-il des gens de sa suite, quand il s'arme pour voyager à cheval, de ses concitoyens, quand il verrouille ses portes, de ses enfants et de ses serviteurs, quand il ferme à clef ses coffres ? N'accuse-t-il pas tout autant l'humanité par sa façon d'agir que je le fais par mes discours ? Et pourtant, ni lui, ni moi nous n'accusons la nature humaine en elle-même. Les désirs et les autres passions humaines ne sont pas en eux-mêmes des péchés, et les actions qui procèdent de ces passions n'en sont pas davantage, tant que les hommes ne connaissent point de loi qui leur défende ces actions. Tant que les lois n'ont pas été faites, les hommes ne peuvent les connaître. Enfin aucune loi ne peut être faite, tant que les hommes ne se sont pas mis d'accord sur la personne qui doit la faire.

Léviathan, I, XIII (1651), trad. R. Anthony, éd. M. Giardo.

Simone de Beauvoir (française, 1908-1986)

Compagne de Sartre avec lequel elle invente un nouveau style de couple où prime l'exercice de la liberté intégrale. Romancière, essayiste, mémorialiste, philosophe de gauche, elle écrit *Le Deuxième Sexe* (1949), livre culte qui génère la pensée de la libération des femmes sur la planète.

« On ne naît pas femme, on le devient »

On ne naît pas femme : on le devient. Aucun destin biologique, psychique, économique ne définit la figure que revêt au sein de la société la femelle humaine ; c'est l'ensemble de la civilisation qui élabore ce produit intermédiaire entre le mâle et le castrat qu'on qualifie de féminin. Seule la médiation d'autrui peut constituer un individu comme un *Autre*. En tant qu'il existe pour soi l'enfant ne saurait se saisir comme sexuellement différencié. Chez les filles et les garçons, le corps est d'abord le rayonnement d'une subjectivité, l'instrument qui effectue la compréhension du monde : c'est à travers les yeux, les mains, non par les parties sexuelles qu'ils appréhendent l'univers.

Le drame de la naissance, celui du sevrage se déroulent de la même manière pour les nourrissons des deux sexes ; ils ont les mêmes intérêts et les mêmes plaisirs ; la succion est d'abord la source de leurs sensations les plus agréables ; puis ils passent par une phase anale où ils tirent leurs plus grandes satisfactions des fonctions excrétoires qui leur sont communes ; leur développement génital est analogue ; ils explorent leur corps avec la même curiosité et la même indifférence ; du clitoris et du pénis ils tirent un même plaisir incertain ; dans la mesure où déjà leur sensibilité s'objective, elle se tourne vers la mère : c'est la chair féminine douce, lisse élastique qui suscite des désirs sexuels et ces désirs sont préhensifs ; c'est d'une manière agressive que la fille, comme le garçon, embrasse sa mère, la palpe, la caresse ; ils ont la même jalousie s'il naît un nouvel enfant ; ils la manifestent par les mêmes conduites : colères, bouderie, troubles urinaires ; ils recourent aux mêmes coquetteries pour capter l'amour des adultes. Jusqu'à douze ans la fillette est aussi robuste que ses frères, elle manifeste les mêmes capacités intellectuelles ; il n'y a aucun domaine où il lui soit interdit de rivaliser avec eux.

Si, bien avant la puberté, et parfois même dès sa toute petite enfance, elle nous apparaît déjà comme sexuellement spécifiée, ce n'est pas que de mystérieux instincts immédiatement la vouent à la

passivité, à la coquetterie, à la maternité : c'est que l'intervention d'autrui dans la vie de l'enfant est presque originelle et que dès ses premières années sa vocation lui est impérieusement insufflée.

Le Deuxième Sexe, tome 1, Gallimard, 1949.

Voltaire (français, 1694-1778)

Célèbre dans le monde entier par ses *Contes* alors qu'il imaginait rester dans l'histoire avec ses tragédies que plus personne ne lit. On lui doit l'invention du penseur engagé dans son temps pour les combats qu'il croit justes (la tolérance, la liberté, la laïcité). Fournit le modèle de la figure de l'intellectuel au XXe siècle.

Les bêtes ne sont pas bêtes

Quelle pitié, quelle pauvreté, d'avoir dit que les bêtes sont des machines privées de connaissance et de sentiment, qui font toujours leurs opérations de la même manière, qui n'apprennent rien, ne perfectionnent rien, etc. !

Quoi ! cet oiseau qui fait son nid en demi-cercle quand il l'attache à un mur, qui le bâtit en quart de cercle quand il est dans un angle, et en cercle sur un arbre ; cet oiseau fait tout de la même façon ? Ce chien de chasse que tu as discipliné pendant trois mois n'en sait-il pas plus au bout de ce temps qu'il n'en savait avant tes leçons ? Le serin à qui tu apprends un air le répète-t-il dans l'instant ? n'emploies-tu pas un temps considérable à l'enseigner ? n'as-tu pas vu qu'il se méprend et qu'il se corrige ?

Est-ce parce que je te parle que tu juges que j'ai du sentiment, de la mémoire, des idées ? Eh bien ! je ne te parle pas ; tu me vois entrer chez moi l'air affligé, chercher un papier avec inquiétude, ouvrir le bureau où je me souviens de l'avoir enfermé, le trouver, le lire avec joie. Tu juges que j'ai éprouvé le sentiment de l'affliction et celui du plaisir, que j'ai de la mémoire et de la connaissance.

Porte donc le même jugement sur ce chien qui a perdu son maître, qui l'a cherché dans tous les chemins avec des cris douloureux, qui entre dans la maison, agité, inquiet, qui descend, qui monte, qui va de chambre en chambre, qui trouve enfin dans son cabinet le maître qu'il aime, et qui lui témoigne sa joie par la douceur de ses cris, par ses sauts, par ses caresses.

Des barbares saisissent ce chien, qui l'emporte si prodigieusement sur l'homme en amitié ; ils le clouent sur une table, et ils le dissèquent vivant pour te montrer les veines mésaraïques. Tu découvres dans lui tous les mêmes organes de sentiment qui sont dans toi. Réponds-moi, machiniste, la nature a-t-elle arrangé tous les ressorts du sentiment dans cet animal, afin qu'il ne sente pas ? a-t-il des nerfs pour être impassible ? Ne suppose point cette impertinente contradiction dans la nature.

Mais les maîtres de l'école demandent ce que c'est que l'âme des bêtes. Je n'entends pas cette question. Un arbre a la faculté de recevoir dans ses fibres sa sève qui circule, de déployer les boutons de ses feuilles et de ses fruits ; me demanderez-vous ce que c'est que l'âme de cet arbre ? Il a reçu ces dons ; l'animal a reçu ceux du sentiment, de la mémoire, d'un certain nombre d'idées. Qui a fait tous ces dons ? qui a donné toutes ces facultés ? Celui qui a fait croître l'herbe des champs, et qui fait graviter la terre vers le soleil.

Les âmes des bêtes sont des formes substantielles, a dit Aristote ; et après Aristote, l'école arabe ; et après l'école arabe, l'école angélique ; et après l'école angélique, la Sorbonne ; et après la Sorbonne, personne au monde.

Les âmes des bêtes sont matérielles, crient d'autres philosophes. Ceux-là n'ont pas fait plus de fortune que les autres. On leur a en vain demandé ce que c'est qu'une âme matérielle ; il faut qu'ils conviennent que c'est de la matière qui a sensation : mais qui lui a donné cette sensation ? C'est une âme matérielle, c'est-à-dire que c'est de la matière qui donne de la sensation à de la matière ; ils ne sortent pas de ce cercle.

Écoutez d'autres bêtes raisonnant sur les bêtes ; leur âme est un être spirituel qui meurt avec le corps : mais quelle preuve en avez-vous ? quelle idée avez-vous de cet être spirituel, qui, à la vérité, a du sentiment, de la mémoire, et sa mesure d'idées et de combinaisons, mais qui ne pourra jamais savoir ce que sait un enfant de six ans ? Sur quel fondement imaginez-vous que cet être, qui n'est pas corps, périt avec le corps ? Les plus grandes bêtes sont ceux qui ont avancé que cette âme n'est ni corps ni esprit. Voilà un beau système. Nous ne pouvons entendre par esprit que quelque chose d'inconnu qui n'est pas corps : ainsi le système de ces messieurs revient à ceci, que l'âme des bêtes est une substance qui n'est ni corps ni quelque chose qui n'est point corps.

D'où peuvent procéder tant d'erreurs contradictoires ? De l'habitude où les hommes ont toujours été d'examiner ce qu'est une chose, avant de savoir si elle existe. On appelle la languette, la soupape d'un soufflet, l'âme du soufflet. Qu'est-ce que cette âme ?

C'est un nom que j'ai donné à cette soupape qui baisse, laisse entrer l'air, se relève, et le pousse par un tuyau, quand je fais mouvoir le soufflet. Il n'y a point là une âme distincte de la machine. Mais qui fait mouvoir le soufflet des animaux ? Je vous l'ai déjà dit, celui qui fait mouvoir les astres. Le philosophe qui a dit *Deus est anima brutorum* avait raison ; mais il devait aller plus loin.

Dictionnaire philosophique (1764), article « Bêtes ».

Voutch, *L'Amour triomphe toujours*, Le Cherche-Midi, 2000.

– Je hais la nature : à l'âge de 13 ans, ma meilleure amie a été violée par un écologiste.

Avez-vous déjà mangé de la chair humaine ?

Vous, non, probablement pas. Ou alors, vous m'inquiétez... Mais vos ancêtres, oui, certainement. Moins vos parents ou grands-parents — encore que, sait-on jamais à quoi ressemble le passé de nos proches... — que les hommes préhistoriques dont nous descendons tous. On évite étrangement de populariser cette information — pourtant confirmée par les préhistoriens — qu'en Dordogne, il y a plusieurs milliers d'années, on festoyait avec les restes de ses semblables mis en morceaux. Certes, les détails du repas restent dans l'ombre, ignorés. Seules des entailles sur les ossements découverts prouvent que les fémurs étaient brisés de façon à pouvoir récupérer la moelle à des fins de consommation. Bien avant le foie gras et les pommes de terre frites à la graisse d'oie, l'homme des cavernes périgourdin mange son prochain sans aucun problème. Alors, barbares nos ancêtres ?

L'amour du prochain : cru, cuit ?

Bien évidemment, on aborde aujourd'hui la question du cannibalisme en jugeant avec notre morale, notre éducation, entravés par les préjugés de notre époque. L'homme commun des villes et des campagnes, au début du troisième millénaire, persiste à voir dans l'anthropophagie une pratique barbare, une coutume de sauvage habituelle chez des individus arriérés, sans culture, proches de l'animalité. Mais hors morale, sans juger, sans condamner ni bénir, que peut-on comprendre de cette façon de procéder ? Comment saisir ce qui, à l'heure où vous lisez ces lignes, anime les peuplades qui mangent encore leurs semblables ?

L'ancienneté du phénomène cannibale (la Dordogne préhistorique) n'exclut ni son actualité, ni sa permanence (les indiens Guayaki dans la forêt paraguayenne, en Amérique du Sud, aujourd'hui) : on repère, par exemple, des actes de cannibalisme en France, en 1789, aux premières heures de la Révolution française. En l'occurrence, à Caen, en Normandie, où un jeune arrogant représentant le pouvoir royal (le vicomte de Belzunce) se fait tuer et décapiter. Quelques-uns jouent à la balle avec sa tête et cuisent sa chair sur un grill. Enfin, une femme dont le fils deviendra maire de la ville, Madame Sosson, arrache son cœur pour le manger. De même, récemment, des rescapés d'un crash d'avion dans les Andes ont survécu grâce à la consommation des corps morts de leurs compagnons d'infortune.

Cannibalisme rituel (la préhistoire, le Paraguay contemporain), sacrificiel (la Révolution française) ou accidentel (le Pérou), à chaque fois l'événement fait problème. Quelle signification peut-on donner au cannibalisme ? Tintin au Congo témoigne : on évite la plupart du temps de réfléchir, de comprendre et l'on se contente de condamner. La caricature du noir imbécile mangeur de blancs civilisés dispense de penser. Les cannibales de Tintin sont sans culture, sauvages, ridicules, incapables de parler correctement, donc de penser, condamnés à une éternelle proximité avec les bêtes. Ils cuisinent l'homme blanc dans un immense chaudron et illustrent de la sorte leur incapacité à s'arracher à leur condition naturelle.

Je te mange, donc je suis

Or le cannibalisme est un fait de culture : les animaux ne mangent pas leurs semblables selon des règles précises de découpe, de cuisson et de partage signifiantes et symboliques. Il existe un genre de gastronomie de la cuisine anthropophagique... Les hommes seuls injectent dans l'art de manger leur prochain un sens à déchiffrer. Bien sûr, dans le cannibalisme de violence politique ou accidentelle, les raisons diffèrent du cannibalisme rituel. Dans le premier cas, on pratique la victimisation sacrificielle (voyez dans le chapitre sur l'Histoire le texte de René Girard, p. 191) pour gérer une haine viscérale et s'en défaire ; dans le second, on assure sa survie et on nie la mort qui nous menace en la transformant en énergie vitale à même de permettre la satisfaction des besoins naturels fondamentaux — se nourrir, disposer de protéines dans un environnement pauvre aux aliments rares.

Bud Abbot et Lou Costello dans *Deux nigauds en Afrique*, film de Charles Barton, 1949.

Dans le cas du cannibalisme rituel et sacré, les hommes mettent en scène une théâtralisation précise qui suppose la transmission, dans la tribu, de façons de penser et de faire. On ne met pas à mort pour manger, on mange celui qui est mort. De sorte qu'on affiche ainsi une attitude devant le trépas : or seuls les hommes ont inventé des réponses culturelles pour vivre avec le fait d'avoir à mourir. Sépulture hors sol, crémation, enterrement ou cannibalisme : en proposant ces solutions aux problèmes de la gestion du cadavre, les hommes affirment leur humanité et prennent leur distance avec l'animal qui, lui, n'enterre pas ses morts, ne les reconnaît pas, n'organise pas de cérémonies pour honorer et célébrer leur mémoire, n'imagine pas la possibilité de survie sous forme spirituelle. Le cannibalisme manifeste un degré de culture

singulier, différent du nôtre, certes, mais plus en relation avec le raffinement d'une civilisation et de ses rites qu'avec la barbarie ou la sauvagerie repérables dans la nature.

Les ethnologues (ces hommes qui vivent avec ces peuples et examinent leurs façons de penser, de vivre au quotidien, de manger, de s'habiller, de se reproduire, de transmettre leurs savoirs, de partager les tâches dans le groupe) ont écrit sur le cannibalisme. Ils ont assisté à des rituels de cuisson, de découpe, de partage et de consommation des corps rôtis ou bouillis. Que concluent-ils ? Que le cannibalisme célèbre à sa manière le culte dû aux ancêtres, qu'il assure la survie du mort et son utilité dans la communauté. En mangeant le défunt, on lui donne sa place dans la tribu, on ne l'exclut pas du monde des vivants, on lui assure une survie réelle. Manger celui que la vie a quitté, c'est lui en donner une autre, invisible sous forme individuelle, mais repérable dans sa forme collective : le mort anime encore le groupe que son âme a quitté. Comment ? En obéissant à des rituels, en pratiquant selon un ordre immuable, transmis par les anciens et reproduit par les nouveaux qui, à leur tour, initient leurs enfants. Le rite assure la cohérence et la cohésion de la communauté. Les morceaux sont découpés, puis destinés au récipient pour bouillir ou aux braises pour griller. Les organes sont ensuite distribués à ceux qui en ont besoin : le cœur pour la vaillance, le cerveau pour l'intelligence, les muscles pour la force, le sexe pour la fécondité. Celui du groupe à qui manque une qualité, on la lui donne en lui destinant l'organe associé et correspondant, comme un genre de cadeau fait par l'ancêtre. Utile pour la communauté, le mort sert une fois encore au groupe et rend possible une société où triomphe la solidarité, la réalisation de l'un par l'autre, de la partie par le tout. Le cannibalisme agit en ciment communautaire. Il transfère les énergies des morts, les active et réactive là où elles font défaut chez les défavorisés. Le contrat social passe par la cérémonie, la cérémonie passe par le contrat social : l'estomac des membres de la tribu offre la seule sépulture possible pour un défunt dont le corps disparaît, certes, mais dont l'âme survit en permanence dans la tribu.

Les peuplades qui pratiquent l'anthropophagie seraient certainement très étonnées de voir comment nos civilisations ultra-modernes traitent leurs cadavres : on éloigne le mort, on ne meurt plus chez soi, mais à l'hôpital, on ne ramène plus les corps dans les maisons, les domiciles, ils restent dans des morgues, exposés dans des salles anonymes où se succèdent sans discontinuer les cadavres inconnus de la veille et ceux du lendemain. Puis on enferme le corps dans une boîte en bois abandonnée à la terre froide et humide en attendant que les vers et les insectes pourrissent la chair, puis la décomposent et la transforment en charogne. Les prétendus barbares qui mangent leurs morts pour les honorer trouveraient sûrement barbares nos coutumes : on prétend aimer nos défunts et on leur destine le même sort qu'aux animaux. Et si la barbarie n'était pas là où l'on croit ?

Tombe au Pays de Galles (photographie de Josef Koudelka, 1997).

TEXTE

Michel de Montaigne (français, 1533-1592)

Auteur d'un seul très grand livre, les *Essais* (1580-1588), dans lequel, à la lumière des auteurs de l'Antiquité, il propose le roman de sa conscience et l'histoire de sa subjectivité. Invente le « Moi » moderne et permet, contre le christianisme qui le tient en mauvaise estime, de donner au « Je » un statut positif.

Où sont les barbares ?

Il n'y a rien de barbare et de sauvage en cette nation, à ce qu'on a rapporté, sinon que chacun appelle barbarie ce qui n'est pas de son usage ; comme de vrai, il semble que nous n'avons autre mire de la vérité et de la raison que l'exemple et idée des opinions et usances du pays où nous sommes. Là est toujours la parfaite religion, la parfaite police, parfait et accompli usage de toutes choses. Ils sont sauvages, de même que nous appelons sauvages les fruits que nature, de soi et de son progrès ordinaire, a produits : là où, à la vérité, ce sont ceux que nous avons altérés par notre artifice [art] et détournés de l'ordre commun, que nous devrions appeler plutôt sauvages.

Trois d'entre eux, ignorant combien coûtera un jour à leur repos et à leur bonheur la connaissance des corruptions de deçà, et que de ce commerce naîtra leur ruine, comme je présuppose qu'elle soit déjà avancée, bien misérables de s'être laissés piper au désir de la nouvelleté, et avoir quitté la douceur de leur ciel pour venir voir le nôtre, furent à Rouen, du temps que le feu roi Charles neuvième y était. Le roi parla à eux longtemps ; on leur fit voir notre façon, notre pompe, la forme d'une belle ville. Après cela, quelqu'un en demanda leur avis, et voulut savoir d'eux ce qu'ils y avaient trouvé de plus admirable ; ils répondirent trois choses, d'où j'ai perdu la troisième, et en suis bien marri ; mais j'en ai encore deux en mémoire. Ils dirent qu'ils trouvaient en premier lieu fort étrange que tant de grands hommes, portant barbe, forts et armés, qui étaient autour du roi (il est vraisemblable qu'ils parlaient des Suisses de sa garde), se soumissent à obéir à un enfant, et qu'on ne choisissait plutôt quelqu'un d'entre eux pour commander ; secondement (ils ont une façon de leur langage telle, qu'ils nomment les hommes moitié les uns des autres) qu'ils avaient aperçu qu'il y avait parmi nous des hommes pleins et gorgés de toutes sortes de commodités, et que leurs moitiés étaient mendiants à leurs portes, décharnés de faim et de pauvreté ; et trouvaient étrange comme ces moitié-ci nécessiteuses pouvaient souffrir une telle injustice, qu'ils ne prissent les autres à la gorge, ou missent le feu à leurs maisons. Je parlai à l'un d'eux fort longtemps ; mais j'avais un truchement [interprète] qui me suivait si mal et qui était si empêché à recevoir mes imaginations par sa bêtise, que je n'en pus tirer guère de plaisir. Sur ce que je lui demandai quel fruit il recevait de la supériorité qu'il avait parmi les siens (car c'était un capitaine, et nos matelots le nommaient roi), il me dit que c'était marcher le premier à la guerre ; de combien d'hommes il était suivi, il me montra un espace de lieu, pour signifier que c'était autant qu'il en pourrait [pourrait tenir] en un tel espace, ce pouvait être quatre ou cinq mille hommes ; si, hors la guerre, toute son autorité était expirée, il dit qu'il lui en restait cela que, quand il visitait les villages qui dépendaient de lui, on lui dressait des sentiers au travers des haies de leurs bois, par où il pût passer bien à l'aise. Tout cela ne va pas trop mal : mais quoi, ils ne portent pas de haut-de-chausses !

Essais (1580-1588), livre I, chapitre XXXI.

Pourquoi ne pas vous masturber dans la cour du lycée ?

Oui, tiens : pourquoi pas ? Car la technique est simple, les résultats sont immédiats, et tout le monde sans exception a goûté, goûte ou goûtera à ces plaisirs solitaires. Alors pourquoi faut-il que pèse sur cette technique vieille comme le monde et les hommes un tel poids de culpabilité, une telle charge culturelle et sociale ? Comment justifier l'arsenal répressif qui entoure la masturbation ? En fait, elle ne devrait aucunement gêner puisqu'entre le producteur et le consommateur on imagine mal la possibilité d'un conflit, d'un désaccord ou d'un malentendu...

Le plaisir à portée de la main

Onân passe pour avoir inventé la chose — du moins si l'on en croit la Bible (*Genèse*, XXXVIII, 6) — un jour que Dieu lui intima l'ordre de donner des enfants à sa belle-sœur veuve depuis peu. La loi était ainsi, à l'époque : quand une femme perdait son mari et demeurait sans descendance, le frère du défunt assurait la besogne et faisait des enfants qui héritaient de la fortune de son frère décédé. Pour éviter d'engendrer au compte de sa belle-sœur, Onân s'est masturbé avant de rendre visite à l'épouse dans l'attente. Dieu qui n'aime pas beaucoup

qu'on se moque de lui, encore moins qu'on ne lui obéisse pas, pire, qu'on pense d'abord à soi, et pas du tout à la famille, au lignage, a maudit Onân puis l'a tué. Pour caractériser le passe-temps d'Onân — le vôtre, le nôtre, celui de vos parents, de vos enseignants... —, on parle depuis d'onanisme.

La psychanalyse (voir le chapitre sur la Conscience, p. 219) a prouvé combien la masturbation est naturelle. Les éthologues montrent que dans le ventre maternel, les enfants pratiquent des mouvements destinés à leur procurer du plaisir. Très tôt, donc, et selon l'ordre de la nature, l'être humain se donne du plaisir dans la plus absolue des innocences. Plus tard, au fur et à mesure que l'enfant grandit, les parents socialisent leur progéniture et la contraignent dans le moule de la société. On enseigne alors que la masturbation n'est pas une bonne chose, plus ou moins nettement, plus ou moins violemment, avec une relative douceur dans la meilleure des hypothèses (des parents doux et prévenants), une violence castratrice dans la pire (des parents agressifs et sans délicatesse). Nous avons tous été détournés culturellement de ce mouvement naturel par des adultes qui ont renvoyé cette pratique soit au geste intime et secret, soit à la pratique coupable et dangereuse, fautive et pécheresse.

Car la masturbation est naturelle et sa répression culturelle : l'Église, très tôt, condamne cette pratique qui la gêne. L'histoire d'Onân qui déplaît à Dieu se réutilise pour les besoins des siècles qui passent : on associe l'onanisme à la faute à confesser, puis à expier, on le met en perspective avec le mensonge, la dissimulation, la maladie, la perversion, on l'associe à une négativité dommageable, de sorte que, l'envie apparaissant, on l'écarte tout de suite, par crainte de commettre un péché. La science prend le relais plus tard, les hygiénistes en particulier qui associent le plaisir solitaire et la désintégration de l'équilibre nerveux, psychique et physique ! Les prêtres menaçaient les masturbateurs de l'Enfer, les médecins de débilité physiologique et mentale : ils promettaient les pires maladies aux accros de cette douceur.

Pour quelles raisons la masturbation naturelle et régulatrice d'une sexualité qui ne trouve pas d'autres formes dans l'instant devient-elle une faute à payer ou une pratique déshonorante, inavouable et inavouée, bien que chacun y recoure de temps en temps ou régulièrement ? Parce que la civilisation se construit sur la répression des pulsions naturelles, elle les détourne, les utilise à d'autres fins que la satisfaction individuelle, pour le plus grand profit des activités culturelles et de civilisation. Un onaniste est un improductif social, un solitaire intéressé par sa seule jouissance, sans souci de donner à sa pulsion une forme socialement reconnue et acceptable, à savoir la génitalité (le rapport sexuel réduit au contact des organes génitaux) dans une histoire hétérosexuelle (un homme avec une femme), monogame (un partenaire, pas deux), qui vise la famille, le foyer, la procréation.

Remboursée par la Sécurité Sociale ?

Des philosophes se dressent — si l'on peut dire — contre cet ordre des choses : ce sont les Cyniques grecs (Diogène de Sinope, Cratès, ou Hipparchia, une des rares femmes dans cette activité essentiellement masculine). Ils agissent, enseignent et professent à Athènes, en Grèce, au IVe siècle avant Jésus-Christ. Leur modèle ? Le chien, car il aboie contre les puissants, mord les importants et ne reconnaît d'autre autorité que la nature. Pour les Cyniques, la culture consiste à imiter la nature, à rester au plus proche d'elle. D'où leur décision d'imiter le chien (ou d'autres animaux qu'ils affectionnent tout particulièrement : souris, grenouille, poisson, coq ou hareng traîné au bout d'une ficelle...).

Diogène ne voit pas pour quelles raisons s'interdire ce qui fait du bien et ne nuit pas à autrui, ou cacher ce que chacun pratique dans l'intimité de sa maison. Si la nature propose, la culture permet de disposer : et pourquoi devrait-on toujours aller dans le sens de la répression, de la culpabilisation ? Pourquoi ne pas accepter culturellement la nature et ce qu'elle invite à faire, puisqu'il n'en faut craindre aucun dommage ? A-t-on soif ou faim qu'on boit l'eau de la fontaine et prend un fruit sur le figuier à portée de la main, sans que cela ne gêne quiconque... Pourquoi, quand on ressent un désir sexuel, qui est tout aussi naturel que celui de boire ou de manger, devrait-on s'interdire de le satisfaire ou se cacher pour y répondre ? Il n'y a pas de bonnes raisons à la souffrance coupable, à la honte dissimulée. La pudeur est une fausse valeur, une vertu hypocrite, un mensonge social qui travaille inutilement le corps en générant du malaise.

La culture sert la plupart du temps les intérêts de la société qui, elle, a besoin de faire de la sexualité une histoire collective, communautaire et générale. Car, pour elle, l'énergie libidinale de chacun ne doit pas réjouir deux individualités libres et consentantes mais viser la fabrication de la famille, cellule de base de la communauté. La masturbation est une activité asociale, individuelle, antiproductive pour le groupe. Elle fait du plaisir une histoire gratuite entre soi et soi, et non une activité rémunératrice pour la cité, payée sous forme de foyers créés. Elle signe l'appropriation, sinon la réappropriation de soi par soi sans autre souci que sa satisfaction égoïste. Voilà pourquoi le masturbateur est toujours un ennemi déclaré des Églises, des États, des communautés constituées. Dans son geste, il est l'ami de lui-même et tourne le dos aux machines sociales consommatrices et dévoreuses d'énergies individuelles.

Miscellaneous (photographie d'Elliott Erwitt, Miami Beach, 1993).

Or la masturbation est un facteur d'équilibre psychique personnel chaque fois qu'une sexualité classique et à deux est impossible : dans une pension, une prison, dans un hôpital, un hospice, une caserne, un asile, là où quelqu'un ne se satisfait pas ou pas assez de sa sexualité avec une tierce personne. L'onanisme est la solution des enfants, des adolescents, des vieillards, des prisonniers, des militaires, des gens éloignés de chez eux ou de leurs habitudes, elle concerne les malades, les exclus, les célibataires volontaires ou non, les veufs et veuves, les interdits de plaisir sexuel parce que l'époque les trouve trop jeunes, trop vieux, trop laids et qu'ils ne correspondent pas aux critères du marché social du plaisir. Elle concerne aussi la personne qui ne s'épanouit pas dans les formes classiques et traditionnelles de la sexualité bourgeoise et occidentale.

Habituellement, la civilisation se nourrit du malaise de ces individus contraints à cette forme de sexualité, joyeuse si elle est occasionnelle et choisie, désespérante quand elle est régulière et subie. Le Travail, la Famille, la Patrie, l'Entreprise, la Société, l'École se nourrissent de ces énergies déplacées, sublimées : pour la civilisation, toute sexualité doit viser les formes familiales traditionnelles ou se compenser par un surinvestissement dans le jeu et le théâtre mondain — l'ordre, la hiérarchie, la productivité, la compétitivité, la conscience professionnelle, etc.

Man with clouds (photographie de Wolfgang Tillmans, 1998).

En se masturbant sur la place publique (à vous, maintenant, d'animer la cour de votre lycée...), Diogène signifie aux puissants de ce monde (Alexandre par exemple) et aux passants anonymes que son corps, son énergie, sa sexualité, son plaisir ne sont pas honteux, lui appartiennent et qu'il n'est pas question d'aliéner sa liberté dans une histoire collective. L'onaniste est un célibataire social qui donne à la nature un maximum de pouvoir dans sa vie et concède à la culture le strict nécessaire pour une vie sans encombre et sans violence avec les autres.

TEXTES

Wilhelm Reich (autrichien, 1897-1957)

Face au triomphe du fascisme et du nazisme en Europe dans les années 30, il associe la critique marxiste (éloge de la révolution sociale et politique) et la psychanalyse (invitation à prendre en compte l'existence d'un inconscient individuel) pour libérer les hommes, les femmes et les jeunes des aliénations économiques et sexuelles.

La démangeaison masturbatoire

Avant que le jeune ait atteint la puberté, en réalité dès la petite enfance, l'impulsion sexuelle se manifeste déjà sous les formes les plus variées. Une de ces formes, qui apparaît finalement de plus en plus au premier plan et qui réalise la transition vers la vie sexuelle mûre, est l'onanisme (masturbation ; autosatisfaction). L'Église et la science bourgeoise ont présenté l'onanisme des enfants et des adolescents comme un vice grave, comme un phénomène très dangereux et nuisible pour la santé. Seule la sexologie moderne a consenti à reconnaître l'onanisme comme une forme transitoire tout à fait normale de la sexualité infantile et adolescente. On s'est beaucoup interrogé pour savoir quelles sont les raisons qui poussent les jeunes à l'onanisme. C'est seulement après s'être débarrassé de la conception selon laquelle l'onanisme est un vice qu'il a été possible d'établir qu'il est la simple expression de la tension sexuelle corporelle et mentale dans l'organisme juvénile ; qu'il ne se distingue pas du tout, en principe, d'un simple prurit ou d'une démangeaison de la peau, car il repose également sur la tension d'un organe, tension qui peut être supprimée par le frottement. L'onanisme se distingue bien sûr de la démangeaison courante par une intensité beaucoup plus importante de la tension et de la satisfaction.

La Lutte sexuelle des jeunes (1931), trad. J.-M. Brohm et S. Knief, Maspero, 1972.

Cyniques (grecs, v^{e}-iv^{e}s. avant J.-C.)

Philosophes de l'Antiquité qui prennent modèle sur le chien qui copule en public. Pétomanes, masturbateurs, mangeurs de chair humaine, provocateurs, ils enseignent le renoncement aux fausses valeurs (pouvoir, argent, famille, réputation, honneurs...) et célèbrent des vertus austères (liberté, autonomie, indépendance, insoumission...).

Des philosophes onanistes et pétomanes

Il [Diogène] avait l'habitude de tout faire en public, les œuvres patronnées par Déméter aussi bien que celles d'Aphrodite. Il raisonnait en effet de la façon suivante : s'il n'y a rien d'absurde à déjeuner, il n'est donc pas déplacé de le faire en public ; or, déjeuner n'est pas absurde, donc il n'est pas déplacé de le faire sur la place publique. Se masturbant même en public, il disait : « Ah ! si seulement on pouvait faire cesser la faim en se frottant ainsi le ventre ! » […] N'est-il pas choquant que les adeptes du Cynisme osent tenir la sodomie pour une chose indifférente ? Et tandis qu'il nous semble tout à fait indécent d'avoir commerce en public avec une femme, ils s'accouplent au grand jour, sans faire de différence, tout comme on l'a entendu dire à propos du philosophe Cratès. […]
Métroclès de Maronée, frère d'Hipparchia, fut d'abord un élève de Théophraste le Péripatéticien. Celui-ci l'abîma à ce point qu'un jour Métroclès, ayant lâché un pet au beau milieu d'un exercice oratoire, en fut si honteux qu'il s'enferma chez lui, décidé à se laisser mourir de faim. En apprenant cela, Cratès vint le voir, comme on l'avait invité à le faire, et non sans avoir, à dessein, dévoré un plat de fèves ; il tenta d'abord de le convaincre en paroles qu'il n'avait commis aucun délit : il aurait en effet été bien étonnant que les gaz ne se soient pas échappés comme le veut la nature. En fin de compte, Cratès se mit à péter à son tour et réconforta ainsi Métroclès en lui fournissant la consolation de l'imitation de son acte. À partir de ce jour, Métroclès se mit à l'école de Cratès et il devint un homme de valeur en philosophie. […]
Les poissons font preuve de presque plus d'intelligence que les hommes : quand ils sentent le besoin d'éjaculer, ils sortent de leur retraite et vont se frotter contre quelque chose de rude. […]
Ce sont là les caractères de la philosophie de Diogène : qu'il foule aux pieds les fumées de l'orgueil, qu'il se rie de ceux qui cachent dans l'ombre la satisfaction de leurs nécessités naturelles — je veux

dire l'expulsion des excréments —, mais qui, en plein milieu des places publiques et des cités, commettent des actes plus violemment contraires aux exigences de notre nature, tels que vols d'argent, calomnies, assignations injustes et poursuite d'autres pratiques aussi immondes. Que Diogène en effet ait laissé échapper une incongruité, qu'il se soit soulagé ou qu'il ait fait, comme on ne cesse de le dire, quelque autre chose du même genre sur la place publique, c'était pour écraser l'orgueil de ceux-là et pour leur apprendre qu'ils commettaient des actes bien plus vils et bien plus insupportables, les besoins étant conformes à la nature de nous tous, tandis que les vices, pour ainsi dire, ne sont conformes à la nature de personne, mais ils sont tous le résultat d'une perversion.

Les Cyniques grecs, fragments et témoignages, trad. L. Paquet, P.U. d'Ottawa, 1975.

Peter Sloterdijk (allemand, né en 1947)

Lecteur des Cyniques grecs, de Nietzsche, de Virilio (voir les notices) et de Baudrillard, à l'aide desquels il propose une analyse de la modernité, notamment de la vitesse pensée comme une vertu, de la technologie envahissante, des systèmes de contrôle sur les individus, des perspectives ouvertes par le génie génétique.

Les hommes tenus en laisse

L'impudeur de Diogène ne se comprend pas du premier coup d'œil. Si elle semble s'expliquer, d'une part du point de vue de la philosophie de la nature [...], d'autre part son intérêt se trouve en réalité dans le domaine politique et sociologique. La honte est la chaîne sociale la plus intime qui nous attache aux normes générales du comportement *avant* toutes les règles concrètes de la conscience. Mais le philosophe de l'existence ne peut se déclarer satisfait de cette donnée première que sont les dressages sociaux de la honte. Il reprend le processus depuis le début ; les conventions sociales n'établissent pas ce dont l'homme devrait vraiment avoir honte, surtout parce que la société est elle-même suspecte de reposer sur des perversions et des irrationalités. Le *kunique*[1] stigmatise donc un fait courant : les hommes sont tenus en laisse par les commandements profondément ancrés de la honte. [...]
En se masturbant publiquement, il commettait une impudicité par laquelle il se mettait en opposition avec les dressages politiques de la vertu de tous les systèmes. Cette masturbation était l'attaque

frontale contre toute politique familiale, pièce centrale de tout conservatisme. Du fait que, comme la tradition le dit pudiquement, il s'est chanté à lui-même sa chanson nuptiale avec ses propres mains, il n'a pas subi la contrainte de contracter un mariage à cause de ses besoins sexuels. Par son exemple, Diogène enseignait la masturbation comme progrès culturel, il va sans dire, non pas comme rechute dans l'animalité. Selon le sage on doit en effet laisser vivre l'animal pour autant qu'il est la condition de l'homme. Le masturbateur joyeux (« Plût au ciel qu'il suffît également de se frotter le ventre pour apaiser sa faim ») rompt l'économie sexuelle conservatrice sans pertes vitales. L'indépendance sexuelle demeure une des conditions les plus importantes de l'émancipation.

Critique de la raison cynique, trad H. Hildenbrand, Christian Bourgois, 1987.

1. Le *kunique* est le cynique de l'Antiquité, par opposition au cynique contemporain.

Reiser, *Les Copines*, Albin Michel, 1981.

UN AUTRE TEXTE SUR LA NATURE

François Dagognet (français, né en 1924)

Médecin de formation, penseur tous azimuts : l'image et le nombre en informatique, le rôle des détritus ou de l'objet dans l'art contemporain, les greffes et la nationalisation des cadavres, les limites du génie génétique et le droit des homosexuels à l'adoption des enfants, la possibilité de repenser la Nation en homme de gauche.

« La nature n'est pas naturelle »

Nous tenterons de justifier notre opposition à la nature : on oublie trop facilement qu'elle-même, dans ses manifestations les plus typiques — le champ, la forêt, le chemin, etc. — résulte d'une conquête de l'homme et d'un patient labeur. On ne peut écrire qu'une histoire de la campagne. Le contemplateur de ses harmonies regarde la fin ou le décor, il néglige les moyens, la machinerie sous-jacente. Il a fallu, pendant des générations, débroussailler, planter, tailler, élaguer, aligner : les végétaux et les animaux, à leur tour, exposent des options et des opérations. Bref, la nature n'est pas naturelle.

À cette prétendue réalité en soi — née de l'art — qui dépasserait l'homme, le précéderait et même l'inspirerait, et qu'il devrait, en conséquence, préserver et respecter, reconnaissons au moins une caractéristique majeure : elle s'offre à nos élaborations. Elle constitue une sorte de matériau plastique qui permet et appelle les transformations ; en somme, la nature invite, non pas à la conservation, mais à l'artificialité. Elle ne demande qu'à être manipulée, brassée, réglée.

La Maîtrise du vivant, Hachette, 1988.

Marcel Duchamp (1887-1968), *L.H.O.O.Q. (La Joconde aux moustaches)*, 1930.

2

L'Art
Le décodeur, la Joconde et la pissotière

Faut-il toujours un décodeur pour comprendre une œuvre d'art ?

Oui, tout le temps. C'est une erreur d'imaginer possible l'abord d'une œuvre d'art, quelle qu'elle soit, les mains dans les poches, en toute innocence, naïvement. On ne comprend pas un Chinois qui nous adresse la parole si l'on ne maîtrise pas sa langue ou si on n'en possède pas quelques rudiments. Or l'art procède à la manière d'un langage avec sa grammaire, sa syntaxe, ses conventions, ses styles, ses classiques. Quiconque ignore la langue dans laquelle est écrite une œuvre d'art s'interdit pour toujours d'en comprendre la signification, donc la portée. En conséquence, tout jugement esthétique devient impossible, impensable, si l'on ignore les conditions d'existence et d'émergence d'une œuvre d'art.

Lascaux, première chaîne cryptée

De la même manière que les langues parlées, le langage artistique change en fonction des époques et des lieux : il existe des langues mortes (le grec ancien, le latin), des langues pratiquées par une poignée de personnes (le kirghiz), des langues actives, mais en décadence (le français), des langues dominantes (l'anglais en version américaine). En matière d'art aussi, les œuvres sont issues de civilisations disparues (Sumer, Assur, Babylone, l'Égypte des pharaons, les Étrusques, les Incas, etc.), de petites civilisations (les Scythes), de civilisations naguère puissantes, mais aujourd'hui déclinantes (l'Europe), de civilisations dominantes (le mode de vie américain). Ce qui suppose, quand on appréhende une œuvre d'art, qu'on sache d'abord la resituer dans son contexte géographique et historique. Et répondre à la double question : où et quand ?

Il faut connaître les conditions de production d'une œuvre et pouvoir résoudre le problème de sa raison d'être : qui passe commande ? qui paie ? qui travaille pour qui ? des prêtres, des commerçants, des bourgeois, des riches propriétaires, des collectionneurs, des directeurs de musée, des galeristes, des collectivités publiques ? Et cette œuvre : pour quoi faire ? quoi dire ? qu'est-ce qui motive un artiste pour créer ici (les grottes de Lascaux, le désert égyptien), là (une église italienne, une ville flamande), ou ailleurs (une mégapole occidentale, Vienne ou New York, Paris ou Berlin) ? pourquoi utilise-t-il un matériau ou un support plutôt qu'un autre (le marbre, l'or, la pierre, le bleu outremer, le bronze, le papier photo, le support du film, le livre, la toile de lin, le son, la terre) ? Ainsi répond-on aux questions fondamentales : d'où vient cette œuvre ? où va-t-elle ? qui entend-elle toucher ?

On doit ensuite se demander : par qui ? afin de parvenir à resituer l'œuvre dans le contexte biographique de son auteur. Dans les périodes où les artistes ne signaient pas leur production (cette façon de procéder est récente, du moins en Europe où elle date de cinq siècles à peu près), on gagne à se renseigner sur les écoles, les ateliers, les groupes d'architectes, de peintres, de décorateurs, de maçons actifs sur le marché. On creuse ensuite la question de l'individu à l'origine de la production esthétique. Où naît-il, dans quelle ambiance ? quand et comment découvre-t-il son art, avec quels maîtres, dans quelles circonstances ? qu'en est-il de sa famille, de son milieu, de ses études, de sa formation ? quand dépasse-t-il ses initiateurs ? Tout le savoir disponible sur la vie de l'artiste permet, un jour ou l'autre, de comprendre la nature et les mystères de l'œuvre devant laquelle on se trouve.

Car l'œuvre d'art est cryptée, toujours. Plus ou moins nettement, plus ou moins clairement, mais toujours. On risque de rester longtemps devant les fresques des grottes de Lascaux sans les comprendre, parce qu'on a perdu le décodeur. On ne sait rien du contexte : qui peignait ?

que signifient ces troupeaux de petits chevaux ? ce bison qui encorne un homme à tête d'oiseau ? à qui ou à quoi destinait-on ces peintures : à de jeunes individus initiés dans des cérémonies chamaniques ? pourquoi utilisait-on l'ocre rouge ici, en poussière pulvérisée, soufflée, projetée, le bâton de charbon noir là, le pinceau de poils d'animaux ailleurs ? comment expliquer que des dessins en recouvrent d'autres sous les doigts d'autres peintres à plusieurs siècles de distance ? est-ce que les hommes à qui l'on doit ces décorations étaient considérés comme des artisans, des artistes, des prêtres ?

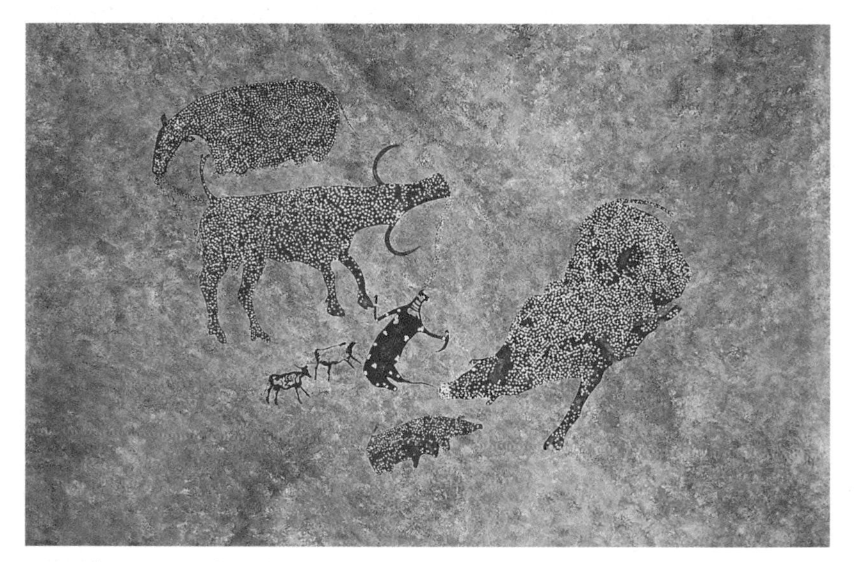

Art préhistorique, relevé de Henri Lhote.

Comme on ne parvient pas à résoudre la plupart de ces questions, les spectateurs ou les critiques se contentent souvent de projeter leurs obsessions sur les œuvres examinées. Ne voyant pas ce que les artistes veulent signifier, les commentateurs leur prêtent des intentions qu'ils n'avaient pas. L'histoire des interprétations de Lascaux laisse indemne le sens même de l'œuvre, vraisemblablement destiné à rester ignoré puisque ses conditions de production demeureront inconnues et qu'on ne disposera jamais d'une grille de lecture digne de ce nom. La méconnaissance du contexte d'une œuvre contraint à l'ignorance même de son sens. Plus on sait sur ses alentours, mieux on comprend son cœur ; moins on en sait, plus on se condamne à rester à la périphérie.

Connaître l'époque, l'identité de l'auteur, ses intentions transforme le regardeur en artiste à sa manière. Car il n'y a pas de compréhension d'une œuvre si l'intelligence du regardeur fait défaut. La culture est donc essentielle à l'appréhension du monde de l'art, quel que soit l'objet concerné et considéré. En proposant un travail, l'artiste effectue la moitié du chemin. L'autre échoit à l'amateur qui se propose d'apprécier l'œuvre. L'époque et le tempérament du créateur se concentrent dans l'objet d'art (qui peut être aussi bien un bâtiment, une pyramide par exemple ou un édifice signé Jean Nouvel, qu'une peinture de Picasso, une symphonie de Mozart, un livre de Victor Hugo, un poème de Rimbaud, une photographie de Cartier-Bresson, etc.). L'objet, quant à lui, ne prend son sens qu'avec la culture, le tempérament et le caractère du personnage appréciant le travail. D'où la nécessité d'un amateur artiste.

On ne naît pas amateur, on le devient

Comment devient-on cet amateur artiste ? En se donnant les moyens d'acquérir le décodeur. C'est-à-dire ? En construisant son jugement. La construction d'un jugement suppose du temps, de l'investissement et de la patience. Qui pourrait affirmer bien pratiquer une langue étrangère en lui consacrant un temps et un investissement ridicules ? Qui peut croire maîtriser un instrument de musique sans avoir sacrifié des heures et des heures de pratique afin de parcourir la distance qui sépare le balbutiement de la maîtrise ? Il en va de même avec la fabrication d'un goût. Peu importe l'objet de ce goût (un vin, une cuisine, une peinture, un morceau de musique, une architecture, un livre de philosophie, un poème), on ne parvient à l'apprécier qu'en ayant accepté d'apprendre à juger.

Pour ce faire, il faut éduquer les sens et solliciter le corps. La perception d'une œuvre d'art s'effectue exclusivement par les sensations : on voit, on entend, on goûte, on sent, etc. Acceptez, au début de votre initiation, d'être perdu, de ne pas tout comprendre, de mélanger, de vous tromper, d'être dans l'approximation, de ne pas obtenir tout de suite d'excellents résultats. On ne converse pas dans de hautes sphères intellectuelles avec un interlocuteur après seulement quelques semaines d'investissement dans sa langue. De même en ce qui concerne le monde de l'art. Du temps, de la patience et de l'humilité, puis du courage, de la ténacité et de la détermination. Les résultats s'obtien-

nent au bout d'un tunnel plus ou moins long suivant votre investissement et vos capacités.

La construction du jugement suppose également de l'ordre, de la méthode, voire un maître. L'École devrait jouer ce rôle, ce qu'elle ne fait pas ; la famille aussi, mais toutes ne le peuvent pas. Aussi la tâche vous incombe-t-elle, à vous, personnellement. Fréquentez les musées, les salles de concert, regardez les bâtiments publics et privés, dans la rue, avec un autre œil, allez dans des expositions, arrêtez-vous dans des galeries, écoutez des radios spécialisées dans les musiques auxquelles vous voudriez vous initier, ne buvez et ne mangez, dans la mesure du possible, que vins et plats de qualité, en exerçant à chaque fois votre goût, vos impressions, en comparant vos avis, en les décrivant, en les racontant à vos amis, vos copains et copines, voire en les écrivant, pour vous : tout ceci contribue à la formation de votre sensibilité, de votre sensualité, puis de votre intelligence, enfin de votre jugement. Puis, un jour qui ne prévient pas, son exercice se produira facilement, simplement — vous découvrirez alors un plaisir ignoré par la plupart, en tout cas par ceux qui se contentent, devant une œuvre d'art, de reproduire les lieux communs de leur époque, de leurs fréquentations ou de leur milieu.

Scène extraite du *Festin de Babette*, film danois de Gabriel Axel, 1987.

TEXTES

Paul Veyne (français, né en 1930)

Historien se réclamant de Frédéric Nietzsche et Michel Foucault. Spécialiste de la civilisation antique. A travaillé sur les mythes grecs, les jeux du cirque, la poésie érotique romaine, mais aussi sur la façon d'écrire l'histoire ou la poésie contemporaine.

Apprendre à comprendre

Question : Votre livre [sur le poète René Char] se donne d'emblée comme une « paraphrase ». Que faut-il entendre par là ?

Réponse : Rien de plus que le plus banal des procédés scolaires : lorsqu'il faut faire comprendre un vers difficile de Mallarmé ou de Gongora, que fait-on ? On « dit ce que cela veut dire », on paraphrase. Régulièrement, quand il est question de poésie, des gens viennent vous dire : vous comprenez ce poème comme ça ; moi, je le comprends autrement. Bien entendu, ils peuvent et ont le droit de le comprendre autrement. Mais, devant un texte hiéroglyphique, vous ne pouvez pas dire à un égyptologue : « Moi, je le comprends autrement », si vous ne savez pas l'égyptien. Vous aurez le droit de le comprendre autrement, mais quand vous aurez étudié l'égyptien. Il faut apprendre la langue-Char, dont la difficulté dépasse le travail sur la syntaxe et les distorsions de vocabulaire qui font que Mallarmé, quoique hermétique, est accessible au non-spécialiste.
Il fallait ensuite montrer ce que le poète avait voulu soit dire, soit suggérer, exposer la pensée que Char avait voulu déployer dans son poème ; car il y en avait une, à laquelle il tenait. C'est ce qui explique que ce livre repose aussi sur des entretiens. Je soumettais à Char des interprétations de ses poèmes pour saisir ce sens auquel il tenait et qu'il avait mis tous ses efforts à établir. J'ai trop souvent subi les colères de Char, lorsque je n'avais pas compris ce qu'il avait voulu dire, pour l'ignorer. Il avait sa pensée à lui ; il n'aimait pas qu'on lui en imposât d'autres.

Le Quotidien et l'Intéressant, Les Belles Lettres, 1996.

Theodor W. Adorno (allemand, 1903-1969)

Musicien de formation, sociologue et musicologue, philosophe juif chassé par le nazisme et réfugié aux États-Unis, membre de l'École de Francfort (voir notice Horkheimer, p. 98). Penseur antifasciste soucieux de réfléchir aux conditions d'une révolution sociale qui fasse l'économie de la violence.

Pas de Beau sans initiation

L'opinion répandue par les esthéticiens, selon laquelle l'œuvre d'art en tant qu'objet de contemplation immédiate doit être comprise uniquement à partir d'elle-même, ne résiste pas à l'examen. Elle ne trouve pas seulement ses limites dans les présupposés culturels d'une œuvre, dans son « langage » que seul un initié est en mesure de suivre. Même lorsque de telles difficultés ne se présentent pas, l'œuvre d'art demande plus que le simple abandon en elle-même. Celui qui veut déceler la beauté de *La Chauve-souris* doit savoir que c'est *La Chauve-souris* : il faut que sa mère lui ait expliqué qu'il ne s'agit pas seulement de l'animal ailé, mais d'un costume de bal masqué ; il faut qu'il se rappelle qu'on lui a dit : demain nous t'emmenons voir *La Chauve-souris*. Être inséré dans la tradition signifierait : vivre l'œuvre d'art comme quelque chose de confirmé, dont la valeur est reconnue, participer, dans le rapport que l'on a avec elle, aux réactions de tous ceux qui l'ont vue auparavant. Si toutes ces conditions viennent à manquer, l'œuvre apparaît dans toute sa nudité et sa faillibilité. L'action cesse d'être un rituel pour devenir une idiotie, la musique, au lieu d'être le canon de phrases riches de sens, paraît fade et insipide. Elle a vraiment cessé d'être belle.

Minima Moralia (1951), VI, trad. E. Kaufholz, Payot & Rivages, 1993.

David Hume (écossais, 1711-1776)

Connaît des échecs dans le commerce, l'écriture, l'économie et l'université. Se contente d'un travail de bibliothécaire pour vivre. Analyse les conditions de possibilité de la connaissance via les impressions, perceptions et sensations individuelles, puis fait de la réalité une fiction construite par la raison.

Augmenter son savoir, donc son plaisir

Pour juger avec justesse une composition de génie, il y a tant de points de vue à prendre en considération, tant de circonstances à

comparer, et une telle connaissance de la nature humaine est requise, qu'aucun homme, s'il n'est en possession du jugement le plus sain, ne fera jamais un critique acceptable pour de telles œuvres. Et c'est une nouvelle raison pour cultiver notre goût dans les arts libéraux. Notre jugement se fortifiera par cet exercice ; nous acquerrons de plus justes notions de la vie ; bien des choses qui procurent du plaisir ou de l'affliction à d'autres personnes nous paraîtront trop frivoles pour engager notre attention ; et nous perdrons par degré cette sensibilité et cette délicatesse de la passion, qui nous est si incommode.
Mais peut-être suis-je allé trop loin en disant qu'un goût cultivé pour les arts raffinés éteint les passions, et nous rend indifférents à ces objets qui sont poursuivis si amoureusement par le reste de l'humanité. Après une réflexion plus approfondie, je trouve que cela augmente plutôt notre sensibilité à toutes les passions tendres et agréables ; en même temps que cela rend l'esprit incapable des plus grossières et des violentes émotions.

Les Essais esthétiques (1742), Partie II : « Art et psychologie », trad. Renée Bouveresse, Vrin, 1974.

Walter Benjamin (allemand, 1892-1940)

Propose une esthétique nouvelle à l'heure où la photographie permet la reproduction des œuvres d'art et fait disparaître le rapport direct à l'objet. Écrit sur la littérature, le théâtre, le baroque, l'architecture, la poésie, l'histoire, le haschisch. Juif pourchassé par la Gestapo, il se suicide à la frontière entre la France et l'Espagne.

La copie rapproche l'objet

Le besoin devient de jour en jour plus irrépressible d'avoir l'objet à portée de main, d'être dans la plus grande proximité à l'objet grâce à l'image, ou plutôt grâce à la copie, à la reproduction. Il est impossible de méconnaître la différence qui oppose l'image et la reproduction, telle que le journal illustré et les actualités cinématographiques la proposent. [...]
La reproductibilité technique de l'œuvre d'art transforme le rapport des masses à l'art. Très retardataires devant un Picasso par exemple, elles deviennent plus progressistes par exemple devant un film de Chaplin. Cela fournit d'ailleurs une caractéristique du comportement progressiste : le plaisir de voir et d'apprendre par l'expérience s'y conjugue étroitement et immédiatement à l'attitude du spécialiste

qui porte un jugement. Cette conjonction est un important indice social. Plus l'importance sociale d'un art se réduit, plus en effet la critique et la jouissance sont au sein du public des attitudes distinctes — comme on le voit très clairement vis-à-vis de la peinture. On jouira de ce qui est conventionnel sans aucun esprit critique, on critiquera ce qui est effectivement nouveau avec dégoût.

L'Œuvre d'art à l'époque de sa reproductibilité technique (1936), trad. C. Jouanlanne, Art et Esthétique, 1997.

Sempé, *Grands Rêves*, Denoël, 1997.

— Bonjour. Je m'appelle Ghislaine Lemoine-Renancourt. Je suis chargée de vous faire regarder ce que vous allez voir.

Que fait donc la Joconde dans la salle à manger de vos grands-parents ?

On se le demande, non ? Et pourtant... Souvent, elle fait partie d'une série d'objets identiques et récurrents (qui se répètent, se retrouvent régulièrement) : des napperons en dentelles proprement étalés sur le dessus d'une télévision et sur lesquels trônent une gondole vénitienne rouge et or, lumineuse et clignotante, ou un poisson aux nageoires tranchantes et au corps taillé dans une corne de vache, des encadrements de photographies de famille décorés de coquillages disposés symétriquement, peints ou recouverts du nom de la ville portuaire de leur provenance, des canevas encadrés avec force baguettes de bois et qui représentent une biche aux abois, un berger allemand ou un enfant poupin échappé d'une publicité pour les savons et les couches-culottes.

Parmi ces objets se trouvent aussi des reproductions d'œuvres d'art classiques : les *Nymphéas* de Monet, transformés en nénuphars, la colombe de Picasso un rameau d'olivier dans le bec, l'oiseau sur la mer de Matisse et autres *Angelus* de Millet du meilleur effet sur les verres à moutarde, les couvercles de boîtes à sucre, les classeurs scolaires, ou les tee-shirts. Pourquoi donc *la Joconde*, partout utilisée — posters, sérigraphies, timbres-poste, cartes postales, parapluies, cendriers, foulards,

etc ? Qu'est-ce qui justifie la transformation de ce chef-d'œuvre de la peinture occidentale, voire mondiale, en illustration prostituée sur tous supports, y compris sous la forme d'une mauvaise reproduction papier placée sous verre et accrochée sur le mur de la salle à manger ?

Panneau décoratif de boulangerie d'après l'*Angelus* de Millet.

Pas beau, mais partout...

Rien à voir, ou pas grand-chose, entre cette photo encadrée et le chef-d'œuvre de Léonard de Vinci (1452-1519) intitulé *Portrait de Mona Lisa, dite la Joconde,* exposé au musée du Louvre. Pour s'en rendre compte, il suffit de suivre les cohortes de touristes étrangers, de repérer le fléchage spécifique dans le musée et d'aller au plus vite dans la salle où elle est présentée sous une vitre blindée, gardée par un personnel toujours au pied de l'œuvre. À quelques mètres, dans le même endroit, une autre toile de Léonard de Vinci — un *saint Jean-Baptiste* — est accrochée dans un coin. Personne ne la remarque, ou si peu. La plupart passent à côté sans même s'arrêter. *La Joconde* est devenue un symbole planétaire, connu et reconnu par tout le monde. Elle signifie l'art à elle seule.

Ce qu'exposent vos grands-parents dans leur salle à manger, c'est un morceau de ce symbole qui leur permet de participer à la relation des hommes avec les œuvres d'art, au moindre prix. La reproduction accrochée signale deux choses : d'une part le désir de posséder chez soi un objet qui procède de l'art, d'autre part l'incapacité financière d'en acquérir l'original. Le mélange d'un désir esthétique de beauté à domicile et d'impossibilité à le satisfaire réellement. Pour éviter la frustration, le succédané suffit. L'image dupliquée à de multiples exemplaires remplit ce rôle.

Il existe un goût des gens de peu (gens modestes et défavorisés). Ces personnes se distinguent par une culture peu importante, des références artistiques pauvres, rares ou inexistantes. Jamais elles n'ont eu le bonheur et la chance de se faire initier ou d'être mises en situation de comprendre le monde de l'art, bien qu'elles ressentent le besoin de satisfaire une envie de beauté, même sommaire. Sans éducation au codage, sans capacité au décryptage, sans mode d'emploi, elles n'ont pas non plus hérité d'un capital intellectuel transmis par la famille : pas d'habitude des musées français ou étrangers, pas de rapports directs, réguliers et suivis avec la matière même des œuvres d'art dans des lieux d'exposition, pas de présences au concert, pas de fréquentation des lieux d'apprentissage et de pratique d'un instrument de musique ou d'une technique picturale. Désireux d'aimer l'art, mais bruts dans leurs jugements, les gens de peu sont condamnés à pratiquer le substitut pris par eux pour l'essentiel.

Dans ce cas, on parle d'un goût kitsch. Le terme provient de l'allemand (*kitschen,* ramasser la boue dans les rues, rénover des déchets, puis recycler du vieux). À défaut d'original (n'espérez pas Léonard chez vous, c'est trop cher ; de toute façon il est invendable, et pour longtemps...), l'amateur de kitsch se contente de la reproduction. Même, et surtout, si elle est effectuée à des milliers ou des millions d'exemplaires. Le bon marché, la grande diffusion, le style surchargé de détails et le mauvais goût définissent habituellement les objets qui flattent cette catégorie de la population. Dans cette pratique, les personnes affirment un goût de classe, un jugement de valeur commun aux individus d'une même origine ou du même paysage social.

Vous faut-il juger, condamner ? Bien sûr que non. Évitez de penser que « tous les goûts sont dans la nature » — ce qui revient à tout justifier, tout accepter et éviter la discussion, la confrontation ou l'échange nécessaires en art, sous prétexte que « les goûts et les couleurs, ça ne se discute pas ». Hiérarchisez : il existe bel et bien un goût kitsch, populaire, prolétaire, modeste, issu des classes défavorisées socialement et un goût bourgeois, élitiste, haut de gamme, voire snob, parfois, qui sert de signature à un monde d'intellectuels, de riches et de décideurs.

Le goût de chacun provient souvent de ses chances ou de ses malchances, de son milieu ou de son éducation, de ses rencontres ou de son isolement, de son parcours scolaire ou familial : la plupart du temps le goût kitsch caractérise les victimes exclues de la culture, de l'art et du monde des idées par un système qui recourt à l'art pour marquer les relations sociales entre les individus, puis les classes. Moins ridicules ou risibles que sacrifiés sur l'autel du goût dominant, les gens de peu réduits aux plaisirs kitsch avouent sans le savoir leur position dans la société : ils existent hors du circuit des riches, des possédants, des dominants, des acteurs de la société. Les consommateurs de *Joconde* en papier sont moins à écarter d'un revers de la main qu'à inviter à rejoindre le rang des gens qui s'initient, se cultivent et accèdent de plain-pied au monde de l'art réel.

De tout pour faire du beau

Quand ces gens de peu ne se contentent pas de consommer de l'art kitsch, mais qu'ils le créent, le fabriquent de toutes pièces, on dit qu'ils évoluent dans le monde de l'art brut. Exclus du rapport bourgeois à l'œuvre d'art, les artistes du brut peignent, sculptent, tissent, modèlent, gravent, pratiquent la mosaïque en toute liberté, sans contrainte, sans souci de plaire à d'autres qu'eux, leurs proches, leurs amis ou leurs familles. Eux d'abord. Paysans, agriculteurs, petits commerçants, femmes au foyer, individus sans travail et sans intégration sociale, ou encore asociaux, débiles légers, fous, malades mentaux, autistes, les artistes de l'art brut se moquent des convenances, du marché, des galeristes, des directeurs de musée, des critiques d'art, des officiels. Seul importe leur besoin de créer avec les matériaux modestes à leur disposition et qui ne coûtent pas cher (des assiettes cassées recyclées en fragments de mosaïque, des crayons de couleur, comme ceux des enfants, des morceaux de papier à tapisser prélevés dans une décharge, des bouts de bois récupérés dans la campagne, dans les rivières, des vieux tissus descendus des greniers, des résidus de poubelle, de la terre à modeler ramassée sur les bords d'un ruisseau, etc.).

Dans une intégrale liberté d'inspiration, de création, de facture, de composition, avec une imagination entièrement débridée, sans avoir à produire pour une institution à même de transformer l'œuvre d'art en argent, indépendants à l'endroit des gens qui font la loi dans le monde artistique, ces artistes kitsch, ces gens de peu de l'art brut insufflent un véritable vent de fraîcheur dans le monde de l'art. On trouve le même air vif dans les arts premiers qui concernent les peuples dits primitifs, océaniens, africains, mélanésiens, esquimaux. Indépendants du monde occidental et du marché bourgeois, ces objets d'art vivent une existence autonome, en marge.

Quand on les arrache à leurs lieux de production habituels (la ferme de province reculée, l'atelier du retraité, l'hospice miteux, l'asile effrayant, la chambre saturée de détritus pour les acteurs de l'art brut, mais aussi le village africain, le lagon du Pacifique, l'igloo inuit pour les arts premiers) pour les installer dans des musées, à côté d'étiquettes qui les expliquent,

Muziri Bembe (Congo), Musée des Arts d'Afrique et d'Océanie.

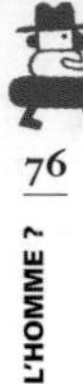

les commentent, les situent, quand on les désolidarise de leur milieu d'origine pour les présenter hors leur vitalité première, ces objets reçoivent la bénédiction des autorités, sortent du kitsch et du primitif pour devenir des objets d'art à part entière. Car, aujourd'hui, le musée crée et fabrique l'art. D'où la nécessité, pour vous, de disposer d'un véritable œil exercé afin d'éviter la tyrannie des jugements dominants et officiels dans votre appréciation.

TEXTE

Jean Dubuffet (français, 1901-1985)

Marchand de vin, peintre volontairement et faussement naïf, théoricien de l'art. Souhaite réhabiliter, dans le monde de la création, la puissance des malades, des fous, des gens simples et sans culture, des ouvriers et des paysans. Attaque ceux qui fabriquent le goût d'une époque : marchands, critiques, intellectuels, professeurs...

Individualiste, donc antisocial et subversif

Voici comment se définit la position ambiguë de l'artiste. Si sa production n'est pas empreinte d'un caractère personnel très fortement marqué (ce qui implique une position individualiste, et par conséquent forcément antisociale et donc subversive), elle n'est de nul apport. Si cependant cette humeur individualiste est poussée au point de refuser toute communication au public, si cette humeur individualiste s'exaspère jusqu'à ne plus désirer que l'œuvre produite soit mise sous les yeux de quiconque, ou même jusqu'à la faire intentionnellement si secrète, si chiffrée, qu'elle se dérobe à tout regard, son caractère de subversion alors disparaît ; elle devient comme une détonation qui, produite dans le vide, n'émet plus aucun son. L'artiste se trouve par là sollicité par deux aspirations contradictoires, tourner le dos au public et lui faire front. [...]

La caste possédante, aidée de ses clercs (qui n'aspirent qu'à la servir et s'y insérer, nourris de la culture élaborée par elle à sa gloire et dévotion), ne tâche pas du tout, ne nous y trompons pas, quand elle ouvre au peuple ses châteaux, ses musées, et ses bibliothèques, qu'il y prenne l'idée de s'adonner à son tour à la création. Ce n'est pas des écrivains ni des artistes que la classe possédante, à la faveur de sa propagande culturelle, entend susciter, c'est des lecteurs et des admirateurs. La propagande culturelle s'applique, bien au contraire, à faire ressentir aux administrés l'abîme qui les sépare de ces prestigieux trésors dont la classe dirigeante détient les clefs, et l'inanité de toute visée à faire œuvre créative valable en dehors des chemins par elle balisés.

Asphyxiante culture (1968), Minuit, 1986.

Jean-Philippe Delhomme, *Le Drame de la déco*, Denoël, 2000.

— Nos amis sont généralement impressionnés que nous ayons un Marcel Duchamp dans la salle de bains.

À quel moment une pissotière peut-elle devenir une œuvre d'art ?

Pas quand vous le déciderez, vous, mais lorsque Marcel Duchamp (1887-1968), un peintre originaire de Haute-Normandie, l'a décidé. En 1917, il envoie de manière anonyme une pissotière (*fountain* en anglais) à un jury artistique américain — dont il est membre par ailleurs. L'objet a été choisi par lui parmi des centaines d'autres, tous semblables, dans une fabrique de sanitaire qui les manufacture en série. Une seule chose distingue cet urinoir devenu célèbre dans le monde entier d'un autre produit dans la même usine mais utilisé à ses fins habituelles : la signature. Duchamp n'a pas signé de son nom mais d'un pseudonyme : R. Mutt, en référence à un héros de bande dessinée (un petit gros rigolo, alors connu par la plupart des Américains).

Les membres du jury ignorent l'identité de l'auteur de ce geste à mi-chemin du canular sans lendemain et de la révolution esthétique qu'il déclenche. Duchamp appelle cet objet un *ready-made* (un tout prêt-fait si l'on voulait traduire mot à mot). Cet objet se distingue de ses semblables par l'intention de l'artiste qui préside à sa présence dans une exposition d'art. Qu'un plombier spécialiste en sanitaire fixe cet urinoir dans votre lycée ou qu'un artiste le place sur un présentoir dans une salle d'exposition, il reste matériellement le même. Mais il se charge symboliquement dans le musée d'une signification autre que dans les lieux d'aisance. Sa fonction change, sa destination aussi, sa finalité première et utilitaire disparaît au profit d'une finalité secondaire et esthétique. Le *ready-made* entre alors dans l'histoire de l'art et la fait basculer du côté de la modernité.

Certes, on enregistre des résistances officielles à ce coup d'État esthétique. On crie à l'imposture, à la plaisanterie, à la fumisterie. On refuse de transformer l'objet banal en objet d'art. L'urinoir est brut, non ouvragé, tout juste signé ; en revanche, les productions artistiques habituelles sont élaborées, ouvragées et reconnues comme classiques par les officiels du milieu. Mais les avant-gardes qui veulent en finir avec la vieille façon de peindre, de sculpter et d'exposer réussissent à imposer l'objet comme une pièce majeure dans l'histoire de l'Art. Alors, les anciens et les modernes s'opposent, les conservateurs et les révolutionnaires, les passéistes et les progressistes se livrent une guerre sans merci. L'histoire du XXe siècle achevé donne raison à Marcel Duchamp : son coup d'État a réussi, sa révolution métamorphose le regard, la création, la production, l'exposition artistique. Toutefois, certains — encore aujourd'hui — refusent Duchamp et son héritage, ils appellent à retourner à l'époque où l'on se contentait de représenter le réel, de le figurer, de le raconter de la manière la plus fidèle qui soit.

La Beauté noyée par la chasse d'eau

Quel est le sens de la révolution opérée par la pissotière ? Duchamp met à mort la Beauté, comme d'autres ont mis à mort l'idée de Dieu (par exemple la Révolution française dans l'histoire ou Nietzsche en philosophie). Après cet artiste, on n'aborde plus l'art en ayant en tête l'idée de la Beauté, mais celle du Sens, de la signification. Une œuvre d'art n'a plus à être belle, on lui demande de faire sens. Pendant des siècles, on créait non pas pour représenter une belle chose, mais pour réussir la belle représentation d'une chose : pas un coucher de soleil, des fruits dans un compotier, un paysage de mer, un corps de femme, mais un beau traitement de tous ces objets possibles. Duchamp tord le cou à la Beauté et invente un art radicalement cérébral, conceptuel et intellectuel.

Depuis Platon (427-347 av. J.-C.), un philosophe grec idéaliste (pour qui l'idée prime sur le réel qui en découle), la tradition enseignait l'existence

d'un monde intelligible entièrement peuplé d'idées pures : le Beau en soi, le Vrai en soi, le Juste en soi, le Bien en soi. Hors du monde, inatteignables par les effets du temps, hors représentations et incarnations, ces idées n'étaient pas censées avoir besoin du monde réel et sensible pour exister. En revanche, dans l'esprit de Platon — et dans l'esprit platonicien, celui des individus qui s'en réclament —, une Belle chose définit un objet qui participe de l'idée de Beauté, qui en découle, en provient. Plus sa relation avec l'idée de Beau est proche, intime, plus la chose est belle ; plus elle est lointaine, moins elle l'est. Cette conception idéaliste de l'art traverse vingt-cinq siècles jusqu'à Duchamp. La pissotière met à mort cette vision platonicienne du monde esthétique.
Duchamp réalise une autre mise à mort : celle des supports. Avant lui, l'artiste travaille des matériaux nobles — l'or, l'argent, le marbre, le bronze, la pierre, la toile de lin, le mur d'une église, etc. Après lui, tous les supports deviennent possibles. Et l'on voit, dans l'histoire de l'art du XXe siècle, surgir des matériaux pas nobles du tout, voire ignobles au sens étymologique : ainsi des excréments (Manzoni), du corps (les artistes du Body-Art français ou de l'Actionnisme viennois), du son (Cage, La Monte Young), de la poussière (Duchamp), de la graisse, du feutre réalisé en poils de lapin (Beuys), de la lumière (Viola, Turrell), du plastique, du temps, de la télévision (Nam Jun Paik), du concept (On Kawara) et du langage (Kosuth), des ordures (Arman), des affiches lacérées (Hains), etc. D'où une autre révolution intégrale, celle des objets possibles et des combinaisons pensables (voir photos pp. 88-89).

Cette révolution est tellement radicale qu'elle a toujours ses opposants — vous, peut-être ; la plupart du temps, ceux qui ne possèdent pas le décodeur de ce changement d'époque ou qui le refusent — comme on refuserait

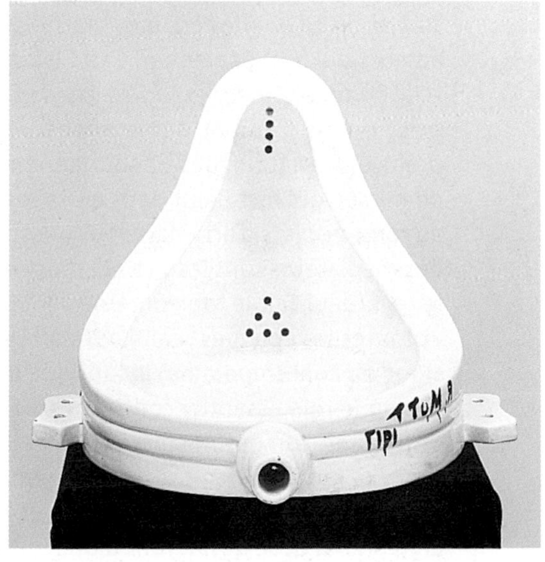

Marcel Duchamp (1887-1968), *Fountain* (1917).

l'électricité pour lui préférer la lampe à pétrole ou l'avion pour mieux aimer la diligence. Certains déplorent cette rupture dans la façon de voir le monde artistique pour préférer les techniques classiques d'avant l'abstraction : les scènes de Poussin, au XVIIe siècle, qui donnent l'impression d'une photographie et d'un immense savoir-faire technique, les femmes nues de Rubens, au XVIIIe siècle, qui batifolent dans la campagne et ressemblent à la voisine nue et visible par votre fenêtre, les pommes de Cézanne, au XIXe siècle, même si elles ressemblent assez peu aux fruits réels avec lesquels se cuisine la compote. On aime ou on n'aime pas Duchamp, certes, mais on ne peut refuser d'admettre ce qui fait l'histoire du XXe siècle : l'art d'aujourd'hui ne peut pas être semblable à celui d'hier ou d'avant-hier. À l'évidence, il faut faire avec. Quel sens y aurait-il pour vous à vivre au quotidien habillé avec les vêtements portés au temps de la Révolution française ? Libre à vous de ne pas aimer l'art contemporain. Du moins, avant de juger et condamner, comprenez-le, essayez de décoder le message crypté par l'artiste — et seulement après, jetez-le à la poubelle si vous le voulez encore...

Transformer le regardeur en artiste

Duchamp donne les pleins pouvoirs à l'artiste, décideur de ce qui est de l'art et de ce qui ne l'est pas. Mais il donne aussi du pouvoir à d'autres acteurs qui font également l'art : les galeristes qui acceptent d'exposer telle ou telle œuvre, les journalistes et critiques qui écrivent des articles pour rendre compte d'une exposition, les écrivains qui rédigent la préface des catalogues et soutiennent tel ou tel artiste, les directeurs de musée qui installent dans leurs salles des objets qui accèdent ainsi au rang d'objets d'art. Mais vous aussi, les regardeurs, vous faites partie des médiateurs sans lesquels l'art est impossible. Duchamp pensait que le regardeur fait le tableau. Une vérité qui vaut pour toutes les œuvres et toutes les époques : celui qui s'arrête et médite devant l'œuvre (classique ou contemporaine) la fabrique autant que son concepteur.

D'où le rôle essentiel confié au spectateur — vous. Et une confiance importante, un optimisme radical de la part du créateur. En effet, l'hypothèse moderniste pose que les gens sans informations qui commencent par refuser l'art contemporain et le trouver sans valeur ne vont pas en rester là et se décideront à une initiation à même de leur révéler les intentions de l'artiste et le codage de l'œuvre. L'art contemporain, plus qu'un autre, exige une participation active du regardeur. Car on peut se contenter, dans l'art classique, de s'extasier sur l'habileté technique de l'artisan qui peint son sujet avec ressemblance et fidélité, on peut s'ébahir de l'illusion plus ou moins grande produite par une peinture qui donne l'impression d'être vraie ou d'une sculpture à laquelle il semble ne manquer que la parole. Mais depuis l'urinoir, la Beauté est morte, le Sens l'a remplacée. À vous de quérir, chercher et trouver les significations de chaque œuvre, car toutes fonctionnent à la manière d'un puzzle ou d'un rébus.

Château de Versailles (photographie d'Elliott Erwitt).

TEXTES

Octavio Paz (mexicain, 1914-1998)

Poète, essayiste, romancier, théoricien de la littérature, critique d'art, prix Nobel, ambassadeur en Inde. Effectue des passages théoriques entre les cultures et confronte les époques afin de dégager la spécificité des civilisations — notamment amérindiennes.

Quand l'objet devient art

Les *ready-mades* sont des objets anonymes que le geste gratuit de l'artiste, par le seul fait qu'il les choisit, transforme en œuvre d'art. Du même coup, ce geste détruit la notion d'« objet d'art ». La contradiction est l'essence de l'acte ; elle est l'équivalent plastique du jeu de mots ; l'un détruit la signification, l'autre l'idée de valeur. Les *ready-mades* ne sont pas anti-art, comme tant de créations modernes, ils sont *a-rtistiques*. Ni art ni anti-art, mais quelque chose qui est entre les deux, indifférent, dans une zone vide. L'abondance des commentaires sur leur signification — dont certains auront sans doute fait rire Duchamp — révèle que leur intérêt est moins plastique que critique ou philosophique. Il serait stupide de discuter de leur beauté ou de leur laideur ; ils sont en effet au-delà de la beauté et de la laideur ; ce ne sont pas non plus des œuvres mais des points d'interrogation ou de négation devant les œuvres. Le *ready-made* n'introduit pas une valeur nouvelle : il est une arme contre ce que nous trouvons valable. Une critique active. Un coup de pied à l'œuvre d'art assise sur son piédestal d'adjectifs. L'action critique se déroule en deux temps. Le premier est d'ordre hygiénique, c'est un nettoyage intellectuel : le *ready-made* est une critique du goût ; le second est une attaque contre la notion d'œuvre d'art.

Marcel Duchamp : l'apparence mise à nu (1966), trad. Jacob, Gallimard, 1997.

Marcel Duchamp (français naturalisé américain, 1887-1968)

Artiste provocateur, joueur d'échecs haut de gamme, théoricien de l'art, révolutionne l'esthétique du XXe siècle en libérant les supports (objets du commerce, poussière, jeux de mots, détournements, travestissements, etc.) et en exigeant du regardeur qu'il effectue la moitié du travail esthétique par son travail intellectuel.

Éloge des individus rebelles

Ce qui ne va pas en art dans ce pays aujourd'hui, et apparemment en France aussi, c'est qu'il n'y a pas d'esprit de révolte — pas d'idées nouvelles naissant chez les jeunes artistes. Ils marchent dans les brisées de leurs prédécesseurs, essayant de faire mieux que ces derniers. En art, la perfection n'existe pas. Et il se produit toujours une pause artistique quand les artistes d'une période donnée se contentent de reprendre le travail d'un prédécesseur là où il l'a abandonné et de tenter de continuer ce qu'il faisait.
D'autre part, quand vous choisissez quelque chose appartenant à une période antérieure et que vous l'adaptez à votre propre travail, cette démarche peut être créatrice. Le résultat n'est pas neuf : mais il est nouveau dans la mesure où il procède d'une démarche originale.
L'art est produit par une suite d'individus qui s'expriment personnellement ; ce n'est pas une question de progrès. Le progrès n'est qu'une exorbitante prétention de notre part.

Du champ du signe (1975), « Champs », Flammarion, 1994.

Le goût ? Une habitude

Question : Qu'est-ce que c'est pour vous le goût ?

Réponse : Une habitude. La répétition d'une chose déjà acceptée. Si on recommence plusieurs fois quelque chose cela devient du goût. Bon ou mauvais, c'est pareil, c'est toujours du goût.

Duchamp, Ingénieur du Temps perdu, entretiens avec P. Cabanne, Belfond, 1977.

Platon (grec, 427-347 av J.-C.)

Figure majeure de la philosophie occidentale. Propose sa pensée sous forme de dialogues. Idéaliste (fait primer l'Idée sur la Réalité présentée comme en découlant) et dualiste (sépare le réel en deux mondes opposés : l'âme, l'intelligible, le ciel — positifs, et le corps, le sensible, la terre — négatifs). Le christianisme lui doit beaucoup.

Des beaux corps à l'idée du Beau

Celui qui en effet, sur la voie de l'instruction amoureuse, aura été par son guide mené jusque-là, contemplant les beaux objets dans l'ordre correct de leur gradation, celui-là aura la soudaine vision d'une beauté dont la nature est merveilleuse ; beauté en vue justement de laquelle s'étaient déployés, Socrate, tous nos efforts antérieurs : beauté dont, premièrement, l'existence est éternelle, étrangère à la génération comme à la corruption, à l'accroissement comme au décroissement ; qui, en second lieu, n'est pas belle à ce point de vue et laide à cet autre, pas davantage à tel moment et non à tel autre, ni non plus belle en comparaison avec ceci, laide en comparaison avec cela, ni non plus belle en tel lieu, laide en tel autre, en tant que belle pour certains hommes, laide pour certains autres ; pas davantage encore cette beauté ne se montrera à lui pourvue par exemple d'un visage, ni de mains, ni de quoi que ce soit d'autre qui soit une partie du corps ; ni non plus sous l'aspect de quelque raisonnement ou encore de quelque connaissance ; pas davantage comme ayant en quelque être distinct quelque part son existence, en un vivant par exemple, qu'il soit de la terre ou du ciel, ou bien en quoi que ce soit d'autre ; mais bien plutôt elle se montrera à lui en elle-même et par elle-même, éternellement unie à elle-même dans l'unicité de sa nature formelle, tandis que les autres beaux objets participent tous de la nature dont il s'agit en une telle façon que, ces autres objets venant à l'existence ou cessant d'exister, il n'en résulte dans la réalité dont il s'agit aucune augmentation, aucune diminution, ni non plus aucune sorte d'altération. Quand donc, en partant des choses d'ici-bas, en recourant, pour s'élever, à une droite pratique de l'amour des jeunes gens, on a commencé d'apercevoir cette sublime beauté, alors on a presque atteint le terme de l'ascension. Voilà quelle est en effet la droite méthode pour accéder de soi-même aux choses de l'amour ou pour y être conduit par un autre : c'est, prenant son point de départ dans les beautés d'ici-bas avec, pour but, cette beauté surnaturelle, de s'élever sans arrêt, comme au moyen d'échelons : partant d'un seul beau corps de s'élever à deux, et, partant de deux de s'élever à la beauté des corps universellement ; puis, partant des beaux corps, de s'élever aux belles occupations ; et, partant des belles occupations, de s'élever aux belles sciences, jusqu'à ce que, partant des sciences, on parvienne, pour finir, à cette science sublime, qui n'est science de rien d'autre que de ce beau surnaturel tout seul, et qu'ainsi, à la fin, on connaisse, isolément, l'essence même du beau.

Le Banquet (384 av. J.-C.), 211a, *in* Œuvres complètes, tome 1, trad. L. Robin, « La Pléiade », Gallimard, 1950.

— *J'aime beaucoup*
ce que vous faites.

Sempé, *Insondables mystères*, Denoël, 1993.

Joseph Beuys, *Infiltration homogen fur cello*, 1967-85.

On Kawara, *From 123 chambres st. to 405 E 13th st.*, 1966.

Piero Manzoni, *Merda d'Artista*, 1958.

Raymond Hains, *Affiches lacérées sur tôle*, 1963.

Nam Jun Paik, *Robespierre*, 1989.

D'AUTRES TEXTES SUR L'ART

Georges Bataille (français, 1897-1962)

Fasciné par le christianisme qu'il croit dépasser en l'inversant, pense l'érotisme comme une forme d'acceptation de la vie jusque dans la mort. Romancier attiré par les situations corporelles limites : le sexe, la mort, l'effroi, le sacrifice, l'extase, le mal, le sacré, la mystique, l'excès, la jouissance, le rire, la dépense, l'angoisse, etc.

Entre l'animal et l'homme : l'art

L'art préhistorique le plus ancien marque assurément le passage de l'animal à l'homme. Sans doute, au moment où naquit l'art figuratif, l'homme existait-il depuis longtemps. Mais non sous la forme qui justifie la sorte d'émoi, qu'étant humains, nous avons si nous nous sentons semblables et solidaires. Les anthropologues désignent sous le nom d'*Homo faber* l'Homme du Paléolithique inférieur, qui n'avait pas encore la station droite, qui se tenait encore très loin de nos possibilités multiples et n'avait de nous que l'art de fabriquer des outils. Seul l'*Homo sapiens* est notre semblable, à la fois par l'aspect, la capacité crânienne et, au-delà du souci de l'immédiate utilité, par la faculté de créer, plus loin que les outils, des œuvres où la sensibilité affleure.
L'aspect du premier homme ne nous est connu qu'indirectement par des os, et sa capacité crânienne est une représentation de l'esprit. L'art préhistorique est donc la seule voie par laquelle, à la longue, le passage de l'animal à l'homme est devenu *sensible* pour nous. À la longue et aussi, faut-il dire, à partir d'une date assez récente. En effet, cet art, autrefois ignoré, n'a été l'objet que depuis peu d'une découverte en deux temps. Tout d'abord, la première révélation de l'art pariétal paléolithique ne rencontra que l'indifférence. Comme en un conte de fées, la petite fille, âgée de cinq ans, de Marcelino de Santuola, découvrit, en 1879, dans la grotte d'Altamira, près de Santander, de merveilleuses fresques polychromes. Sa petite taille lui avait permis d'errer sans effort dans une salle si basse que personne n'y entrait. Dès lors, les visiteurs affluèrent, mais l'idée d'un art admirable, dû à des hommes très primitifs, ne

put s'imposer. Il y avait là quelque chose de choquant, les savants haussèrent les épaules, et l'on finit par ne plus s'occuper de ces invraisemblables peintures. Méconnues, méprisées, elles n'ont obtenu que tardivement le dédouanement de la science : ce ne fut qu'après 1900.

« Le passage de l'animal à l'homme et la naissance de l'art », in *Œuvres complètes*, tome XII, Gallimard, 1988.

Pierre Bourdieu (français, né en 1930)

Analyste des mécanismes sociaux contemporains : jugement de goût et provenances sociologiques, grandes écoles et reproduction des élites, système scolaire et transmission des inégalités, caste journalistique et entretien d'une pensée dominante. Le penseur français le plus cité dans le monde.

Le goût, un jugement social

En visant à déterminer comment la disposition cultivée et la compétence culturelle appréhendées au travers de la nature des biens consommés et de la manière de les consommer varient selon les catégories d'agents et selon les terrains auxquels elles s'appliquent, depuis les domaines les plus légitimes comme la peinture ou la musique jusqu'aux plus libres comme le vêtement, le mobilier ou la cuisine et, à l'intérieur des domaines légitimes, selon les « marchés », « scolaire » ou « extra-scolaire », sur lesquels elles sont offertes, on établit deux faits fondamentaux : d'une part la relation très étroite qui unit les pratiques culturelles (ou les opinions afférentes) au capital scolaire (mesuré aux diplômes obtenus) et, secondairement, à l'origine sociale (saisie au travers de la profession du père) et d'autre part le fait que, à capital scolaire équivalent, le poids de l'origine sociale dans le système explicatif des pratiques ou des préférences s'accroît quand on s'éloigne des domaines les plus légitimes.

La distinction. Critique sociale du jugement, Minuit, 1979.

Arthur Schopenhauer (allemand, 1788-1860)

Pessimiste (aime aussi peu les hommes qu'il adore son chien), musicien (joueur de flûte, misanthrope (ne recule pas devant le passage à tabac de sa voisine), paranoïaque (dort avec un pistolet sous son oreiller). En guise de remède au monde, il invite à pratiquer la pitié, les beaux-arts et l'extinction de tout désir en soi.

« Parenté de la philosophie et des beaux-arts »

Qu'est-ce que la vie ? À cette question toute œuvre d'art véritable et réussie répond à sa manière et toujours bien. Mais les arts ne parlent jamais que la langue naïve et enfantine de l'intuition, et non le langage abstrait et sérieux de la réflexion : la réponse qu'ils donnent est toujours ainsi une image passagère, et non une idée générale et durable. C'est donc pour l'intuition que toute œuvre d'art, tableau ou statue, poème ou scène dramatique, répond à cette question ; la musique fournit aussi sa réponse, et plus profonde même que toutes les autres, car, dans une langue immédiatement intelligible, quoique intraduisible dans le langage de la raison, elle exprime l'essence intime de toute vie et toute existence. Les autres arts présentent tous ainsi, à qui les interroge, une image visible, et disent : Regarde, voilà la vie ! Leur réponse, si juste qu'elle puisse être, ne pourra cependant procurer toujours qu'une satisfaction provisoire, et non complète et définitive. Car ils ne nous donnent jamais qu'un fragment, un exemple au lieu de la règle ; ce n'est jamais cette réponse entière qui n'est fournie que par l'universalité du concept. Répondre en ce sens, c'est-à-dire pour la réflexion et *in abstracto*, apporter une solution durable et à jamais satisfaisante de la question posée, tel est le devoir de la philosophie. En attendant, nous voyons ici sur quoi repose la parenté de la philosophie et des beaux-arts, et nous pouvons en inférer jusqu'à quel point les deux aptitudes se rejoignent à leur racine, si éloignées qu'elles soient par la suite dans leur direction et leurs éléments secondaires.

Le Monde comme volonté et comme représentation (1818),
trad. Ross, P.U.F, 1998.

3

La Technique

Le cellulaire, l'esclave et la greffe

Standardistes dans les années 40.

Pourriez-vous vous passer de votre téléphone portable ?

Sûrement pas, du moins je le suppose car, une fois accomplis, les progrès techniques rendent difficiles et improbables les retours en arrière. On peut résister, traîner les pieds, les refuser un temps, mais le consentement est inéluctable, parce que le mouvement du monde oblige à suivre le nouveau rythme. Qui refuserait aujourd'hui l'électricité, les voyages en voiture, les acquis de la médecine moderne ou les déplacements en avion ? Qui préférerait la lampe à pétrole ou la bougie, la marche ou la diligence, la maladie sans soin ou la mort assurée ? Personne, pas même les ennemis du progrès ou les opposants habituels aux avancées de la technique. Quel écologiste fâché avec les trains à grande vitesse, les autoroutes ou l'extension des aéroports — et il en existe un certain nombre — effectue ses déplacements exclusivement à pied ou à bicyclette ?

De la voile à la vapeur...

La technique se définit par l'ensemble des moyens mis en œuvre par les hommes pour s'affranchir des nécessités et des contraintes naturelles. Là où la nature oblige, la technique libère, elle recule les limites de la soumission aux puissances naturelles. Quand les rudesses du climat infligent à l'homme préhistorique le froid, la pluie, le vent, les intempéries diverses, le gel et les chaleurs torrides, la technique invente l'habitation et le vêtement, donc l'architecture, le tannage, le travail des cuirs et peaux ; quand la faim, la soif, le sommeil, ces besoins naturels séculaires, font sentir leur nécessité, la technique propose la poterie, la cuisson, les épices, la fabrication de boissons fermentées et alcoolisées, les nattes, le tressage, le tissage pour des litières ; quand la maladie, naturelle, impose sa loi, la médecine fournit les moyens de recouvrer la santé ; là où la mort menace, l'hôpital dispose des moyens d'empêcher son triomphe immédiat.

À l'origine, la technique vise à permettre l'adaptation de l'homme à un milieu hostile. Dans un premier temps, il s'agit d'assurer la survie. Ensuite, l'objectif devient moins la survie que la vie agréable. Mais le principe demeure : s'affranchir encore et toujours des limites imposées par la nature, liées notamment au milieu. Ainsi, d'abord contraints à évoluer en bipèdes à la surface de la terre, les hommes se libèrent de ce milieu auquel ils semblaient spécifiquement voués par l'invention de techniques destinées à maîtriser les autres éléments. L'eau cesse d'être hostile avec la natation, qui suppose l'observation des animaux nageurs et la reproduction d'un savoir-faire à même de permettre la flottaison et le déplacement. La barque creusée dans un tronc d'arbre, dont on aura pu observer qu'il flotte naturellement dans les rivières en crue, permet de se déplacer au sec. La voile ensuite, le moteur enfin perfectionnent ces techniques au point de rendre possible d'évoluer non plus à la surface de l'eau, mais dans ses profondeurs — avec le sous-marin. De même avec l'air : l'observation des oiseaux induit une réflexion sur les moyens de se rendre plus léger que lui. L'aventure technique commence avec la montgolfière et culmine avec les navettes spatiales contemporaines en passant par les parachutes, les essais d'aviation à hélice, à moteur puis à turbine.

Après les besoins élémentaires de survie et les prémices (les commencements) de la maîtrise de la nature, les hommes résolvent de nouveaux problèmes. Ainsi l'absence, la séparation entre les hommes génère un besoin de communication. D'où les technologies appropriées, depuis le sémaphore à feux de l'Antiquité jusqu'au téléphone cellulaire portable en passant par l'invention du téléphone classique par Bell. La technique offre aux hommes, de moins en moins objets du monde, la possibilité

d'en devenir les maîtres. Chaque problème posé appelle une solution et induit les développements technologiques appropriés.

L'histoire de l'humanité coïncide avec l'histoire des techniques. Des inventions suffisent ainsi parfois à déclencher de véritables révolutions de civilisation : le feu par exemple, et les techniques associées, la métallurgie, la fonderie, l'usage des métaux, donc les outils pour l'agriculture ou les armes pour la guerre ; la roue également, et la modification des distances avec l'invention de moyens de transports d'hommes, d'animaux, de biens, de richesses, de marchandises, d'alimentation, d'où le commerce ; puis le moteur, dont l'énergie rend possible les machines, donc l'industrie, les manufactures et le capitalisme, mais aussi les voitures, les camions, les trains, les avions ; l'électricité transforme également la civilisation en permettant l'évolution des moteurs, certes, mais aussi en transfigurant le quotidien domestique : chauffage, éclairage, électroménager, radio et télévision ; l'informatique enfin et la production du virtuel annoncent une révolution dans laquelle nous entrons seulement. Elle touche tous les domaines, des chiffrages nécessaires aux voyages interplanétaires jusqu'aux calculs exigés par le décodage du génome humain (le code génétique de chacun).

... et de la vapeur à l'Apocalypse

Avec ces avancées technologiques, la vie devient plus agréable, plus facile. Les hommes subissent de moins en moins et agissent de plus en plus, ils assurent une maîtrise grandissante du réel. On peut cependant craindre les revers de médaille. Une invention n'existe pas sans son contrepoint négatif : l'apparition du train suppose celle du déraillement, celle de l'avion, le crash, la voiture ne va pas sans l'accident, le bateau sans le naufrage, l'ordinateur sans le *bug*, le génie génétique sans les chimères et les monstres désormais en circulation libre dans la nature en toute ignorance de l'ampleur des accidents à craindre — ainsi les conséquences encore mésestimées de la maladie de la vache folle.

Le monde de la technique s'oppose aujourd'hui tellement à celui de la nature qu'on peut craindre une mise à mal de l'ordre naturel. Les progrès se proposant une meilleure maîtrise de la nature vont parfois jusqu'à la maltraiter, la défigurer, voire la détruire. La déforestation chez les Grecs anciens qui construisaient des bateaux en nombre considérable pour leurs guerres contre les Perses aussi bien que la pollution par les hydrocarbures, les ordures ménagères ou les déchets nucléaires, sans oublier la destruction des paysages pour construire des villes, des infrastructures urbaines, routières et voyageuses, tout cela met en péril une planète fragile et un équilibre naturel précaire. D'où l'émergence dans notre civilisation, en même temps qu'une passion technophile, d'une sensibilité écologiste technophobe en appelant au principe de précaution.

De même, les progrès de la technique ne s'effectuent pas sans douleurs pour les plus démunis, aussi bien au niveau national qu'à l'échelle planétaire. Le fossé se creuse entre les riches et les pauvres : les uns bénéficient des produits de cette technologie de pointe ; les autres ne disposent pas même des moyens d'assurer leur survie (le téléphone portable pour les lycéens des pays aux forts PNB dans l'hémisphère Nord et la famine provoquant la mort pour des millions d'enfants dans l'hémisphère Sud. Au même moment, à la même heure). La technique est un luxe de civilisation riche. Quand on peine à assurer sa subsistance, on ignore le désir de se rendre maître et possesseur de la nature.

Tout comme l'écologie permet de penser la question des rapports entre la technique et la survie de la planète, le tiers-mondisme et, naguère, les idéologies politiques de gauche, pensent la question de la technologie à la lumière d'une répartition plus équitable des richesses. D'où l'idée que la technique pourrait moins asservir des hommes que les servir. En Occident, elle conduit à la paupérisation (les riches de plus en plus riches, les pauvres de plus en plus pauvres), au chômage et à la précarité de l'emploi (nécessaires aux employeurs qui entretiennent ces fléaux pour maintenir bas leurs coûts de production et optimiser leur compétitivité), à la raréfaction du travail (elle aussi entretenue, sans souci réel et sérieux de le partager, afin d'assurer un climat de soumission des employés à leur employeur), à l'aliénation (augmentation des rythmes et des cadences, calcul exigeant et chronométrage de la productivité). Seul un combat pour inverser le mouvement et mettre la technologie au service des hommes peut faire espérer un monde dans lequel la brutalité, la violence et la loi de la jungle reculent un tant soit peu.

TEXTES

Max Horkheimer (allemand, 1895-1973)

Appartient à un groupement de philosophes allemands qui s'appuie sur le marxisme, critique sa version soviétique et propose une révolution sociale (l'École de Francfort). Analyste de la famille et de l'autorité, de la technologie et de l'usage de la raison, du capitalisme et des régimes totalitaires.

Theodor W. Adorno (allemand, 1903-1969)

Musicien de formation, sociologue et musicologue, philosophe juif chassé par le nazisme et réfugié aux États-Unis, également membre de l'École de Francfort. Penseur antifasciste soucieux de réfléchir aux conditions d'une révolution sociale qui fasse l'économie de la violence.

Les moyens de communication isolent

L'affirmation selon laquelle les moyens de communication sont source d'isolement ne vaut pas seulement pour le domaine intellectuel. Non seulement le discours menteur du speaker à la radio s'imprime dans le cerveau des hommes et les empêche de se parler, non seulement la publicité Pepsi-Cola couvre les informations concernant la débâcle de continents entiers, non seulement l'exemple du héros de cinéma vient s'interposer comme un spectre lorsque des adolescents s'étreignent ou que les adultes commettent un adultère. Le progrès sépare littéralement les hommes. Le petit guichet dans les gares ou les bureaux de poste permettait à l'employé de bavarder ou de plaisanter avec son collègue et de partager avec lui les modestes secrets du métier ; les vitres des bureaux modernes, les salles immenses où travaillent d'innombrables employés que le public ou les patrons peuvent aisément surveiller ne permettent plus ni conservations privées, ni idylles. Même dans les administrations le contribuable a la garantie que les employés ne perdront plus de temps. Ils sont isolés dans la collectivité. Mais les moyens de communication isolent aussi les hommes physiquement. Les autos ont remplacé le chemin de fer. La voiture privée réduit les possibilités de rencontres au cours d'un voyage à des contacts avec des auto-stoppeurs parfois inquiétants. Les hommes voyagent sur leurs pneus, complètement isolés les uns des autres.

Par contre, les conversations ne diffèrent guère d'une voiture à l'autre ; la conversation de chaque cellule familiale est commandée par les intérêts pratiques. De même que chaque famille consacre un certain pourcentage de ses revenus au logement, au cinéma, aux cigarettes exactement comme le prescrivent les statistiques, de même les sujets de conversation varient avec le type des voitures. Quand les voyageurs se rencontrent le dimanche dans les restaurants dont les menus et les chambres sont parfaitement identiques dans les différentes catégories de prix, les visiteurs comprennent qu'avec l'isolement croissant dans lequel ils vivent ils se ressemblent tous de plus en plus. Les communications établissent l'uniformité parmi les hommes en les isolant.

La Dialectique de la raison (1947), trad. E. Kaufholz, « Tel », Gallimard, 1983.

– C'est moi. Juste pour te signaler la présence d'un gros nuage blanc.

Voutch, *Le Grand tourbillon de la vie*, Le Cherche-midi, 1998.

Paul Virilio (français, né en 1932)

Architecte de formation, philosophe revendiquant son catholicisme. Analyse les implications de la vitesse et des développements de la technologie dans la modernité, critique le développement des moyens de contrôle de l'individu à l'aide de la vidéo. Porte sur la civilisation occidentale un regard pessimiste, catastrophiste et désabusé.

Catastrophe du progrès, progrès de la catastrophe

Aujourd'hui, les nouvelles technologies véhiculent un certain type d'accident, et un accident qui n'est plus local et précisément situé, comme le naufrage du *Titanic* ou le déraillement d'un train, mais un *accident général*, un accident qui intéresse immédiatement la totalité du monde. Quand on nous dit que le réseau Internet a une vocation mondialiste, c'est bien évident. Mais l'accident d'Internet, ou l'accident d'autres technologies de même nature, est aussi l'émergence d'un accident total, pour ne pas dire intégral. Or cette situation-là est sans référence. Nous n'avons encore jamais connu, à part, peut-être, le krach boursier, ce que pourrait être un accident intégral, un accident qui concernerait tout le monde au même instant.

Cybermonde. La politique du pire, entretien avec P. Petit, Textuel, 1996.

Vers l'accident total ?

Innover le navire c'était déjà innover le *naufrage*, inventer la machine à vapeur, la locomotive, c'était encore inventer le *déraillement*, la catastrophe ferroviaire. De même de l'aviation naissante, les aéroplanes innovant l'*écrasement* au sol, la catastrophe aérienne. Sans parler de l'automobile et du *carambolage* à grande vitesse, de l'électricité et de l'électrocution, ni surtout, de ces *risques technologiques majeurs*, résultant du développement des industries chimiques ou du nucléaire… chaque période de l'évolution technique apportant, avec son lot d'instruments, de machines, l'apparition d'accidents spécifiques, révélateurs « en négatif », de l'essor de la pensée scientifique.

Un paysage d'événements, Galilée, 1996.

Faut-il greffer le cerveau de votre prof de philo dans la boîte crânienne de son collègue de gym ?

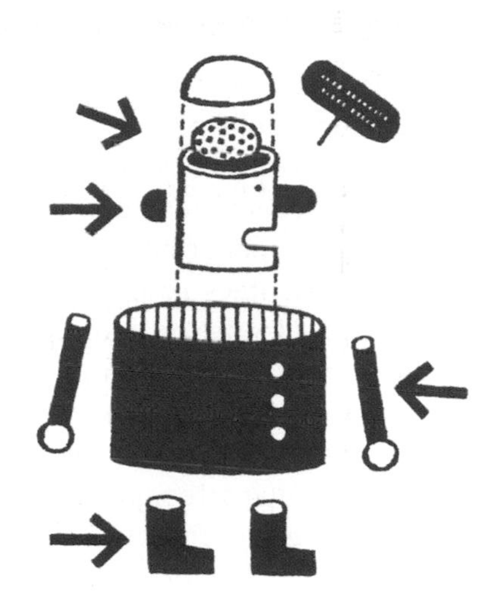

Vérifiez d'abord que vous avez affaire à un corps et à un cerveau qui se méritent respectivement. Et puis si l'envie vous prend avec insistance, différez un peu sa réalisation, car la technique ne paraît pas encore très au point. Vous risqueriez d'obtenir un monstre : corps de philosophe et cerveau de sportif, ou corps de sportif et cerveau de philosophe. À éviter... Mais sans nul doute un jour viendra où ce genre de performance ne posera aucun problème pratique. On dépassera la greffe de cellules nerveuses, de tissus cérébraux pour envisager en toute sérénité la greffe d'encéphale. D'où, vous vous en doutez, une remise en question considérable de ce qui définit l'être, l'identité, la personnalité, la mémoire, la subjectivité, etc.

Pour l'instant on compose avec son corps ou avec son cerveau. Question : la possibilité technique de réaliser une pareille transplantation oblige-t-elle à sa réalisation effective ? La seule faisabilité technologique donne-t-elle la mesure du faisable et de l'infaisable ? Ou bien y a-t-il d'autres critères qui limitent et contiennent les pouvoirs de la technique ? La morale, l'éthique, les valeurs, le sens du bien et du mal, par exemple ? Le problème se pose de plus en plus car le génie génétique effectue des progrès considérables et prend de vitesse toute réflexion : à peine imagine-t-on une possibilité scientifique qu'elle est déjà réalisée et qu'il faut penser *a posteriori* — ainsi du clonage animal, puis de certaines cellules humaines transplantées dans l'animal, ou l'inverse.

Après les humains cochons, les cochons humains ?

Avec le séquençage du génome humain (la lecture des informations contenues dans le noyau d'une cellule et qui vous déterminent physiologiquement), on aborde un nouveau continent. Y compris sur le terrain de la morale. Les possibilités techniques de la biologie moléculaire donnent aujourd'hui le vertige : on peut cloner, bien sûr, mais aussi, avec les techniques de procréation assistées, congeler le sperme, inséminer une femme avec les spermatozoïdes de son grand-père, vivant ou mort, une fille peut porter pour sa mère un œuf fabriqué avec le sperme d'un géniteur décédé — son père par exemple... Le lignage, la famille classique, les barrières habituelles entre la vie et la mort, le géniteur et sa progéniture, l'endogamie (choix du partenaire dans la famille) et l'exogamie (choix hors de la famille) explosent intégralement.

Désormais, on pulvérise les barrières qui séparent le règne végétal, l'animal et l'humain : on peut prélever dans l'ADN (acide désoxyribonucléique, l'acide du codage d'une cellule, dans laquelle se trouvent toutes les informations sur son identité) d'un ver luisant ce qui correspond à sa brillance, le fixer dans la cellule d'une plante qui devient soudain lumineuse et phosphorescente ; on sait également procéder aux manipulations pour fabriquer du sang avec des végétaux ; on produit aussi des tomates résistantes au gel en incorporant dans leur programme génétique les données à l'aide desquelles les poissons des mers froides supportent le gel. Les spécialistes en plantes et ceux qui s'occupent des animaux travaillent sans filet éthique : pour l'instant, personne ne se plaint du mélange des genres végétal et animal.

En revanche, dès qu'on aborde le mélange de l'animal et de l'humain, les problèmes éthiques surgissent. Techniquement, on sait demander à une souris de développer un organe humain sur son corps, une oreille d'homme par exemple, on peut aussi fabriquer des porcs à la peau, au sang ou à certains organes d'une totale compatibilité avec l'homme parce que programmés avec de l'ADN humain. Jusqu'où aller ? Pourquoi ne pas fabriquer un être associant le singe et l'homme ? Intelligent comme un humain, robuste comme un animal, que serait cet individu monstrueux : un animal humain ou un humain animal ? une bête à traiter comme telle ou un homme avec les obligations éthiques que cela suppose ? Faut-il laisser faire la technique dans les domaines biologiques et réfléchir, le moment venu, devant l'objet produit, le monstre réalisé, la chimère en chair et en os ?

Les possibilités de la technique médicale, ses limites aussi, supposent une morale. L'emballement de la science, de la recherche, des laboratoires ne peut être laissé au hasard sans bornes fixées à ces jeux dangereux. Car la technique, sur le terrain du génie génétique, installe de fait le chercheur dans la peau de l'apprenti sorcier : il déclenche un formidable mouvement, monstrueux, immense, magnifique, sans plus savoir de quelle manière arrêter sa production au point que sa créature de départ le déborde, le dépasse, le prend de vitesse. Dans cette logique prométhéenne (Prométhée, l'inventeur-voleur du feu à Zeus dans l'Antiquité grecque, passe pour le patron de la pensée prévoyante, donc de la technique), seule une réflexion morale permet de contrôler et de maîtriser les événements.

En attendant, d'aucuns en appellent à un principe de précaution appuyé sur un principe de responsabilité pour enrayer le mouvement diabolique (s'il est déjà parti) ou pour le rendre impossible (s'il n'est pas encore initié). Afin d'éviter les cas de monstruosité (que faire d'un embryon de singe et d'homme ? voire d'un petit de ces deux-là si le scientifique l'a conduit à un terme viable ? ou bien d'un porc auquel on aurait greffé des cellules nerveuses humaines ? comment considérer un animal porteur d'une maladie inconnue et générée par le jeu des manipulations ?), certains proposent de réfléchir prioritairement sur les conséquences potentielles d'un geste technique ou d'une recherche. Éventuellement on expérimente ensuite, mais si et seulement si aucun risque n'est à craindre et que la preuve d'innocuité a été formellement donnée.

Le spectre de la vache folle… (photographie de Liberto Macarro).

Manger du rôti de porc humain ?

Suspension de la recherche, réflexion en amont, considérations éthiques, puis pratique effective dans le laboratoire : voilà un schéma possible. On peut aussi envisager un principe d'interdiction, notamment lorsque la recherche ne vise pas l'amélioration de la vie humaine, l'éradication (la suppression radicale) des maladies ou le soulagement des hommes mais la seule curiosité intellectuelle, le jeu, l'invention, la pratique ludique du risque, la provocation, la recherche de notoriété par le scandale. Ou encore, lorsque la preuve est faite que la motivation de la recherche technique est moins le désir de trouver un médicament, une solution à un problème de santé publique, que la volonté de gagner de l'argent et d'amasser des sommes considérables avec les brevets induits par la découverte.
La brevetabilité du vivant ainsi que les organismes génétiquement modifiés font ainsi problème : tout ce qui est dans la nature, pourvu qu'il soit génétiquement modifié, y compris d'une infime manière, devient un produit manufacturé et non plus naturel. En tant que tel, son inventeur peut déposer un brevet et exiger de l'argent de quiconque souhaite travailler sur l'élément modifié : le découvreur prélève ainsi un impôt grâce auquel il fera fortune. En pillant le patrimoine végétal de la forêt amazonienne, par exemple, les chercheurs de pays riches peuvent s'emparer sans difficulté de toutes les richesses potentielles des pays pauvres. Modifiées légèrement, puis brevetées, les substances naturelles deviennent des artifices. Alors les trusts s'en emparent et monnaient leur utilisation.

La technique artificialise la planète et met à mort la nature qui passe sous la coupe économique du pays le plus puissant ; celui-ci assure ainsi sa domination sur la totalité du globe. Tout ce qui réduit la liberté des hommes, tout ce qui rétrécit les possibilités d'existence du plus grand nombre, tout ce qui amoindrit la nature et augmente les risques de catastrophes génétiques, tout ce qui fait croître le danger et reculer les raisons de vivre une vie heureuse doit induire le principe de précaution, voire le principe d'interdiction. Les possibilités techniques médicales et génétiques, parce que nouvelles, annoncent une révolution idéologique et métaphysique. Seule une politique éthique écologique et humaniste pourra éviter la transformation de ce boulevard en champ de bataille pour de nouvelles guerres économiques. Car elles seraient définitivement meurtrières pour la planète entière.

TEXTE

Hans Jonas (allemand, 1903-1993)

Face aux périls écologiques, biologiques et technologiques de la modernité, formule une éthique de la responsabilité en invitant à agir seulement après avoir réfléchi aux conséquences de l'action immédiate dans les temps futurs éloignés. Maître à penser des défenseurs du principe de précaution.

Avantages de la peur

Il n'existe pas de formule passe-partout à notre problème, aucune panacée à la maladie dont nous souffrons. Le syndrome technologique est beaucoup trop complexe pour cela et il ne saurait être non plus question de s'en échapper. Quand bien même effectuerions-nous une importante conversion et réformerions-nous nos habitudes, le problème fondamental ne disparaîtrait pas pour autant. Car l'aventure technologique elle-même doit se poursuivre ; d'ores et déjà les correctifs susceptibles d'assurer notre salut exigent inlassablement un nouvel enjeu du génie technique et scientifique, lequel engendre de nouveaux risques qui lui sont propres. Éloigner le danger est ainsi une tâche permanente, dont l'accomplissement est condamné à demeurer un ouvrage décousu et souvent même un ouvrage de rapiéçage.
Cela signifie que, quel que soit l'avenir, nous devons effectivement vivre dans l'ombre d'une calamité menaçante. Mais, être conscients de cette ombre, comme tel est déjà le cas aujourd'hui, voilà en quoi consiste paradoxalement la lueur de l'espoir : c'est elle en effet qui empêche que ne disparaisse la voix de la responsabilité. Cette lueur ne brille pas à la manière de l'utopie, mais son avertissement éclaire notre chemin tout comme la foi dans la liberté et la raison. Ainsi le principe responsabilité et le principe espérance se rejoignent-ils finalement, même s'il ne s'agit plus de l'espoir exagéré d'un paradis terrestre, mais d'un espoir plus modéré quant à la possibilité de continuer à habiter le monde à l'avenir et quant à une survie qui soit humainement digne de notre espèce, compte tenu de l'héritage qui lui a été confié et qui, s'il n'est certes pas misérable, n'en est pas moins limité. C'est cette carte que je souhaiterais jouer.

Une éthique pour la nature (1993), trad. S. Courtine-Denamy, Desclée de Brouwer, 2000.

Le smicard est-il l'esclave moderne ?

C'est vraisemblablement le cas si l'on définit l'esclave comme l'individu qui ne se possède pas mais appartient à un tiers à qui il est obligé de louer sa force de travail pour survivre. Bien sûr, on peut encore trouver pire que le smicard : le chômeur en fin de droit, le sans-domicile fixe, les prostitués de tous âges et de tous sexes ou, hors d'Europe, les enfants au travail ou les adultes qui passent plus de douze heures par jour à une activité payée de quelques francs, de quoi acheter du pain et des légumes. Dans tous les cas, ces individus croupissent en victimes du capitalisme qui, dans sa version libérale, se caractérise par un usage de la technique exclusivement indexé sur l'argent, le profit et la rentabilité. Est esclave quiconque subit ce processus et joue dans la société un rôle dégradant qu'il n'a pas le luxe de refuser.

Certes l'esclavage a toujours existé, et pas seulement à partir du moment où le capitalisme libéral a pris en main les destinées de l'Occident, puis de la planète. Construire des pyramides, édifier des villes, creuser des canaux, tracer des routes, bâtir des cathédrales, produire des richesses a toujours supposé, au travers des âges, une classe exploitée, la plus nombreuse, et une classe exploiteuse. Passé le temps de la

x salaire minimum interprofessionnel de croissance

découverte, la technique permet aux plus forts de dominer les plus faibles. De l'âge des cavernes à celui d'Internet, la technique agit toujours en instrument de domination d'un groupe sur un autre.

La guerre continuée par d'autres moyens

Aujourd'hui, la technique se met au service de la classe qui possède les moyens de production. L'organisation du travail s'effectue dans le sens libéral et la technique sert ce projet aux antipodes de l'homme : dégager des bénéfices qui seront redistribués aux actionnaires, augmenter le capital des investisseurs, rentabiliser l'entreprise. On produit moins des biens de consommation pour satisfaire la population qu'on ne fabrique des objets de mode, périssables, afin d'obtenir du consommateur qu'il achète, fasse circuler son argent et l'injecte dans la machine libérale. La technique sert souvent à augmenter ce vice dans un circuit de production dissocié des finalités eudémonistes (qui tendent au bien-être du plus grand nombre) pour viser une création maximale d'argent dont la circulation virtuelle est soumise aux spéculations des détenteurs d'actions.

Or il existe une alternative à l'usage aliénant de la technique. Elle suppose son utilisation à des fins libertaires. Dans les années qui suivent la folie de consommation associée à l'après-guerre, Herbert Marcuse (1898-1979) critique l'usage exclusivement capitaliste de la production des richesses et de la soumission de la technique aux fins du marché libéral. Contre un usage aliénant des machines, il propose d'inverser les valeurs et de mettre la machine au service des hommes : réduire le temps passé au poste de travail, diminuer la pénibilité des tâches, supprimer leur dangerosité, voire leur nocivité mortelle, humaniser le labeur en abolissant les tâches répétitives, penser la machine pour l'homme et non l'inverse.

En utilisant la technologie à des fins humanistes et libertaires, et non inhumaines et libérales, on augmente le temps de loisir et on diminue les heures passées auprès d'un poste de travail dans une journée et dans une vie. Là où les hommes dépensent l'essentiel de leur force et de leur énergie, une révolution dans l'usage des machines permet d'imaginer une robotisation maximale qui réduise le temps de travail à deux ou trois heures par jour consacrées à produire les richesses nécessaires à la seule consommation essentielle. Plus besoin de stocks en excès, la production sert alors au bien-être des individus et non à asseoir la tyrannie intégrale du libéralisme.

Nouveaux résistants, nouveaux collaborateurs ?

Inspirés en partie par ces analyses, des sociologues contemporains prophétisent la fin du travail, sa disparition après sa raréfaction organisée par le triomphe machiniste. Contre la réduction du monde à de purs et simples échanges marchands, ils célèbrent les relations humaines, sociales, les relations de quartier, de couple, de famille et d'amitié à même de fabriquer un tissu social essentiel pour lutter contre la fragilité de la société. L'esclave d'aujourd'hui, c'est aussi l'individu privé de relations humaines, coupé du monde ou relié à lui par des réseaux de providence (l'ANPE, l'aide sociale, les associations humanitaires, restaurants du cœur, ATD Quart Monde, etc.).
L'usage des technologies nouvelles autoriserait un progrès teinté d'humanisme, notamment via la révolution informatique. Car les liaisons planétaires décloisonnent les séparations administratives (le village, la ville, le département, la région, la nation) pour ouvrir l'énergie à des flux libres et généralisés tout autour de la planète. La révolution des techniques virtuelles permet de réactualiser l'ancienne critique de la société de consommation, du mode de production capitaliste des richesses et de son mode libéral de distribution, elle laisse entrevoir l'usage libertaire de la machine, la fin du travail, la nécessité d'un nouveau lien social, l'urgence d'un élargissement de la politique à la citoyenneté militante et radicale des associations libres ou de la cyber-résistance.

Là où la technique permet un progrès matériel, elle annonce souvent une régression morale. Là où nous en sommes — changement de millénaire oblige — les conséquences des technologies nouvelles ne peuvent se penser : qui pouvait imaginer la fission nucléaire et la bombe atomique pendant la Première Guerre mondiale ? De même, on ne peut prévoir ce que donneront ces énergies nouvellement libérées par la mise en réseau planétaire des initiatives publiques et privées.

Nous sommes condamnés à penser la technique passée. À peine pouvons-nous saisir les modalités de la technique présente. Celle du futur relève actuellement de la fiction, à la manière dont on imaginait le XXe siècle à l'époque de Rousseau (1712-1778) et de Voltaire (1694-1778). Les révolutions induites produisent leurs effets avec le temps : quand il imprime son premier livre sur presse, Gutenberg n'imagine pas le bouleversement qu'il prépare ni la modernité qu'il rend possible. Le livre a servi de support aux hommes qui, après lui, ont accéléré la sortie du

Moyen Âge pour entrer dans la Renaissance, puis la période moderne et le monde contemporain. Le livre accuse aujourd'hui des signes de dépression, peut-être amorce-t-il une courbe descendante. On ne lit plus, ou de moins en moins, ou de plus en plus mal. En même temps, on écrit de plus en plus, on publie de plus en plus, tout et n'importe quoi : la quantité tue la qualité. Les temps à venir vont développer une technologie qui risque de déclasser le livre dont on connaîtrait alors les dates de naissance et de décès.

Le papier disparaît au profit des informations virtuelles. Vraisemblablement, la technique de demain les décuplera. Fin des machines classiques, des relations millénaires entre les hommes, du travail envisagé selon les modalités ancestrales, des productions traditionnelles. Fin également d'une forme d'esclavage avant l'apparition d'une autre, peut-être plus perfide, plus rouée, plus dangereuse parce que planétaire. Loin du smicard en passe de disparaître lui aussi, l'esclave définit désormais l'homme dénaturé, ignorant l'antique poids de la nature dont les potentialités sont mises sous perfusion techniciste. Avec le triomphe de la technique, l'*homo artifex* (l'homme artifice) va détrôner définitivement l'*homo sapiens* (l'homme penseur). L'esclavage touchait jadis le corps, il s'apprête aujourd'hui à emporter les âmes.

Jean-Baptiste Sécheret, *La S.M.N. avant le désastre, Mondeville*, 2000.

TEXTES

Friedrich Nietzsche (allemand, 1844-1900)

Athée, antichrétien, malade toute son existence, récupéré par le nazisme — à cause d'un faux livre fabriqué par sa sœur pour plaire à Hitler —, il meurt après dix années de folie et de prostration. Invite à tourner la page de deux mille ans de pensée occidentale en affirmant une passion effrénée pour la vie « par-delà le bien et le mal ».

« L'impossible classe »

pg. 160 ed folio essais

Pauvre, joyeux et indépendant ! — tout cela est possible simultanément ; pauvre, joyeux et esclave ! — c'est aussi possible, — et je ne saurais rien dire de mieux aux ouvriers esclaves de l'usine : à supposer qu'ils ne ressentent pas en général comme une *honte* d'être *utilisés*, comme c'est le cas, en tant que rouages d'une machine et, pour ainsi dire, comme un bouche-trou pour les lacunes de l'esprit humain d'invention ! Fi ! croire que l'on pourrait remédier par un salaire plus élevé à l'*essentiel* de leur détresse, je veux dire leur asservissement impersonnel ! Fi ! se laisser persuader que grâce à un accroissement de cette impersonnalité, à l'intérieur de la machinerie d'une société nouvelle, la honte de l'esclavage pourrait devenir vertu ! Fi ! avoir un prix auquel on cesse d'être une personne pour devenir un rouage ! Êtes-vous complices de la folie actuelle des nations qui ne pensent qu'à produire le plus possible et à s'enrichir le plus possible ? Votre tâche serait de leur présenter l'addition négative : quelles énormes sommes de valeur *intérieure* sont gaspillées pour une fin aussi extérieure. Mais qu'est devenue votre valeur intérieure si vous ne savez plus ce que c'est que respirer librement ? si vous n'avez même pas un minimum de maîtrise de vous-mêmes ? si vous êtes trop souvent dégoûtés de vous comme d'une boisson éventée ? si vous prêtez l'oreille aux journaux et lorgnez votre riche voisin, mis en appétit par la montée et le déclin rapide de la puissance, de l'argent et des opinions ? si vous n'avez plus foi en la philosophie qui porte des haillons, en la liberté spirituelle de l'homme sans besoins ? si la pauvreté volontaire et idyllique, l'absence de profession et le célibat, qui devraient parfaitement convenir aux plus intellectuels d'entre vous, sont devenus pour vous des objets de raillerie ? Par contre, vos oreilles entendent-elles résonner en permanence le pipeau des attrapeurs de rats socialistes qui veulent vous enflammer de folles espérances ? qui vous ordonnent d'être *prêts*, et rien de plus, prêts du jour au lendemain, si bien que vous attendez que quelque chose vienne du dehors, que vous attendez sans relâche et vivez, pour le reste, comme vous avez toujours vécu, — jusqu'à ce que cette attente devienne une faim et une soif, une fièvre et une folie, et que se lève enfin dans toute sa gloire le jour de la *bestia triumphans* ? — À l'opposé, chacun devrait penser à part soi : « Plutôt émigrer, chercher à devenir *maître* dans des régions du monde sauvages et intactes, et surtout maître de moi ; changer de place aussi longtemps qu'un signe quelconque d'esclavage se manifeste à moi ; n'éviter ni l'aventure ni la guerre, et me tenir prêt à mourir dans les cas désespérés : pourvu qu'il ne faille pas supporter plus longtemps cette indécente servitude, pourvu que l'on cesse de devenir amer, venimeux et comploteur ! » Voilà l'état d'esprit qu'il conviendrait d'avoir : les ouvriers, en Europe, devraient déclarer désormais qu'ils sont une impossibilité humaine *en tant que classe*, au lieu de se déclarer seulement, comme il arrive d'habitude, les victimes d'un système dur et mal organisé ; ils devraient susciter dans la ruche européenne un âge de grand essaimage, tel que l'on n'en a encore jamais vu, et protester par cet acte de nomadisme de grand style contre la machine, le capital et l'alternative qui les menace aujourd'hui : *devoir* choisir entre être esclave de l'État ou esclave d'un parti révolutionnaire. Puisse l'Europe se délester du quart de ses habitants ! Ceux-ci, tout comme elle, s'en trouveront le cœur plus léger ! Au loin seulement, dans les entreprises des colons essaimant à l'aventure, on pourra enfin reconnaître combien de bon sens et d'équité, combien de saine méfiance la maternelle Europe a inculqué à ses fils, — ces fils qui ne pouvaient plus supporter de vivre auprès d'elle, auprès de cette vieille femme abrutie, et qui couraient le risque de devenir moroses, irritables et jouisseurs comme elle. En dehors de l'Europe, les vertus de l'Europe seront du voyage avec ces ouvriers ; et ce qui, dans la patrie, commençait à dégénérer en dangereux mécontentement et en tendances criminelles revêtira en dehors d'elle un naturel sauvage et beau, et sera qualifié d'héroïsme. — Ainsi un air plus pur soufflerait enfin sur la vieille Europe actuellement surpeuplée et repliée sur elle-même. Et qu'importe si alors on manque un peu de « main-d'œuvre » ! Peut-être se rendra-t-on alors compte que l'on s'est habitué à de nombreux besoins seulement depuis qu'il est devenu si *facile* de les satisfaire, — on désapprendra quelques besoins ! Peut-être ira-t-on alors chercher des *Chinois* : et ceux-ci apporteraient la façon de penser et de vivre qui convient à des fourmis travailleuses. Oui, dans l'ensemble ils pourraient contribuer à infuser dans le sang de l'Europe instable qui s'exténue elle-même un peu de la tranquillité et de l'esprit contemplatif de l'Asie et — ce qui est bien le plus nécessaire — un peu de la ténacité asiatique.

Aurore (1881), trad. J. Hervier, Gallimard, 1970.

Paul Lafargue (français, 1842-1911)

Affichait une réelle satisfaction d'avoir une mère juive caraïbe et un père mulâtre pour le plaisir de voir couler en lui le sang de trois peuples opprimés. Gendre de Marx, il se suicide avec sa femme pour éviter d'avoir à connaître la déchéance de la vieillesse.

Haine du travail, éloge de la paresse

Une étrange folie possède les classes ouvrières des nations où règne la civilisation capitaliste. Cette folie traîne à sa suite des misères individuelles et sociales qui, depuis des siècles, torturent la triste humanité. Cette folie est l'amour du travail, la passion moribonde du travail poussée jusqu'à l'épuisement des forces vitales de l'individu et de sa progéniture. Au lieu de réagir contre cette aberration mentale, les prêtres, les économistes, les moralistes, ont sacro-sanctifié le travail. Hommes aveugles et bornés, ils ont voulu être plus sages que leur Dieu ; hommes faibles et méprisables, ils ont voulu réhabiliter ce que leur Dieu avait maudit. Moi, qui ne professe d'être chrétien, économe et moral, j'en appelle de leur jugement à celui de leur Dieu ; des prédications de leur morale religieuse, économique, libre-penseuse, aux épouvantables conséquences du travail dans la société capitaliste.
Dans la société capitaliste, le travail est la cause de toute dégénérescence intellectuelle, de toute déformation organique. [...]
Si, déracinant de son cœur le vice qui la domine et avilit sa nature, la classe ouvrière se levait dans sa force terrible, non pour réclamer les *Droits de l'homme*, qui ne sont que les droits de l'exploitation capitaliste, non pour réclamer le *Droit au travail*, qui n'est que le droit à la misère, mais pour forger une loi d'airain, défendant à tout homme de travailler plus de trois heures par jour, la Terre, la

vieille Terre, frémissant d'allégresse, sentirait bondir en elle un nouvel univers... Mais comment demander à un prolétariat corrompu par la morale capitaliste une résolution virile ?

Le Droit à la paresse (1880), Mille et une nuits, département de la librairie Arthème Fayard,1994.

André Gorz (français, né en 1924)

Invite à repenser la question du travail qu'il souhaite réduire au minimum grâce à un usage politique de la technique. Propose des formes de production économiques alternatives au capitalisme. Souhaite un revenu minimum pour chacun, hors activité professionnelle.

Asservir ou libérer les hommes ?

Ce qu'on peut et ce qu'on ne peut pas demander à la technique. On peut lui demander d'accroître l'efficacité du travail et d'en réduire la durée, la peine. Mais il faut savoir que la puissance accrue de la technique a un prix : elle coupe le travail de la vie et la culture professionnelle de la culture du quotidien ; elle exige une domination despotique de soi en échange d'une domination accrue de la nature ; elle rétrécit le champ de l'expérience sensible et de l'autonomie existentielle ; elle sépare le producteur du produit au point qu'il ne connaît plus la finalité de ce qu'il fait.
Ce prix de la technicisation ne devient acceptable que dans la mesure où elle économise du travail et du temps. C'est là son but déclaré. Elle n'en a pas d'autre. Elle est faite pour que les hommes produisent plus et mieux avec moins d'effort et en moins de temps. En une heure de son temps de travail, chaque travailleur de type nouveau économise dix heures de travail classique ; ou trente heures ; ou cinq, peu importe. Si l'économie de temps de travail n'est pas son but, sa profession n'a pas de sens. S'il a pour ambition ou pour idéal que le travail remplisse la vie de chacun et en soit la principale source de sens, il est en contradiction complète avec ce qu'il fait. S'il croit à ce qu'il fait, il doit croire aussi que les individus ne s'accomplissent pas seulement dans leur profession. S'il aime faire son travail, il faut qu'il soit convaincu que le travail n'est pas tout, qu'il y a des choses aussi importantes ou plus importantes que lui. Des choses pour lesquelles les gens n'ont jamais assez de temps, pour lesquelles lui-même a besoin de plus de temps. Des choses que le « technicisme machinique » leur donnera le temps

de faire, doit leur donner le temps de faire, leur restituant alors au centuple ce que « l'appauvrissement du penser et de l'expérience sensible » leur a fait perdre.

Je le répète encore et encore : *un travail qui a pour effet et pour but de faire économiser du travail ne peut pas, en même temps, glorifier le travail comme la source essentielle de l'identité et de l'épanouissement personnels.* Le sens de l'actuelle révolution technique ne peut pas être de réhabiliter l'éthique du travail, l'identification au travail. Elle n'a de sens que si elle élargit le champ des activités non professionnelles dans lesquelles chacun, chacune, y compris les travailleurs de type nouveau, puissent épanouir la part d'humanité qui, dans le travail technicisé, ne trouve pas d'emploi.

Métamorphose du travail. Quête du sens, Galilée, 1988.

Herbert Marcuse (allemand, 1898-1979)

Juif allemand pourchassé par les nazis, exilé aux États-Unis. Critique avec virulence la société de consommation coupable d'aliéner les classes modestes et moyennes, puis de permettre la survie du capitalisme. En appelle à la révolution pour en finir avec ce mode de production des richesses. Mai 68 en fait une référence active.

Augmentation du progrès, intensification de la servitude

Dans les zones techniquement avancées de la civilisation, la conquête de la nature est pratiquement totale, et plus que jamais auparavant, davantage de besoins d'un plus grand nombre de personnes sont satisfaits. Ni la mécanisation et la standardisation de la vie, ni l'appauvrissement intellectuel, ni le pouvoir destructeur croissant du progrès ne fournissent une assise suffisante pour mettre en question le « principe » qui a régi le progrès de la civilisation occidentale. L'augmentation continuelle de la productivité rend la promesse d'une vie encore meilleure pour tous toujours plus réalisable.

Cependant, le développement du progrès semble être lié à l'intensification de la servitude. Dans tout l'univers de la civilisation industrielle, la domination de l'homme par l'homme croît en étendue et en efficacité. Cette tendance n'apparaît pas comme un recul accidentel et passager sur le chemin du progrès. Les camps de concentration, les génocides, les guerres mondiales et les bombes atomiques ne sont pas des rechutes dans la barbarie, mais les résultats effrénés des conquêtes modernes de la technique et de la domination. L'asservissement et la destruction de l'homme par l'homme les plus efficaces, s'installent au plus haut niveau de la civilisation, au moment où les réalisations matérielles et intellectuelles de l'humanité semblent permettre la création d'un monde réellement libre.

Éros et Civilisation (1958), trad. J. G. Nény et B. Fraenkel, Minuit, 1963 et 1970.

Martin Veyron, dessin paru dans le *Nouvel Observateur*, janvier 2001.

D'AUTRES TEXTES SUR LA TECHNIQUE

René Descartes (français, 1596-1649)

Rompt avec son temps, qui soumettait la pensée aux impératifs de l'Église, pour proposer un usage méthodique, libre et laïc de la raison. Son ouvrage majeur : le *Discours de la méthode* (1637). Sur la fin de son existence, se soucie activement d'étendre les domaines d'action de la philosophie en travaillant la médecine.

« Comme maîtres et possesseurs de la nature »

Mais sitôt que j'ai eu acquis quelques notions générales touchant la physique, et que, commençant à les éprouver en diverses difficultés particulières, j'ai remarqué jusques où elles peuvent conduire, et combien elles diffèrent des principes dont on s'est servi jusques à présent, j'ai cru que je ne pouvais les tenir cachées sans pécher grandement contre la loi qui nous oblige à procurer, autant qu'il est en nous, le bien général de tous les hommes : car elles m'ont fait voir qu'il est possible de parvenir à des connaissances qui soient fort utiles à la vie, et qu'au lieu de cette philosophie spéculative qu'on enseigne dans les écoles, on en peut trouver une pratique par laquelle, connaissant la force et les actions du feu, de l'eau, de l'air, des astres, des cieux, et de tous les autres corps qui nous environnent, aussi distinctement que nous connaissons les divers métiers de nos artisans, nous les pourrions employer en même façon à tous les usages auxquels ils sont propres, et ainsi nous rendre comme maîtres et possesseurs de la nature. Ce qui n'est pas seulement à désirer pour l'invention d'une infinité d'artifices qui feraient qu'on jouirait sans aucune peine des fruits de la terre et de toutes les commodités qui s'y trouvent, mais principalement aussi pour la conservation de la santé, laquelle est sans doute le premier bien et le fondement de tous les autres biens de cette vie : car même l'esprit dépend si fort du tempérament, et de la disposition des organes du corps, que, s'il est possible de trouver quelque moyen qui rende communément les hommes plus sages et plus habiles qu'ils n'ont été jusques ici, je crois que c'est dans la médecine qu'on doit le chercher.

Discours de la méthode (1637), partie VI.

Aristote (grec, 384-322 av. J.-C.)

Figure alternative à Platon par son souci exacerbé du monde et du réel concret. A écrit sur tout : biologie, géographie, logique, zoologie, poésie, climatologie, métaphysique, éthique, politique, physique, etc. Invente, à sa manière, l'esprit encyclopédique qui ramasse la diversité du réel dans l'unité de quelques principes clairs.

L'intelligence génère les mains

Anaxagore prétend que c'est parce qu'il a des mains que l'homme est le plus intelligent des animaux. Ce qui est rationnel, plutôt, c'est de dire qu'il a des mains parce qu'il est le plus intelligent. Car la main est un outil ; or la nature attribue toujours, comme le ferait un homme sage, chaque organe à qui est capable de s'en servir. Ce qui convient, en effet, c'est de donner des flûtes au flûtiste, plutôt que d'apprendre à jouer à qui possède des flûtes. C'est toujours le plus petit que la nature ajoute au plus grand et au plus puissant, et non pas le plus précieux et le plus grand au plus petit. Si donc cette façon de faire est préférable, si la nature réalise parmi les possibles celui qui est le meilleur, ce n'est pas parce qu'il a des mains que l'homme est le plus intelligent des êtres, mais c'est parce qu'il est le plus intelligent qu'il a des mains.
En effet, l'être le plus intelligent est celui qui est capable de bien utiliser le plus grand nombre d'outils : or, la main semble bien être non pas un outil, mais plusieurs. Car elle est pour ainsi dire un outil qui tient lieu des autres. C'est donc à l'être capable d'acquérir le plus grand nombre de techniques que la nature a donné l'outil de loin le plus utile, la main.
Aussi, ceux qui disent que l'homme n'est pas bien constitué et qu'il est le moins bien partagé des animaux (parce que, dit-on, il est sans chaussures, il est nu et n'a pas d'armes pour combattre) sont dans l'erreur. Car les autres animaux n'ont chacun qu'un seul moyen de défense et il ne leur est pas possible de le changer pour un autre, mais ils sont forcés, pour ainsi dire, de garder leurs chaussures pour dormir et pour faire n'importe quoi d'autre, et ne doivent jamais déposer l'armure qu'ils ont autour de leur corps ni changer l'arme qu'ils ont reçue en partage. L'homme, au contraire, possède de nombreux moyens de défense, et il lui est toujours loisible d'en changer et même

d'avoir l'arme qu'il veut et quand il le veut. Car la main devient griffe, serre, corne, ou lance, ou épée, ou toute autre arme ou outil. Elle peut être tout cela, parce qu'elle est capable de tout saisir et de tout tenir.
La forme même que la nature a imaginée pour la main est adaptée à cette fonction. Elle est, en effet, divisée en plusieurs parties. Et le fait que ces parties peuvent s'écarter implique aussi pour elles la faculté de se réunir, tandis que la réciproque n'est pas vraie. Il est possible de s'en servir comme d'un organe unique, double ou multiple.

Les Parties des animaux (IVe s. av. J.-C.), 687-689,
éd. de Pierre Louis, Les Belles Lettres, 1957.

Jürgen Habermas (allemand, né en 1929)

Héritier de l'École de Francfort. Penseur des formes prises par l'histoire, la technique et la politique dans le XXe siècle. Propose une théorie de la discussion et de la communication à même de permettre l'avènement d'une démocratie concrète.

Science-fiction ?

Dans l'avenir, le répertoire des techniques de contrôle connaîtra un accroissement considérable. Dans la liste des découvertes techniques probables pour les trente-trois prochaines années que propose Hermann Kahn[1], j'ai relevé parmi les cinquante premiers titres un grand nombre de techniques de contrôle du comportement et de modification de la personnalité : 30) des techniques nouvelles et allant aussi loin que possible de surveillance, de contrôle et de direction des individus comme aussi des organisations ; 33) des techniques nouvelles et plus sûres d'« éducation » et de propagande affectant le comportement humain, public et privé ; 34) l'application de procédés électroniques à la communication directe avec le cerveau et à sa stimulation ; 37) de nouvelles techniques anti-émeutes relativement efficaces ; 39) de nouveaux produits pharmaceutiques plus variés permettant de contrôler la fatigue, la relaxation, la vivacité, l'humeur, les perceptions et l'imagination ; 41) des possibilités plus grandes pour « changer » le sexe d'un individu ; 42) d'autres moyens d'exercer un contrôle ou une influence d'ordre génétique sur la constitution de base de l'individu… Une prévision de ce genre est certes extrêmement discutable. Elle n'en donne pas moins une idée de l'éventualité que le comportement humain puisse être à l'avenir détaché de tout système de normes lié à la grammaire des jeux de langage et, au lieu de cela, intégré dans des systèmes autorégulés du type homme-machine en étant soumis à un contrôle physique ou à une influence psychologique directs.

La Technique et la Science comme « idéologie » (1968), trad. J.-R. Ladmiral, Gallimard, 1973.

1. « Toward the Year 2000 », in *Daedalus*, été 1967.

Ernst Jünger (allemand, 1895-1998)

Invente une méthode d'éventration à la baïonnette en 1914-1918, occupe Paris avec les armées allemandes en 1940, pratique l'entomologie en artiste, donne son nom à un papillon qu'il découvre, voit deux fois passer la comète de Halley dans sa vie. Meurt centenaire en laissant derrière lui une œuvre de romancier, mais aussi de penseur de la technique, du temps, des cycles, des mythes et de l'histoire.

Magie de la technique

La technique a souvent quelque chose de stupéfiant. C'est drôle, mais parfois, en parlant au téléphone, j'ai encore l'impression d'accomplir un acte rendu possible par la technique, mais aussi quelque chose de magique. Cela vaut pour le cinéma, le téléphone, et bien d'autres choses. Il est possible d'enregistrer notre conversation, de la filmer, puis de la faire revivre dans cent ans, vue peut-être sous un angle différent. Une prise de vues cinématographiques offre l'opportunité de ressusciter des personnes disparues dont on a perdu le souvenir, la présence physique, la voix, le geste. Cet effet, que j'appelle magique, est appelé à émerger de façon beaucoup plus impressionnante. Déjà, on parle de réalité virtuelle, de quatrième dimension. La pensée même se digitalise.

Les Prochains Titans (1995), trad. M. Bouzaher, Grasset, 1998.

Image extraite de *La Compagnie des Loups*, film de Neil Jordan, 1984.

Comment
vivre
ensemble ?

Beppe, acteur dans la prison de Volterra (photographie de Alex Majoli, Italie, 1996).

4

La Liberté

L'architecte, le pédophile et Internet

Pourquoi votre lycée est-il construit comme une prison ?

Parce que dans cet endroit comme partout ailleurs, on n'aime pas la liberté et qu'on s'entend magnifiquement à la contenir, la réduire, la contraindre ou la limiter au maximum. Le pouvoir d'aller et venir, de circuler librement, sans entrave, de se mouvoir sans avoir de comptes à rendre, celui d'user comme on le souhaite de son temps, de ses nuits et de ses jours, de décider de ses heures de lever et de coucher, celui de travailler ou de se reposer, de manger, de dormir, tout ce qui manifeste l'autonomie de l'individu (la possibilité de décider de son existence dans le moindre détail) gêne considérablement la société dans son ensemble. Voilà pourquoi elle a inventé un certain nombre d'institutions qui fonctionnent selon des techniques de quadrillage : quadrillage de votre espace, quadrillage de votre temps.

La société n'aime pas la liberté car elle n'engendre pas l'ordre, la cohésion sociale, la communauté utile mais plutôt l'éclatement des activités, l'individualisation et l'atomisation sociale. La liberté fait peur, angoisse : elle inquiète l'individu, qui se retrouve face à lui-même, dans le doute, devant la possibilité de choisir, donc d'expérimenter le poids de la responsabilité ; mais elle gêne également la société qui préfère des personnages intégrés dans le projet prévu pour chacun plutôt qu'une multiplicité de pièces jouées par des petits groupes d'individus.

Haine de la liberté et dressage social

L'usage libre de son temps, de son corps, de sa vie engendre une angoisse plus grande que si l'on se contente d'obéir aux instances génératrices de docilité — la famille, l'école, le travail et autres occasions d'en finir avec la liberté au profit d'une sécurité offerte par la société : une profession, un statut, une visibilité sociale, une reconnaissance par l'argent, etc. Voilà pourquoi, pour éviter l'angoisse d'une liberté sans objet, les hommes aiment si souvent se jeter dans les bras de machines sociales qui finissent par les ingérer, les broyer, puis les digérer.

Dès votre plus jeune âge, l'école vous prend en charge pour vous socialiser, autant dire pour vous faire renoncer à votre liberté sauvage et vous faire préférer la liberté définie par la loi. Le corps et l'âme sont façonnés, fabriqués. On inculque une façon de voir le monde, d'envisager le réel, de penser les choses. On norme. L'écolier du primaire, le collégien, le lycéen, l'étudiant des classes préparatoires subissent l'impératif de rentabilité scolaire : les points à accumuler, les notes à obtenir, au-dessus de la moyenne de préférence, les coefficients qui décident de ce qui est important ou non pour bien vous intégrer, les livrets qui constituent autant de fiches de police associées à vos mouvements administratifs, les copies à rédiger selon un code très précis, la discipline à respecter dans le moindre détail, l'objectif du passage dans la classe supérieure, le théâtre du conseil de classe qui examine l'étendue de votre docilité, la distinction des sections en fonction des besoins du système, l'obtention des diplômes comme autant de sésames, même si, en soi, ils ne servent à rien : tout vise moins pour vous une compétence (sinon pourquoi n'être pas bilingue après sept années d'apprentissage d'une langue étrangère ?) qu'une mesure de votre aptitude à l'obéissance, à la docilité, à la soumission aux demandes du corps enseignant, des équipes pédagogiques et de direction.

Et l'architecture du lycée me direz-vous ? Elle suppose qu'à chaque moment de la journée, dès que vous entrez dans l'établissement jusqu'au moment où vous en sortez, on sache où vous vous trouvez et ce que vous y faites. Votre usage du temps dans un lieu fait l'objet d'un marquage, d'un pointage et d'un savoir rigoureux. Le lycée, c'est un bâtiment avec des flux, des circulations de personnes qui vont et viennent,

se rendent dans une salle, en quittent une autre, se dirigent vers une documentation, un réfectoire, une salle de sport ou d'informatique, un atelier. Ces flux s'activent à des moments précis de la journée : entrée du matin, changements de cours et sortie du soir.

Pas vu, pas pris

Quiconque contrôle ces flux contrôle les individus qui les constituent. Chaque passage de groupe se matérialise, chaque passage d'individu se repère, surtout s'il a lieu pendant une heure de cours, car il signale alors un dysfonctionnement (on va aux toilettes, à l'infirmerie, au bureau d'un responsable de discipline, à la documentation, on devient nomade quand tout vous force à la sédentarité). D'où une installation des bureaux aux points névralgiques des passages : surveillants, conseillers principaux d'éducation (le nom a changé, plus présentable, mais la fonction reste celle du préfet de discipline de jadis), personnel d'encadrement (responsables de sections, de groupes, de niveaux, etc.). Partout, vous devez pouvoir être vu. C'est le principe du panoptique : là où vous êtes, quelle que soit votre activité, on vous voit. L'architecture du lycée est faite pour organiser cette visibilité perpétuelle de vos mouvements et de vos stations.

Ernest Pignon-Ernest, *Rimbaud dans Paris* (détail), 1978.

Le quadrillage de l'espace est rendu possible par l'architecture. Celui de votre journée, puis de votre année, par l'emploi du temps. Avec l'abscisse du lieu occupé par votre classe (la salle de cours numérotée) et l'ordonnée du moment de la journée (le découpage des heures), on obtient la possibilité d'un croisement qui informe en permanence l'autorité du lieu où vous vous trouvez. Votre visibilité est maximale. Les sonneries contraignent aux déplacements, aux rythmes, les cahiers d'appel signalent votre présence ou votre absence. Et le plan de classe affine l'opération de repérage : à l'heure dite, au lieu dit, vous occupez un espace déterminé (deux mètres cubes d'air) que vous pouvez quitter seulement avec la permission de l'autorité (le professeur qui vous invite au tableau, à distribuer des photocopies ou des devoirs corrigés, sinon la sonnerie qui prépare le changement de lieu).

Votre liberté individuelle disparaît dans les quadrillages d'espace (l'architecture) et les quadrillages de temps (l'administration). La même logique de panoptique préside au fonctionnement des casernes, des prisons et des ateliers, avec des aménagements propres à chaque endroit : des sirènes au lieu des sonneries, des pointages à la place des appels, des cellules en guise de salles de cours, des grades plutôt que des notes, du tir au fusil et non la rédaction de copies, le mitard ou les arrêts de rigueur pour remplacer les colles et les retenues, le licenciement équivalant au renvoi, le tribunal des prud'hommes au conseil de discipline, les contremaîtres remplaçant les surveillants et les professeurs, etc. Chaque fois, on veut un bon écolier, un bon soldat, un bon citoyen, un bon ouvrier. La liberté, pour quoi faire ? Car il s'agit avant tout d'encager les possibilités multiples de la liberté pure pour les contraindre à passer par le trou d'aiguille de la discipline sociale. Le but non avoué étant d'éteindre les formidables puissances de désordre contenues dans une liberté sans limite.

Aux plus dociles, à ceux qui renoncent le plus visiblement à leur liberté individuelle, la société reconnaissante distribue des gratifications : emplois, postes de responsabilité, autorité déléguée, grade dans la hiérarchie, puissance sur autrui, salaires qui permettent de consommer, donc d'apparaître tel un individu modèle d'intégration. Diplômes, carrière, travail, revenu : la société ne ménage pas ses cadeaux aux éléments les plus décidés à collaborer à son projet. Le panoptique guette partout où la liberté existe : dans la famille, dans la relation avec les autres, au travail bien sûr, mais aussi dans son quartier, sa cité, son pays. Et bientôt, sur la planète entière. Une poignée seulement résiste aux appels de la sirène pour préférer une plus grande liberté, même s'il faut le payer d'une moins grande sécurité ou d'une moindre visibilité sociale. À vous de choisir : serez-vous de cette poignée ?

TEXTES

Gilles Deleuze (français, 1924-1995)

Professeur de philosophie dont les cours ont été célèbres dans les années 70. Critique le capitalisme et la fonction intégrante de la psychanalyse. Écrit sur les philosophes, mais aussi sur la littérature, la peinture, le cinéma. Longtemps malade, amoindri, se suicide en se jetant par la fenêtre de son appartement parisien.

Après l'enfermement, le contrôle

L'étude socio-technique des mécanismes de contrôle, saisis à leur aurore, devrait être catégorielle et décrire ce qui est déjà en train de s'installer à la place des milieux d'enfermement disciplinaires, dont tout le monde annonce la crise. Il se peut que de vieux moyens, empruntés aux anciennes sociétés de souveraineté, reviennent sur scène, mais avec les adaptations nécessaires. Ce qui compte, c'est que nous sommes au début de quelque chose. Dans *le régime des prisons* : la recherche de peines de « substitution » au moins pour la petite délinquance, et l'utilisation de colliers électroniques qui imposent au condamné de rester chez lui à telles heures. Dans *le régime des écoles* : les formes de contrôle continu, et l'action de la formation permanente sur l'école, l'abandon correspondant de toute recherche à l'Université, l'introduction de l'« entreprise » à tous les niveaux de scolarité. Dans *le régime des hôpitaux* : la nouvelle médecine « sans médecin ni malade » qui dégage des malades potentiels et des sujets à risque, qui ne témoigne nullement d'un progrès vers l'individuation, comme on le dit, mais substitue au corps individuel ou numérique le chiffre d'une matière « dividuelle » à contrôler. Dans *le régime d'entreprise* : les nouveaux traitements de l'argent, des produits et des hommes qui ne passent plus par la vieille forme-usine. Ce sont des exemples assez minces, mais qui permettraient de mieux comprendre ce qu'on entend par crise des institutions, c'est-à-dire l'installation progressive et dispersée d'un nouveau régime de domination. Une des questions les plus importantes concernerait l'inaptitude des syndicats : liés dans toute leur histoire à la lutte contre les disciplines ou dans les milieux d'enfermement, pourront-ils s'adapter ou laisseront-ils place à de nouvelles formes de résistance contre les sociétés de contrôle ? Peut-on déjà saisir des

ébauches de ces formes à venir, capables de s'attaquer aux joies du marketing ? Beaucoup de jeunes gens réclament étrangement d'être « motivés », ils redemandent des stages et de la formation permanente ; c'est à eux de découvrir ce à quoi on les fait servir, comme leurs aînés ont découvert non sans peine la finalité des disciplines. Les anneaux d'un serpent sont encore plus compliqués que les trous d'une taupinière. [...]
Nous sommes dans une crise généralisée de tous les milieux d'enfermement, prison, hôpital, usine, école, famille. La famille est un « intérieur », en crise comme tout autre intérieur, scolaire, professionnel, etc. Les ministres compétents n'ont cessé d'annoncer des réformes supposées nécessaires. Réformer l'école, réformer l'industrie, l'hôpital, l'armée, la prison ; mais chacun sait que ces institutions sont finies, à plus ou moins longue échéance. Il s'agit seulement de gérer leur agonie et d'occuper les gens, jusqu'à l'installation de nouvelles forces qui frappent à la porte. Ce sont les *sociétés de contrôle* qui sont en train de remplacer les sociétés disciplinaires.

Pourparlers, Minuit, 1990.

Jeremy Bentham (anglais, 1748-1832)

Pose les bases de la pensée utilitariste. Contre les usages de son époque, a souhaité que son cadavre fût disséqué pour être utile à la science, puis son squelette habillé et exposé dans les couloirs de l'université de Londres, où il est toujours.

Voir, contrôler, donc maîtriser

Si l'on trouvait un moyen de se rendre maître de tout ce qui peut arriver à un certain nombre d'hommes, de disposer tout ce qui les environne, de manière à opérer sur eux l'impression que l'on veut produire, de s'assurer de leurs actions, de leurs liaisons, de toutes les circonstances de leur vie, en sorte que rien ne pût échapper ni contrarier l'effet désiré, on ne peut pas douter qu'un moyen de cette espèce ne fût un instrument très-énergique et très-utile que les gouvernements pourraient appliquer à différents objets de la plus haute importance.
L'éducation, par exemple, n'est que le résultat de toutes les circonstances auxquelles un enfant est exposé. Veiller à l'éduca-

tion d'un homme, c'est veiller à toutes ses actions : c'est le placer dans une position où on puisse influer sur lui comme on le veut, par le choix des objets dont on l'entoure et des idées qu'on lui fait naître.
Mais comment un homme seul peut-il suffire à veiller parfaitement sur un grand nombre d'individus ? Comment même un grand nombre d'individus pourrait-il veiller parfaitement sur un seul ? Si l'on admet, comme il le faut bien, une succession de personnes qui se relayent, il n'y a plus d'unité dans leurs instructions, ni de suite dans leurs méthodes.
On conviendra donc facilement qu'une idée aussi utile que neuve, serait celle qui donnerait à un seul homme un pouvoir de surveillance qui, jusqu'à présent, a surpassé les forces réunies d'un grand nombre. [...]

Construction du Panoptique

Une maison de pénitence sur le plan que l'on vous propose serait un bâtiment circulaire ; ou plutôt, ce seraient deux bâtiments emboîtés l'un dans l'autre. Les appartemens des prisonniers formeraient le bâtiment de la circonférence sur une hauteur de six étages : on peut se les représenter comme des cellules ouvertes du côté intérieur, parce qu'un grillage de fer peu massif les expose en entier à la vue. Une galerie à chaque étage établit la communication ; chaque cellule a une porte qui s'ouvre sur cette galerie.
Une tour occupe le centre : c'est l'habitation des inspecteurs ; mais la tour n'est divisée qu'en trois étages, parce qu'ils sont disposés de manière que chacun domine en plein deux étages de cellules. La tour d'inspection est aussi environnée d'une galerie couverte d'une jalousie transparente, qui permet aux regards de l'inspecteur de plonger dans les cellules, et qui l'empêche d'être vu, en sorte que d'un coup-d'œil il voit le tiers de ses prisonniers, et qu'en se mouvant dans un petit espace, il peut les voir tous dans une minute. Mais fût-il absent, l'opinion de sa présence est aussi efficace que sa présence même.
Des tubes de fer-blanc correspondent depuis la tour d'inspection à chaque cellule, en sorte que l'inspecteur, sans aucun effort de voix, sans se déplacer, peut avertir les prisonniers, diriger leurs travaux, et leur faire sentir sa surveillance. Entre la tour et les cellules, il doit y avoir un espace vide, un puits annulaire qui ôte aux prisonniers tout moyen de faire des entreprises contre les inspecteurs.

L'ensemble de cet édifice est comme une ruche dont chaque cellule est visible d'un point central. L'inspecteur invisible lui-même règne comme un esprit ; mais cet esprit peut au besoin donner immédiatement la preuve d'une présence réelle.
Cette maison de pénitence serait appelée *panoptique*, pour exprimer d'un seul mot son avantage essentiel, *la faculté de voir d'un coup-d'œil tout ce qui s'y passe.* [...]
Enfin, ce principe peut s'appliquer heureusement à des écoles, à des casernes, à tous les emplois où un homme seul est chargé du soin de plusieurs. Au moyen d'un panoptique, la prudence intéressée d'un seul individu est un meilleur gage de succès que ne le serait, dans tout autre système, la probité d'un grand nombre.

Panoptique (1839), trad. F.-E. Morin et M. Perrot, Belfond, 1977.

Michel Foucault (français, 1926-1984)

Écrit sur la folie, la prison, l'enfermement, l'hôpital, la sexualité. Effectue une critique de toutes les logiques oppressives. Activement engagé à gauche et dans la lutte pour les Comités de prisonniers. Homosexuel discret de son vivant. Meurt du sida et laisse en plan une œuvre qui, à l'aide des penseurs de l'Antiquité, pensait les conditions d'une nouvelle morale.

Casernes, hôpitaux, prisons, écoles...

Question : Qu'est-ce que le Panopticon ?

Réponse : C'est un projet de construction avec une cour centrale qui surveille toute une série de cellules disposées circulairement, à contre jour, dans lesquelles on enferme les individus. Du centre, on contrôle toute chose et tout mouvement sans être vu.
Le pouvoir disparaît, il ne se représente plus, mais il existe ; il se dilue même dans l'infinie multiplicité de son unique regard.
Les prisons modernes, et même un grand nombre parmi les plus récentes que l'on appelle « modèles », reposent sur ce principe. Mais, avec son *Panopticon*, Bentham ne pensait pas de manière spécifique à la prison ; son modèle pouvait être utilisé — et l'a été — pour n'importe quelle structure de la société nouvelle. La police, invention française qui fascina aussitôt tous les gouvernements européens, est la jumelle du Panopticon.
La fiscalité moderne, les asiles psychiatriques, les fichiers, les circuits de télévision et combien d'autres technologies qui nous

entourent, en sont la concrète application. Notre société est beaucoup plus benthamienne que beccarienne. Les lieux dans lesquels on a trouvé la tradition de connaissances qui ont amené à la prison montrent pourquoi celle-ci ressemble aux casernes, aux hôpitaux, aux écoles et pourquoi ceux-ci ressemblent aux prisons.

« La prison vue par un philosophe français », in *Dits et Écrits*, tome II, Gallimard, 1975.

Un éducateur pédophile choisit-il sa sexualité ?

Sûrement pas, sinon, il choisirait vraisemblablement une autre sexualité, moins dangereuse socialement, moins risquée pour tous ses équilibres acquis dans la société (famille, situation dans la cité), moins discréditée et détestée par tous et toutes, et, surtout, moins traumatisante pour ses victimes, souvent nombreuses et définitivement marquées. La pédophilie d'un individu signifie une attirance sexuelle irrésistible et irrépressible vers une catégorie de personnes — les enfants en l'occurrence — qui, de façon exclusive, lui permet d'assouvir ses pulsions.

Avoir le choix suppose de pouvoir nettement et clairement opter pour une pratique plutôt qu'une autre, en pleine connaissance des enjeux. C'est examiner, comparer, calculer, puis élire un comportement plutôt qu'un autre. Ainsi, si le pédophile choisissait librement de l'être, il pourrait tout aussi bien user de sa liberté pour choisir de ne pas l'être. De même, et à l'inverse, vous qui n'êtes pas pédophile — du moins je le suppose...—, avez-vous la possibilité de le devenir, de choisir de l'être ? Pas plus que cette victime de soi ne veut cette sexualité, vous ne voulez la vôtre. Son incapacité à s'exprimer sexuellement dans une sexualité classique égale votre incapacité à vous épanouir dans la sexualité qui le requiert, l'oblige et s'impose à lui.

On ne naît pas pédophile, on le devient

Quand on est dans la peau d'un individu qui n'a pas le choix et subit son impulsion sans pouvoir y résister (de même pour la vôtre qui est, par chance, socialement et culturellement correcte), on subit un déterminisme. Le déterminisme suppose une force contraignant un individu à se comporter d'une façon qui ne relève pas d'un choix conscient. Nous procédons tous d'une série de déterminismes qui, pour la plupart, visent à nous transformer en modèles sociaux : bons époux, bonnes épouses, bonnes femmes d'intérieur, bons enfants, bons employés, bons citoyens, etc. Et malgré le processus éducatif, certains dressages ne suffisent pas pour empêcher la tendance à un comportement déviant.

N. Andry, *L'Orthopédie ou l'art de prévenir et de corriger dans les enfants les difformités du corps*, 1749.

Ainsi de l'homosexualité, pratiquée, tolérée, encouragée ou interdite, pourchassée, criminalisée suivant les siècles. Aujourd'hui, en France, elle est devenue légalement une pratique sexuelle et relationnelle presque comme une autre, et dans les esprits un comportement de moins en moins rejeté illustrant une autre façon de vivre sa sexualité que l'hétérosexualité classique, mise en avant par les modèles sociaux dominants. Un homosexuel ne se détermine pas à cette sexualité-là, elle s'impose à lui ; de la même manière qu'on ne se choisit pas un jour hétérosexuel, on se découvre tel. Tant mieux si la sexualité qui nous échoit (nous tombe dessus) est acceptée ou tolérée par la société dans laquelle on vit.

Un pédophile, dans la Grèce de Platon, n'est pas condamné ou condamnable. Mieux, il agit dans une logique défendue par la société : à l'époque une relation pédagogique passe par une relation sexuée puis sexuelle. Socrate pratiquait ainsi avec les élèves qu'il trouvait spécialement beaux — ainsi Alcibiade, Charmide, Euthydème, Phèdre (qui donnent leur nom à des dialogues de Platon), Agathon et tant d'autres. En ces temps, le philosophe pédophile vivait une relation éducative normale, naturelle. Aujourd'hui, il devrait faire face à des plaintes de parents, à une mise en accusation au tribunal, à un déplacement hors Académie ou à une radiation de l'Éducation nationale. Un déterminisme peut être façonné par le contexte socio-culturel de l'époque : l'interdit ou l'autorisé du moment contribuent à fabriquer nos façons d'être et de faire. À l'ère atomique, Socrate croupirait en prison, détesté par tous, maltraité par surveillants et détenus.

Le coupable en un lieu et en un temps ne l'est plus dans un autre lieu et dans un autre temps. Une époque, une histoire, une géographie, une culture, une civilisation fabriquent des déterminismes auxquels on n'échappe pas. Le poids du social pèse lourd dans la constitution d'une identité. Vous êtes en partie un produit de votre milieu, la résultante de combinaisons multiples et difficiles à démêler d'influences éducatives, de contraintes mentales affectives, de constructions familiales. Au bout du compte, votre être résulte de nombreux déterminismes contre lesquels vous pouvez plus ou moins, voire pas du tout, vous rebeller ou résister.

Le déterminisme peut être également physiologique, en l'occurrence génétique : on ne choisit pas son corps et les caractères transmis par l'hérédité. Certains sont dits récessifs (vous les portez en vous, ils ne sont pas visibles directement, mais se manifesteront dans votre descendance), d'autres dominants (on les voit tout de suite en vous : couleur d'yeux, de cheveux, sexe, tendances au poids ou à la maigreur, à la grandeur ou à la petitesse, prédisposition à certaines maladies — cancers, hypertension, hypercholestérolémie, etc., ou héritages de maladies — diabète, hémophilie, etc.). Qui reprocherait à un adulte de développer un cancer de forte nature héréditaire ? De la même manière nous échoient un tempérament sexuel ou une santé spécifique.

Libertins timides ou bénédictins cavaleurs ?

Un corps singulier dans une époque donnée, et vous voilà déterminés par des influences nombreuses. Les plus puissantes et les moins nettement visibles, mais les plus repérables par leurs conséquences, ce sont les influences psychiques. La psychanalyse enseigne l'existence d'un inconscient (voir le chapitre sur la Conscience, p. 219), un genre de force qui choisit en chacun et l'oblige à être et à agir sans possibilité d'échapper à sa puissance. L'inconscient emmagasine des souvenirs, il est plein de pulsions, d'instincts de mort et de vie dirigés contre soi ou contre les autres, il regorge de traumatismes, de douleurs, de blessures, de plaisirs, il est invisible à la conscience, on ignore sa nature véritable, sauf dans certains cas, par bribes, par morceaux, mais toujours il pilote la barque.

Ce qu'est chacun d'entre nous, ses goûts et ses dégoûts, ses plaisirs et ses désirs, ses envies et ses projets, tout procède et découle de la puissance de l'inconscient. Ainsi, on ne naît pas pédophile ou gérontophile (amateur de vieilles personnes), zoophile (d'animaux) ou scatophile (d'excrétions), masochiste (plaisir pris à subir la douleur) ou sadique (plaisir à l'infliger), on ne naît pas nécrophile (obsédé de cadavres) ou fétichiste (passionné par un objet particulier ou le détail d'un corps — des bas, un orteil, une oreille, etc.) : on ne naît pas tout cela, on le devient, sans jamais l'avoir choisi, en ayant été déterminé par son inconscient qui, lui, donne ses ordres en fonction d'informations enregistrées dans l'enfance (parents violents ou laxistes, expériences douloureuses ou traumatisantes, amour excessif ou défaillant d'un père ou d'une mère, absence ou présence massive d'une figure maternelle ou paternelle à la maison, deuils ou maladies dans la famille, expériences frustrantes ou indicibles, existence ou manque d'affection, de tendresse, de contacts entre les parents et les enfants, incommunicabilité dans la famille, etc.).

Chacun de vous a été déterminé à être ce qu'il est aujourd'hui : cavaleur ou timide, libertin ou bénédictin, collectionneur infidèle ou monogame fidèle. Et si le choix existait, hors déterminismes, la plupart choisiraient d'être autres que ce qu'ils sont et voudraient plutôt l'épanouissement, l'harmonie, la joie, la paix avec eux-mêmes et les autres — au lieu de l'inverse, si souvent la règle. Sinon, pourquoi autant de violences, de misères, de pauvretés sexuelles, sensuelles, affectives ? Pour quelles raisons le plus grand nombre se contenterait-il d'une vie si difficile s'il suffisait de vouloir une autre existence pour qu'elle advienne ?

Généralement, un individu dispose d'une liberté minimale et subit des contraintes maximales. Certains sont puissamment déterminés par leur milieu, leur époque, leurs gènes, et leur liberté est égale à zéro (ainsi un autiste, un trisomique, un enfant du tiers monde ou du quart monde) ; d'autres, plus chanceux, car ils n'ont pas davantage choisi leur état, voient leur part de liberté plus grande parce que les déterminismes auxquels ils ont eu à faire face, ou auxquels ils font face, pèsent moins lourd. Dans tous les cas, on constate que la liberté existe en doses différentes chez les individus — totalement inexistante chez certains, importante pour d'autres. Mais à chaque fois, pour l'essentiel (les grandes lignes et les grandes directions d'un caractère ou d'un tempérament), on est choisi par plus fort que soi, on obéit. La croyance à la liberté ressemble étrangement à une illusion.

Fondation Edhi pour les malades mentaux, Pakistan (photographie de Chris Steele-Perkins, 1997).

TEXTES

D'Holbach (français, 1723-1789)

Matérialiste, anticlérical, athée, chimiste de formation. Rédacteur d'articles pour l'*Encyclopédie*. Dans un salon où se réunit la fine fleur intellectuelle de l'époque, il anime un club de réflexion dont les conclusions fourniront nombre d'idées aux plus radicaux des révolutionnaires.

Seule existe la nécessité

L'homme n'est libre dans aucun des instants de sa durée. Il n'est pas maître de sa conformation, qu'il tient de la nature ; il n'est pas maître de ses idées ou des modifications de son cerveau, qui sont dues à des causes qui, malgré lui et à son insu, agissent continuellement sur lui ; il n'est point maître de ne pas aimer ou désirer ce qu'il trouve aimable et désirable ; il n'est pas maître de ne point délibérer quand il est incertain des effets que les objets produiront sur lui ; il n'est pas maître de ne pas choisir ce qu'il croit le plus avantageux ; il n'est pas maître d'agir autrement qu'il ne fait au moment où sa volonté est déterminée par son choix. Dans quel moment l'homme est-il donc le maître ou libre dans ses actions ? Ce que l'homme va faire est toujours une suite de ce qu'il a été, de ce qu'il est et de ce qu'il fait jusqu'au moment de l'action. Notre être actuel et total, considéré dans toutes ses circonstances possibles, renferme la somme de tous les motifs de l'action que nous allons faire ; principe à la vérité duquel aucun être pensant ne peut se refuser. Notre vie est une suite d'instants nécessaires et notre conduite bonne ou mauvaise, vertueuse ou vicieuse, utile ou nuisible à nous-mêmes ou aux autres est un enchaînement d'actions aussi nécessaires que tous les instants de notre durée. *Vivre*, c'est exister d'une façon nécessaire pendant des points de la durée qui se succèdent nécessairement ; *vouloir*, c'est acquiescer ou ne point acquiescer à demeurer ce que nous sommes ; *être libre*, c'est céder à des motifs nécessaires que nous portons en nous-mêmes. Si nous connaissions le jeu de nos organes, si nous pouvions nous rappeler toutes les impulsions ou modifications qu'ils ont reçues et les effets qu'elles ont produits, nous verrions que toutes nos actions sont soumises à la fatalité, qui règle notre système particulier comme le système entier de l'univers. Nul effet en nous, comme dans la nature, ne se produit au *hasard* qui, comme on l'a prouvé, est un mot vide de sens. Tout ce qui se passe en nous ou ce qui se fait par nous, ainsi que tout ce qui arrive dans la nature ou que nous lui attribuons, est dû à des causes nécessaires qui agissent d'après des lois nécessaires, et qui produisent des effets nécessaires d'où il en découle d'autres.

Paul Henri Thiry, baron d'Holbach,
Système de la Nature (1770), tome II, 1re partie, chapitre XI.

Baruch Spinoza (hollandais, 1632-1677)

Polisseur de lunettes d'origine juive portugaise. En politique, critique la monarchie. En philosophie, ni matérialiste, ni idéaliste, mais panthéiste — il identifie Dieu et la nature : l'un est l'autre. Influence de manière considérable la pensée du XVIIIe siècle avec un livre intitulé *L'Éthique* (1677).

Pensées d'une pierre en l'air

Une pierre reçoit d'une cause extérieure qui la pousse une certaine quantité de mouvement, par laquelle elle continuera nécessairement de se mouvoir après l'arrêt de l'impulsion externe. Cette permanence de la pierre dans son mouvement est une contrainte, non pas parce qu'elle est nécessaire, mais parce qu'elle doit être définie par l'impulsion des causes externes ; et ce qui est vrai de la pierre, l'est aussi de tout objet singulier, quelle qu'en soit la complexité et quel que soit le nombre de ses possibilités : tout objet singulier, en effet, est nécessairement déterminé par quelque cause extérieure à exister et à agir selon une loi (*modus*) précise et déterminée.
Concevez maintenant, si vous voulez bien, que la pierre, tandis qu'elle continue de se mouvoir, sache et pense qu'elle fait tout l'effort possible pour continuer de se mouvoir. Cette pierre, assurément, puisqu'elle n'est consciente que de son effort, et qu'elle n'est pas indifférente, croira être libre et ne persévérer dans son mouvement que par la seule raison qu'elle le désire. Telle est cette liberté humaine que tous les hommes se vantent d'avoir et qui consiste en cela seul que les hommes sont conscients de leurs désirs et ignorants des causes qui les déterminent. C'est ainsi qu'un enfant croit désirer librement le lait, et un jeune garçon irrité vouloir se venger s'il est irrité, mais fuir s'il est craintif. Un ivrogne croit dire par une décision libre ce qu'ensuite il aurait voulu taire. De même

un dément, un bavard et de nombreux cas de ce genre croient agir par une libre décision de leur esprit, et non pas portés par une impulsion. Et comme ce préjugé est inné en tous les hommes, ils ne s'en libèrent pas facilement. L'expérience nous apprend assez qu'il n'est rien dont les hommes soient moins capables que de modérer leurs passions, et que, souvent, aux prises avec des passions contraires, ils voient le meilleur et font le pire : ils se croient libres cependant, et cela parce qu'ils n'ont pour un objet qu'une faible passion, à laquelle ils peuvent facilement s'opposer par le fréquent rappel du souvenir d'un autre objet.

Lettre à Schutter (1674), in *Correspondance*, trad. R. Caillois, M. Francès, R. Misrahi, *Œuvres complètes*, « La Pléiade », Gallimard, 1954.

– Mais si vous l'étiez, seriez-vous plutôt tendance sado (réponse A), tendance maso (réponse B), ou alors fifty-fifty (réponse C) ?

Voutch, *L'Amour triomphe toujours*, Le Cherche-Midi, 2000.

Sade (français, 1740-1814)

Auteur d'ouvrages érotiques où se mélangent descriptions sexuelles et considérations de philosophie matérialiste sur l'inexistence de Dieu et de l'âme, du bien et du mal, de la faute et du péché, de la liberté et de la responsabilité. Invite à obéir sans complexe à ce que la nature veut de nous. Passe les deux tiers de sa vie en prison.

Choisit-on d'être bossu ?

— La chose du monde la plus ridicule, ma chère Justine, dit Clément, est de vouloir disputer sur les goûts de l'homme, les contrarier, les blâmer ou les punir, s'ils ne sont pas conformes, soit aux lois du pays qu'on habite, soit aux conventions sociales. Eh quoi ! les hommes ne comprendront jamais qu'il n'est aucun goût, quelque bizarre, quelque criminel même qu'on puisse le supposer, qui ne soit le résultat de la sorte d'organisation que nous avons reçue de la nature. Cela posé, je demande de quel droit un homme ose exiger d'un autre, ou de réformer ses goûts ou de les modeler sur l'ordre social ? de quel droit, même les lois, qui ne sont faites que pour le bonheur de l'homme, oseront-elles sévir contre celui qui ne peut se corriger, ou qui n'y parviendrait qu'aux dépens de ce bonheur que doivent lui conserver les lois ? Mais désirât-on même de changer de goûts, le peut-on ? est-il en nous de nous refaire ? pouvons-nous devenir autres que nous ne sommes ? L'exigeriez-vous d'un individu contrefait ? et cette inconformité de nos goûts est-elle autre chose au moral que ne l'est au physique l'imperfection de l'homme contrefait ? Entrons dans quelques détails ; l'esprit que je te reconnais, Justine, te met à portée de les entendre. [...]
Si donc il existe des êtres dans le monde dont les goûts choquent tous les préjugés admis, dont les fantaisies blessent tous les principes de la société, dont les caprices outragent les lois, et morales et religieuses, des êtres qui vous paraissent, en un mot, des scélérats et des monstres, par le seul penchant qu'ils éprouvent au crime, bien qu'ils n'aient à le commettre aucun autre intérêt que leur plaisir, non seulement il ne faut pas s'étonner d'eux, non seulement il ne faut ni les sermonner, ni les punir, mais il faut leur être utile, il faut les contenter, anéantir tous les freins qui les gênent, et leur donner, si vous voulez être juste, tous les moyens de se satisfaire sans risque, parce qu'il n'a pas plus dépendu d'eux d'avoir ce goût bizarre, qu'il n'a dépendu de vous d'être spirituel ou bête, d'être bien fait ou d'être bossu. C'est dans le sein de la

mère que se fabriquent les organes qui doivent nous rendre susceptibles de telle ou telle fantaisie ; les premiers objets présentés, les premiers discours entendus, achèvent de déterminer le ressort : les goûts se forment, les habitudes se prennent, et rien au monde ne peut plus les détruire. L'éducation a beau faire, elle ne change plus rien, et celui qui doit être un scélérat le devient tout aussi sûrement, quelque bonne que soit l'éducation qui lui a été donnée, que vole infailliblement à la vertu celui dont les organes se trouvent disposés au bien, quoique l'instituteur l'ait manqué : tous deux ont agi d'après leur organisation, d'après les impressions qu'ils avaient reçues de la nature et l'un n'est pas plus digne de punition que l'autre ne l'est de récompense.

Donatien Alphonse François, comte de Sade, dit le marquis de Sade,
La Nouvelle Justine (1797).

Max Horkheimer (allemand, 1895-1973)

Appartient à un groupement de philosophes allemands qui s'appuie sur le marxisme, critique sa version soviétique et propose une révolution sociale (l'École de Francfort). Analyste de la famille et de l'autorité, de la technologie et de l'usage de la raison, du capitalisme et des régimes totalitaires.

Theodor W. Adorno (allemand, 1903-1969)

Musicien de formation, sociologue et musicologue, philosophe juif chassé par le nazisme et réfugié aux États-Unis, également membre de l'École de Francfort. Penseur antifasciste soucieux de réfléchir aux conditions d'une révolution sociale qui fasse l'économie de la violence.

« Les prisonniers sont des malades »

Les prisonniers sont des malades. Leur faiblesse les a entraînés dans une situation qui a déjà affecté le corps et l'esprit et qui continue à les affecter. La plupart d'entre eux étaient déjà malades quand ils ont commis l'acte qui les a amenés en prison : ils étaient malades dans leur constitution et à cause des circonstances de leur vie. D'autres ont agi comme aurait agi un individu bien portant dans la même constellation d'incitations et de motivations, mais eux n'ont pas eu de chance. D'autres encore étaient plus mauvais et plus cruels que la plupart des individus libres, aussi mauvais et cruels par nature que les maîtres fascistes du monde le sont devenus par la position qu'ils occupent. L'acte des délinquants courants est la preuve d'un esprit borné, il est individuel, immédiatement destructeur. Il est probable que la substance vivante qui est la même en chacun exerce des pressions identiques sur tous les individus, de sorte que lorsque nous considérons les circonstances dans lesquelles des actes extrêmes ont été commis, nous savons que nous aurions, vous ou moi, agi de la même manière que l'assassin si nous n'avions eu la grâce du discernement qui nous fut accordée par un heureux enchaînement de circonstances. Mais ceux qui sont prisonniers sont des individus malheureux subissant un châtiment aveugle, un événement auquel ils ne peuvent rien, un malheur comme le cancer ou l'écroulement d'une maison. La prison est comme une maladie incurable. Cela se voit dans l'expression des prisonniers, leur démarche prudente, leur manière de penser compliquée. Comme les malades, ils ne peuvent parler que de leur maladie.

La Dialectique de la raison (1947), trad. E. Kaufholz, « Tel », Gallimard, 1983.

Laisserez-vous les sites pornographiques d'Internet accessibles à vos enfants ?

Oui ou non ? Le tolérerez-vous ? Ou ferez-vous comme si vous ne vous en rendiez pas compte lorsqu'ils tripoteront la souris ? Car le problème se posera — celui-ci ou d'autres qui vous feront rencontrer la liberté de vos enfants et vous obligeront à installer des limites à son exercice. Pour leur bien, direz-vous ; pour le vôtre, plus sûrement... Car vous vous retrouverez dans la peau du censeur de vos désirs anciens censurés hier par vos parents. Ce que chacun s'autorise, il ne le tolère pas forcément des siens ou des autres en général. Qui n'a jamais regardé en cachette un film pornographique à la télévision ou sur Internet ? Qui s'en porte aujourd'hui plus mal ? Qui n'augmentait pas son plaisir avec la transgression de l'ordre ou de l'avis parental ? Et qui fermera les yeux, devenu adulte, une fois dans la peau non pas du demandeur de liberté, mais dans celle de qui peut la donner ?

Adolescent, vous vous énervez de constater la frilosité de vos parents qui, la plupart du temps, donnent rarement, difficilement ou parcimonieusement les libertés que vous revendiquez en nombre — tarder à se

coucher, sortir en soirée, fumer du tabac ou autre chose, boire plus que de raison, traîner au téléphone quand on ne paie pas les communications, disposer d'un peu d'argent, partir en week-end, avoir des relations sexuelles, recourir à la pilule, disposer d'un portable, utiliser la voiture parentale, etc. Les libertés sont plus faciles à revendiquer qu'à accorder. La loi ne fait pas exception : quand vous serez adultes avec des responsabilités de parents, vous oublierez les difficultés rencontrées à l'époque où vous aspiriez à toujours plus de liberté...

Photographie de Larry Clark.

Faut-il apprendre à être libre ?

Chacun l'expérimente : on ne peut tout laisser faire, tout accorder sans jamais rien interdire. Une liberté qui ne rencontre aucune limite ne peut se définir, se préciser, se dessiner nettement. Seules les limites lui donnent un sens, une consistance. Mais où sont-elles ? Réponse : là où une nuisance s'ensuit de son usage. Nuisance pour soi, ou nuisance pour autrui. Certes, mais qui est habilité à juger des nuisances ? Les parents, les adultes, les personnes investies de pouvoir, d'autorité ou d'expérience. Du moins les choses fonctionnent ainsi. Pas de liberté, en effet, si celle-ci doit se payer d'un désagrément ou d'une peine, d'une faute ou d'une gêne, d'un péril pour soi ou pour autrui. Bien sûr, il est parfois difficile d'être juge et partie, de savoir ce qui nuit à soi ou à l'autre ; mais il est souvent plus difficile encore de confier cette tâche à un tiers toujours susceptible d'abuser de l'autorité qu'on lui donne ou reconnaît. L'autodiscipline vous fait moins risquer l'excès que la discipline...

L'exercice de la liberté suppose donc un apprentissage. On ne naît pas libre, on le devient. Faire ou laisser faire n'importe quoi, sans souci des conséquences, ce n'est pas exercer sa liberté mais obéir à des impulsions, à la manière d'un animal sauvage. D'abord, ce sont les éducateurs et les parents qui, selon leur idée du bien et du mal, vous enseignent des limites. En fonction de leurs intérêts à vous fabriquer sur un principe préconçu, ils décident pour vous des limites à ne pas franchir, des barrières à imposer à votre liberté. Évidemment, certains les posent trop tôt, d'autres trop tard : dans un cas votre liberté est presque intégralement amputée, dans l'autre, elle ne rencontre aucune limite. D'un côté vous subissez la tyrannie de l'esclave, de l'autre vous exercez la licence des tyrans.

La liberté se borne en regard des impératifs religieux et éthiques qui permettent de construire et d'entretenir une société dans les règles. On limite la liberté là où son usage, sinon son abus, devient dommageable pour autrui, ses biens, sa propriété, sa tranquillité, sa sécurité, sa paix. Vous pouvez tout faire, pourvu que vous ne nuisiez pas à autrui. C'est la définition classique de la liberté à laquelle on ajoute : est autorisé tout ce qui n'est pas interdit, ou encore : tout ce que la loi n'interdit pas, vous pouvez le faire. D'où une saisie rapide et facile de la nature de la liberté : elle définit le pouvoir d'agir jusqu'à ce qu'on rencontre le butoir de la loi et du droit. Ainsi, vous êtes libre tant qu'une figure d'autorité ne vous l'interdit pas...

Avec, sans, contre, malgré les autres ?

Et quand l'individu ne dispose pas des moyens intellectuels ou moraux de décider de ce qu'il peut faire ou non ? Dans le cas d'un mineur mental ou social ? d'un enfant ? Le problème est plus compliqué, car la loi d'une société ou le droit d'un État ne suffisent pas. On doit aussi envisager la loi morale. Ainsi dans le cas de l'enfant qui demande toujours plus. Quand lui dire non ? Et pour le film pornographique ? Par principe, l'enfant ignore ce qui est vraiment nuisible moralement pour

lui. Il est donc condamné à être un sujet entre les mains de ses parents qui lui imposent leur volonté en la croyant bonne pour lui (ainsi de parents qui, au nom d'une religion qu'ils croient juste, peuvent interdire la transfusion de sang qui sauverait leur enfant). La liberté d'un enfant, c'est donc celle que définissent pour lui ses parents.
On décide aussi à la place d'un handicapé mental ou d'un vieillard dépourvu de sa raison. Notre société décide également pour les personnes emprisonnées, privées de liberté et auxquelles elle retranche le pouvoir de se mouvoir, de rencontrer autrui, d'aller et venir, de choisir leur emploi du temps, de disposer sans entraves de leur corps. Elle décidait aussi, naguère, pour les appelés du contingent contraints au service militaire dans une caserne. Elle prend aussi parfois la décision de limiter, réduire ou supprimer la liberté des malades dans les hôpitaux : chaque fois, on décide au nom des mineurs sociaux auxquels on retire la liberté qu'accordent la loi et le droit.

Jeune soldat de l'armée britannique en Irlande du Nord (photographie de Peter Marlow).

La liberté appelle donc un jeu permanent entre la licence et la loi, entre le pouvoir de faire ce que l'on veut et la possibilité d'agir selon le droit. Elle suppose également, en amont, l'ordre, l'autorité et la hiérarchie, le pouvoir d'instances qui légifèrent et légitiment le monde comme il va : la famille dit le droit et, au nom de la loi morale, elle limite la liberté de l'enfant. La même logique fonctionne entre l'école et l'élève, l'adulte et l'adolescent, l'armée et le soldat, l'hôpital et le malade, l'Église et le fidèle, l'entreprise et l'ouvrier, la prison et le détenu, l'hospice et le vieillard, mais aussi, et encore trop souvent, entre l'homme et la femme, le riche et le pauvre. La limitation de la liberté de

quelques-uns se défend tant qu'elle permet l'augmentation des libertés de la plupart.

Pour autant, il n'y a pas de loi *a priori* qui permette de savoir quelle dose de liberté est possible et souhaitable dans une relation. Chaque cas relève d'une situation particulière. Il suppose autant que possible l'intelligence de la situation, la compréhension des enjeux, la discussion, l'échange, la proposition contractuelle. La liberté se construit, elle se fabrique et ne saurait procéder d'une décision univoque et unilatérale. À sa naissance, l'enfant ne dispose d'aucun moyen de saisir la nature des enjeux de la liberté. L'éducation doit viser à l'affranchissement de la nécessité afin de rendre possible une auto-détermination elle-même créatrice de libertés pour les autres. Alors, et seulement alors, la vie en commun ne ressemble plus à une jungle et devient un terrain de jeu éthique et politique.

TEXTES

John Stuart Mill (anglais, 1806-1873)

Philosophe utilitariste (doctrine qui vise à rendre possible pour l'individu, via la morale, et pour le groupe, via la politique, le plus grand bonheur possible). Parmi les philosophes, l'un des rares défenseurs de la cause féminine avec *L'Asservissement des femmes* (1869).

Limiter la liberté dangereuse ?

Les hommes ne sont autorisés, individuellement ou collectivement, à entraver la liberté d'action de quiconque que pour assurer leur propre protection. Il [ce principe] dit que le seul but légitimant l'usage de la force envers un membre quelconque de la communauté civilisée contre son gré, est de l'empêcher de faire du mal aux autres. Son propre bien, physique ou moral, n'est pas une justification suffisante. Il ne peut pas être légitimement contraint d'agir ou de s'abstenir sous prétexte qu'il est meilleur pour lui d'agir ainsi, sous prétexte que cela le rendrait heureux, ou que, dans l'opinion des autres, agir ainsi serait sage ou même juste. Ce sont de bonnes raisons pour lui faire des remontrances, pour raisonner avec lui, pour le persuader ou pour le supplier, mais non pas pour le contraindre ou pour le châtier s'il agit autrement. Cela ne se justifie que lorsque la conduite dont on désire le détourner vise à faire du mal à quelqu'un d'autre. Le seul aspect de la conduite de quelqu'un qui relève de la société est celui qui concerne les autres. En ce qui le concerne seul, son indépendance est, de droit, absolue. Sur lui-même, sur son corps et son esprit, l'individu est souverain.

Il n'est peut-être guère nécessaire de dire que cette doctrine n'est censée s'appliquer qu'aux êtres humains dont les facultés ont atteint leur maturité. Nous ne parlons pas des enfants ou des adolescents des deux sexes en dessous de l'âge de la maturité fixé par la loi. Ceux qui sont encore dans un état requérant les soins d'autrui doivent être protégés contre leurs propres actions aussi bien que contre les maux venant de l'extérieur.

De la liberté (1859), trad. G. Boss, éd. du Grand-Midi, 1987.

Karl Popper (autrichien, 1902- 1994)

Épistémologue (philosophe des questions scientifiques) et théoricien de la pensée politique libérale. Dénonce très tôt les ennemis de la société ouverte amateurs de société close — signe distinctif des totalitarismes. Refuse de théoriser l'avenir en vertu d'une conception progressiste de l'histoire.

Moraliser la télévision

Je propose que l'État mette en place un dispositif semblable à l'intention de tous ceux qui sont engagés dans la production d'émissions télévisées. Quiconque participe à cette production devrait être titulaire d'une patente, d'une licence ou d'un brevet, qui pourrait lui être retiré définitivement si jamais il agissait en contradiction avec certains principes. Ainsi, il pourrait s'instaurer enfin un commencement de réglementation dans ce domaine. Toute personne travaillant pour la télévision ferait ainsi partie d'une organisation et posséderait une licence. Licence qu'elle pourrait perdre si elle enfreignait les règles établies par cette organisation. L'institution qui aurait le pouvoir de retirer la licence serait une sorte d'ordre. Ainsi, sous le regard d'une institution, chacun se sentirait constamment responsable et risquerait sa licence dès qu'il commettrait une erreur. Ce contrôle constant serait beaucoup plus efficace que la censure, d'autant que, dans mon projet, la licence ne serait délivrée qu'à la suite d'une formation, suivie d'un examen. Le but de cette formation serait de faire comprendre à ceux qui se destinent à faire de la télévision qu'ils participeront à un processus d'éducation de portée gigantesque. Tous ceux qui feront de la télévision devront, *volens nolens*, prendre conscience qu'ils ont un rôle d'éducateur du seul fait que la télévision est regardée par des enfants et des adolescents. [...]

Il y a huit ans, j'avais soutenu lors d'une conférence la thèse selon laquelle nous éduquons nos enfants à la violence, et que cette situation ne cesserait d'empirer si nous n'intervenions pas, car le changement emprunte toujours la voie la plus facile. En d'autres termes, on va toujours là où les difficultés et les problèmes se résolvent avec le minimum d'efforts. La violence, le sexe, le sensationnel sont les moyens auxquels les producteurs de télévision recourent le plus facilement : c'est une recette sûre, toujours apte à séduire le public.

La Télévision : un danger pour la démocratie, trad. C. Orsoni, « Anatolia », Éditions du Rocher, 1994.

D'AUTRES TEXTES SUR LA LIBERTÉ

Jean Grenier (français, 1898-1971)

Professeur de philosophie d'Albert Camus, enseignant d'esthétique. Penseur du choix, de l'action, de la liberté et de son usage, de l'angoisse, de la responsabilité. Dénonce parmi les premiers l'imposture du socialisme des pays de l'Est avec l'*Essai sur l'esprit d'orthodoxie* (1938).

Angoisse, ivresse et vertige

Quelqu'un m'a raconté qu'étant entré dans la gare de Milan, d'où des trains partent dans toutes les directions de l'Europe par suite de la situation de la ville, il avait été pris d'une affreuse angoisse à la pensée qu'il pouvait aller aussi bien à Lyon qu'à Berlin, à Venise qu'à Marseille, à Vienne qu'à Constantinople. Il faut dire aussi qu'il se trouvait dans cette situation privilégiée qui consiste à n'en point avoir : pas de métier, pas de famille, aucune attache d'aucune sorte — c'est ce qui s'appelle être libre, mais bien entendu pas d'une « liberté en situation ». Et à cette idée de la multitude des possibles s'ajoutait le sentiment vif interne de la puissance personnelle : je puis, si je veux, prendre un billet pour telle ou telle direction, l'employé ne demandera qu'à me satisfaire. Il ne penchera même pas en faveur du plus long trajet, du plus cher, comme ne manquerait pas de le faire un bon vendeur dans un magasin. Il me laisse libre, libre comme Hamlet. De là naît un sentiment d'angoisse qui est en même temps un sentiment d'ivresse, angoisse devant la multiplicité des termes proposés au choix, ivresse devant la puissance à déployer, intacte et toujours neuve, mais qui risque de se compromettre et de se perdre à l'usage. [...].
Le vertige qui saisit l'homme devant la multitude des possibles est donc fait à la fois d'angoisse et d'ivresse. Encore n'avons-nous parlé jusqu'ici que d'hommes à peu près normaux.

Entretiens sur le bon usage de la liberté, Gallimard, 1948.

Pierre Joseph Proudhon (français, 1809-1865)

Fils de pauvre, ouvrier typographe, anarchiste obsédé de justice et respectueux de l'individu. Propose de supprimer l'État et le mode de production capitaliste en invitant à des formes alternatives d'organisation sociale — l'association, le contrat, la fédération, la mutualité des libres producteurs. Emprisonné pour ses idées.

« Être gouverné »

Ô personnalité humaine ! se peut-il que pendant soixante siècles tu aies croupi dans cette abjection ? Tu te dis sainte et sacrée et tu n'es que la prostituée infatigable gratuite, de tes valets et tes moines et de tes soudards. Tu le sais et tu le souffres ! Être gouverné, c'est être gardé à vue, inspecté, espionné, dirigé, légiféré, réglementé, parqué, endoctriné, prêché, contrôlé, estimé, apprécié, censuré, commandé, par des êtres qui n'ont ni le titre ni la science, ni la vertu… Être gouverné, c'est être à chaque opération, à chaque transaction, à chaque mouvement, noté, enregistré, recensé, tarifé, timbré, toisé, coté, cotisé, patenté, licencié, autorisé, apostillé, admonesté, empêché, réformé, redressé, corrigé. C'est sous prétexte d'utilité publique, et au nom de l'intérêt général, être mis à contribution, exercé, rançonné, exploité, monopolisé, concussionné, pressuré, mystifié, volé ; puis, à la moindre résistance, au premier mot de plainte, réprimé, amendé, vilipendé, vexé, traqué, houspillé, assommé, désarmé, garrotté, emprisonné, fusillé, mitraillé, jugé, condamné, déporté, sacrifié, vendu, trahi, et, pour comble, joué, berné, outragé, déshonoré. Voilà le gouvernement, voilà sa justice, voilà sa morale ! Et dire qu'il y a parmi nous des démocrates qui prétendent que le gouvernement a du bon ; des socialistes qui soutiennent au nom de la Liberté, de l'Égalité et de la Fraternité, cette ignominie, des prolétaires qui posent leur candidature à la présidence de la République ! Hypocrisie !…

Idée générale de la révolution au XIXe siècle (1851).

Michel Bakounine (russe, 1814-1876)

Ogre en tout : à table et face à l'histoire. Révolutionnaire professionnel, activiste, ennemi de Marx auquel il oppose un socialisme libertaire, prisonnier, déporté en Sibérie, évadé. Théoricien de l'anarchisme et praticien des barricades européennes. Fait de Dieu un ennemi personnel…

Mort de Dieu, naissance de l'homme

N'en déplaise donc aux métaphysiciens et aux idéalistes religieux, philosophes, politiciens ou poètes : *l'idée de Dieu implique l'abdication de la raison et de la justice humaines ; elle est la négation la plus décisive de la liberté humaine et aboutit nécessairement à l'esclavage des hommes, tant en théorie qu'en pratique.*
À moins de vouloir l'esclavage et l'avilissement des hommes, […] nous ne pouvons, nous ne devons faire la moindre concession, ni au Dieu de la théologie, ni à celui de la métaphysique. Celui qui, dans cet alphabet mystique, commence par Dieu, devra fatalement finir par Dieu ; celui qui veut adorer Dieu, doit, sans se faire de puériles illusions, renoncer bravement à sa liberté et à son humanité.
Si Dieu est, l'homme est esclave ; or l'homme peut, doit être libre ; donc Dieu n'existe pas.
Je défie qui que ce soit de sortir de ce cercle, et maintenant qu'on choisisse.

Dieu et l'État (1871).

Max Stirner (allemand, 1806-1856)

Individualiste radical. Auteur d'un seul livre, *L'Unique et sa propriété* (1844), dans lequel il attaque sans ménagement tout ce qui s'oppose à l'expansion de sa pure individualité : la loi, le droit, l'État, la famille, la propriété, le travail, la morale, la religion, la patrie, l'éducation. Présenté parfois comme un anarchiste.

L'association crée la liberté

L'association, procurant une plus grande somme de liberté, pourra être considérée comme « une nouvelle liberté » ; on y échappe, en effet, à la contrainte inséparable de la vie dans l'État ou la Société ; toutefois, les restrictions à la liberté et les obstacles à la volonté n'y manqueront pas, car le but de l'asso-

ciation n'est pas précisément la liberté, qu'elle sacrifie à l'individualité, mais cette individualité elle-même. Relativement à celle-ci, la différence est grande entre État et association. L'État est l'ennemi, le meurtrier de l'individu, l'association en est la fille et l'auxiliaire ; le premier est un Esprit, qui veut être adoré en esprit et en vérité, la seconde est mon œuvre, elle est née de Moi. L'État est le maître de mon esprit, il veut que je croie en lui et m'impose un *credo*, le *credo* de la légalité. Il exerce sur Moi une influence morale, il règne sur mon esprit, il proscrit mon Moi pour se substituer à lui comme mon *vrai moi*. Bref, l'État est sacré, et en face de moi l'individu, il est le véritable homme, l'esprit, le fantôme. L'association au contraire est mon œuvre, ma créature ; elle n'est pas sacrée et n'est pas une puissance spirituelle supérieure à mon esprit.

L'Unique et sa propriété (1844), trad. R. L. Leclaire, Stock, 1978.

Image extraite de *Full Metal Jacket*, film de Stanley Kubrick, 1987.

5

Le Droit

Le règlement, le surveillant et la police

Devez-vous refuser d'obéir à votre surveillant général quand il débite des sottises ?

Oui, si vraiment il vous propose de faire une chose que vous estimez nulle et non avenue, en contradiction avec votre idée de la justice et de la morale. Dénoncer quelqu'un, moucharder, renseigner sur la façon dont une personne (élève, professeur ou employé de l'établissement) se comporte dans l'enceinte de l'école, servir des plans disciplinaires, ou telle autre pratique que votre conscience estime indéfendable, alors oui, refusez d'obéir. Car il existe un droit de se rebeller ou de désobéir qui s'appuie même sur un devoir de se comporter ainsi : le droit est toujours secondaire, car il procède d'une idée qui le précède et suppose un préalable d'humanité, d'égalité, d'équité, de moralité. Le droit ne peut pas vous obliger quand la morale vous retient. Ne préférez pas la légalité à la moralité, ne choisissez pas le droit immoral et injuste contre la morale qui le contredit.

On parle de l'existence d'un droit naturel pour caractériser la loi non écrite, tacite, qui régit la relation entre deux êtres indépendamment de toute convention et de toute législation, de tout contrat, dès lors que deux personnes entretiennent une relation, un rapport. Au contraire du droit positif qui résulte des lois écrites et des accords passés entre des parties prenantes, ce droit naturel s'appuie sur ce qui semble *a priori* humain et s'impose hors de tout texte dès lors qu'on a une personne en face de soi : respecter sa dignité, assurer son existence ou sa subsistance alimentaire, lui accorder la protection élémentaire de son corps et de sa santé, de son identité et de sa subjectivité, donner à son cadavre les soins et les attentions convenables, etc. Avant toute législation, et indépendamment d'elle, ces obligations éthiques priment. Si le droit positif contredit le droit naturel, vous pouvez légitimement envisager une désobéissance, une rébellion, un refus.

Une femme qui dit non

Dans l'Antiquité, Antigone (l'héroïne d'une pièce éponyme — qui a ce nom — de Sophocle (493-406 av. J.-C.), un auteur grec de théâtre tragique) a illustré la puissance du droit naturel en défendant farouchement pour son frère le droit à la sépulture. Voici l'histoire : Créon, roi de Thèbes, donne des ordres pour qu'on interdise d'enterrer Polynice, le frère d'Antigone coupable d'avoir combattu contre sa patrie. La nuit, Antigone sort de la ville pour couvrir le corps aimé avec assez de poussière pour qu'il ne soit pas exposé aux chiens errants et aux animaux de passage. Les gardes la surprennent, puis l'emprisonnent. Dans sa cellule — une grotte où elle a été murée vivante —, elle se pend. Une cascade de morts s'ensuit dans l'entourage du roi Créon.

La leçon de la pièce de Sophocle ? Les lois civiles, utiles pour la société, peuvent bien exister de leur côté, il n'en demeure pas moins qu'aux yeux d'Antigone, il existe au-dessus d'elles une loi du cœur, sacrée et inviolable. L'histoire traverse les siècles et les lieux : elle sert encore aujourd'hui aux philosophes du droit pour réfléchir à l'opposition entre les lois juridiques citoyennes et les lois éthiques individuelles et établir le type de relation que doivent entretenir droit positif (local, humain et daté), et droit naturel (universel, transcendant — situé au-delà — et hors de l'histoire).

Chacun de nous penche plutôt vers Antigone ou vers Créon, vers les sentiments ou la raison, vers l'affection ou la loi, vers la justice ou l'ordre. Devant l'impératif d'une juridiction, les uns se cabrent, se révoltent ou se rebellent car ils la trouvent inique (injuste) et ne veulent pas l'appliquer (contribuer à la ségrégation et à la discrimination raciale dans la France de Vichy dans les années 40 par exemple). En revanche, d'autres

collaborent, donnent leur accord et affirment la toute puissance d'une loi, l'obligation de l'accepter, de s'y plier et de la respecter. Les uns placent l'humanité et la justice au-dessus de tout, les autres vénèrent la loi, l'ordre et le droit au détriment de toute autre considération.

Votre tempérament est plus ou moins doué pour l'obéissance et la soumission. Certains individus renoncent à leur liberté individuelle pour n'être plus que des défenseurs forcenés de l'ordre social : tant qu'une institution les protège, les couvre (l'État, l'Université, le Gouvernement, l'Entreprise, etc.), ils sont prêts à devenir les domestiques de n'importe quel ordre. La fonction même du bourreau, dans les pays où sévit encore la peine de mort, prouve que des individus sont capables d'exécuter froidement un homme qui ne leur a personnellement rien fait sous prétexte que la société leur demande, moyennant salaire, d'effectuer cette tâche immonde et de décapiter, d'électrocuter ou de gazer un être humain.

La totalité des monstruosités politiques du XXe siècle a vu le jour avec la collaboration d'individus qui ignoraient tout de la loi du cœur et se contentaient d'appliquer à la lettre le droit inique et les lois injustes du

Andy Warhol (1930-1987), *Electric Chair*, 1967.

nazisme, du bolchevisme, du fascisme, du franquisme, et d'autres politiques ayant vécu de l'extermination de leurs semblables — de l'ex-Yougoslavie au Rwanda en passant par les massacres perpétrés par les islamistes intégristes d'Algérie. Les bourreaux penchent du côté de Créon, les victimes du côté d'Antigone. L'opposition durera tant qu'existeront des gouvernements autoritaires et des individus plus ou moins fragiles, plus ou moins forts.

Résister, devoir impérieux

Les textes de loi français, depuis la *Déclaration des droits de l'homme* jusqu'à la *Constitution de 1958*, reconnaissent légalement et juridiquement la possibilité d'un droit de refus ou d'insurrection. L'article 21 de la Constitution stipule : lorsque « le gouvernement viole les libertés et les droits garantis par la Constitution, la résistance sous toutes ses formes est le plus sacré de tous les droits et le plus impérieux des devoirs ». Droit sacré et devoir impérieux : les mots pèsent lourd et signifient qu'au-dessus de la loi et du droit, il n'y a pas rien ou l'arbitraire de ceux qui ont pour tâche de les faire respecter, mais une conception de l'homme et de l'humanité qui ne saurait s'arranger de crimes, de meurtres, de mépris, d'indignité ou de négation des citoyens.

Par ailleurs, le texte de la Constitution ouvre des possibilités immenses de résistance, de rébellion, d'insurrection, puisqu'il reste vague quant aux détails et accorde que toutes les formes peuvent être utilisées, défendues et justifiées pour s'opposer à une puissance irrespectueuse de ce pour quoi elle a été investie. Le contrat oblige les deux parties ; quand l'une des deux ne respecte plus le contrat et que l'individu ou le gouvernement entrent en délinquance, une opposition peut se manifester sous forme de répression par la police dans le premier cas ou d'insurrection dans l'autre. On ne peut mieux dire : le droit obéit d'abord à la morale, il doit garantir la sécurité et la liberté des individus ayant accepté de s'y soumettre.

Comment exercer ce droit d'opposition ? En ne consentant plus au pouvoir légal mais en voulant ce qui semble légitime moralement. Car le pouvoir existe par le seul consentement de ceux sur lesquels il s'exerce. Quel qu'il soit. Ne lui accordez plus de crédit et d'importance, et il n'existe plus ; ne le soutenez plus, et il s'effondre de lui-même aussitôt, sans violence ni guérilla, sans massacres dans les rues. Le droit d'opposition se manifeste dans le refus de contribuer personnellement à la logique qui fait sa force : déséquilibrer en refusant de soutenir. Lorsque le pouvoir n'est plus accrédité, il tombe de lui-même. En n'obéissant pas à une loi inique, on en supprime l'effet. La tyrannie procède en partie des tyrans, mais aussi du consentement des tyrannisés incapables de se rebeller individuellement ou collectivement.

Partout où règnent des textes de loi, des règles du jeu, des règlements intérieurs, et dès qu'en vertu du droit naturel une loi vous semble moins procéder de l'équité que de l'arbitraire, vous avez légitimement le pouvoir, et moralement le devoir, de ne pas obéir, d'objecter selon votre conscience, de refuser d'apporter votre concours à l'exercice d'un commandement qui heurte votre conception de la justice ou votre vision de la dignité ou de l'humanité. Là où la morale disparaît, la loi ne peut contraindre, elle ne le doit pas. Si elle y réussit, c'est en partie avec votre assentiment et à cause de votre passivité ou de votre collaboration. La loi et le droit existent pour les hommes, pas le contraire.

Homme seul devant les chars lors de la répression par l'armée des manifestations étudiantes à Pékin, place Tiananmen, 1989 (photographie de Stuart Franklin).

TEXTES

Épicure (grec, 342-270 av. J.-C.)

Matérialiste (il ne croit qu'aux atomes et à leur organisation dans le vide), indifférent aux dieux (qui n'ont que faire des hommes), eudémoniste (recherchant le maximum de bien-être dans l'existence), il propose pour parvenir au bonheur de satisfaire les seuls désirs naturels et nécessaires (boire quand on a soif, manger quand on a faim).

Brève théorie du contrat

Le droit de la nature est le moyen de reconnaître ce qui est utile pour ne pas se faire du tort les uns aux autres et ne pas en subir.

Pour tous ceux des êtres vivants qui n'ont pas pu passer de contrat sur le point de ne pas faire de tort mais de n'en pas subir non plus, à l'égard de ceux-là, rien n'est juste ni injuste ; de la même façon aussi à l'égard des peuples qui n'ont pas pu ou n'ont pas voulu passer de contrat sur le point de ne pas faire de tort ni d'en subir.

La justice n'est pas un quelque chose en soi, mais, quand les hommes se rassemblent, en des lieux, peu importe, chaque fois, lesquels et leur grandeur, un certain contrat sur le point de ne pas faire de tort ou de ne pas en subir.

Lettres et Maximes, XXXI à XXXIII , trad. M. Conche, PUF, 1995.

Étienne de La Boétie (français, 1530-1563)

Écrit vers l'âge de dix-sept ans un livre majeur, *Discours de la servitude volontaire* (1547), dans lequel il propose une théorie de l'essence du pouvoir : son existence procède exclusivement du consentement de ceux sur lesquels il s'exerce. Ne plus vouloir servir, voilà les conditions de la liberté.

« Soyez résolus de ne servir plus »

Celui qui vous maîtrise tant n'a que deux yeux, n'a que deux mains, n'a qu'un corps, et n'a autre chose que ce qu'a le moindre homme du grand et infini nombre de nos villes, sinon que l'avantage que vous lui faites pour vous détruire. D'où a-t-il pris tant d'yeux, dont il vous épie, si vous ne les lui baillez ? Comment a-t-il tant de mains pour vous frapper, s'il ne les prend de vous ? Les pieds dont il foule vos cités, d'où les a-t-il, s'ils ne sont des vôtres ? Comment a-t-il aucun pouvoir sur vous, que par vous ? Comment vous oserait-il courir sus, s'il n'avait intelligence avec vous ? Que vous pourrait-il faire, si vous n'étiez receleurs du larron qui vous pille, complices du meurtrier qui vous tue et traîtres à vous-mêmes ? Vous semez vos fruits, afin qu'il en fasse le dégât ; vous meublez et remplissez vos maisons, afin de fournir à ses pilleries ; vous nourrissez vos filles, afin qu'il ait de quoi soûler sa luxure ; vous nourrissez vos enfants, afin que, pour le mieux qu'il leur saurait faire, il les mène en ses guerres, qu'il les conduise à la boucherie, qu'il les fasse les ministres de ses convoitises, et les exécuteurs de ses vengeances ; vous rompez à la peine vos personnes, afin qu'il se puisse mignarder en ses délices et se vautrer dans les sales et vilains plaisirs ; vous vous affaiblissez, afin de le rendre plus fort et roide à vous tenir plus courte la bride ; et de tant d'indignités, que les bêtes mêmes ou ne les sentiraient point, ou ne l'endureraient point, vous pouvez vous en délivrer, si vous l'essayez, non pas de vous en délivrer, mais seulement de le vouloir faire. Soyez résolus de ne servir plus, et vous voilà libres. Je ne veux pas que vous le poussiez ou l'ébranliez, mais seulement ne le soutenez plus, et vous le verrez, comme un grand colosse à qui on a dérobé sa base, de son poids même fondre en bas et se rompre.

Discours de la servitude volontaire (1547).

Jean Meslier (français, 1664-1729)

Curé athée. Mène sa vie de prêtre sans trop se faire remarquer dans sa paroisse des Ardennes alors qu'il écrit en secret des *Mémoires* qui dénoncent Dieu, la religion, le christianisme, la foi, la monarchie, le Roi, le clergé. Appelle à la révolution bien avant qu'elle soit d'actualité.

Rébellion, mode d'emploi

Le suc abondant qui nourrit toutes ces superbes et orgueilleuses nations dont je viens de parler, sont les grandes richesses, et les gros revenus qu'ils tirent tous les jours du pénible travail, ou des pénibles travaux de vos mains. Car ce n'est que [de] vous, et ce n'est que par votre industrie, et par vos pénibles travaux, que vient l'abondance de tous les biens, et de toutes les richesses de la terre. C'est ce suc abondant, qu'ils tirent de vos mains, qui les entretient, qui les nourrit, qui les engraisse, et qui les rend si forts, si puissants, si orgueilleux, si fiers et si superbes qu'ils sont. Mais voulez [vous], peuples, voulez-vous faire entièrement sécher toutes les racines de ces superbes et orgueilleuses nations-là ? Privez-les seulement de ce suc abondant, qu'ils tirent par vos mains de vos peines et de vos travaux. Retenez vous-mêmes, par vos mains, toutes ces richesses, et tous ces biens que vous faites si abondament venir, à la sueur de vos corps ; retenez-les pour vous-mêmes, et pour tous vos semblables ; n'en donnez rien à ces superbes et inutiles nations, n'en donnez rien à ces superbes et riches fainéants ; n'en donnez rien à tous ces moines et ecclésiastiques inutiles ; n'en donnez rien à ces fières et orgueilleuses noblesses ; n'en donnez rien à ces superbes et orgueilleux tyrans, ni à ceux qui les servent. Mandez même à tous vos enfants, à tous vos parents, à tous vos alliés, et à tous vos amis de les quitter, et d'abandonner entièrement leur service, et de ne rien faire pour eux ; excommuniez-les entièrement de votre société ; regardez-les partout comme vous regarderiez des excommuniés parmi vous, et par ce moyen vous les verrez bientôt sécher, comme sécheraient des herbes et des plantes dont les racines ne suceraient plus le suc de la terre.

Mémoires de Jean Meslier (après 1718).

Henri-David Thoreau (américain, 1817-1862)

Poète, essayiste, mémorialiste, engagé dans la lutte contre l'esclavagisme, démissionnaire de l'éducation parce qu'il ne voulait pas battre ses élèves, emprisonné pour n'avoir pas volontairement payé ses impôts, refuse sa libération et le paiement de la caution qui l'aurait permise. Vit un temps en solitaire dans une cabane en forêt.

Personne n'est juste grâce à la loi

Je pense que nous devons d'abord être des hommes, des sujets ensuite. Le respect de la loi vient après celui du droit. La seule obligation que j'aie le droit d'adopter, c'est d'agir à tout moment selon ce qui me paraît juste. On dit justement qu'une corporation n'a pas de conscience ; mais une corporation faite d'êtres consciencieux est une corporation *douée d'une conscience*. La loi n'a jamais rendu les hommes plus justes d'un iota ; et, à cause du respect qu'ils lui marquent, les êtres bien disposés eux-mêmes deviennent les agents de l'injustice. Le respect indu de la loi a fréquemment ce résultat naturel qu'on voit un régiment de soldats, colonel, capitaine, caporal, simples soldats, artificiers, etc., marchant en bel ordre par monts et par vaux vers la guerre, contre leur volonté, disons même contre leur sens commun et leur conscience, ce qui complique singulièrement la marche, en vérité, et engendre des palpitations. Ils ne doutent pas que l'affaire qui les occupe soit une horreur ; ils sont tous d'une disposition paisible. Or que sont-ils devenus ? Des hommes le moins du monde ? ou des petits fortins déplaçables, des magasins d'armes au service de quelque puissant sans scrupule ?

La Désobéissance civile (1848), trad. G. Villeneuve, Mille et une nuits, département de la librairie Arthème Fayard, 1996.

John Locke (anglais, 1632-1704)

Médecin, homme politique, philosophe empiriste (pour lequel les idées et les connaissances se pensent et déduisent à partir des observations faites sur le réel le plus concret) ayant dû subir l'exil à cause de ses idées progressistes en matière de politique.

Bien-fondé du droit de résistance

Quand les législateurs tentent de ravir et de détruire les choses qui appartiennent en propre au peuple, ou de le réduire en esclavage, sous un pouvoir arbitraire, ils se mettent en état de guerre avec le peuple, qui dès lors est absous et exempt de toute sorte d'obéissance à leur égard et a droit d'user du commun recours que Dieu a destiné pour tous les hommes, contre la force et la violence. [...] Si ces Messieurs estiment que cette doctrine ne peut que donner occasion à des guerres civiles et à des brouilleries intestines, qu'elle ne tend qu'à détruire la paix dans le monde et, que par conséquent elle ne doit pas être approuvée et soufferte, ils peuvent dire avec autant de sujet et sur le même fondement, que les honnêtes gens ne doivent pas s'opposer aux voleurs et aux pirates, parce que cela pourrait donner occasion à des désordres et à effusion de sang. S'il arrive des malheurs et des désastres en ces rencontres, on n'en doit point imputer la faute à ceux qui ne font que défendre leur droit, mais bien à ceux qui envahissent ce qui appartient à leur prochain.

Du gouvernement civil (1690), chap. XVIII, trad. David Mazel (fin XVIIe siècle).

Baruch Spinoza (hollandais, 1632-1677)

Polisseur de lunettes d'origine juive portugaise. En politique, critique la monarchie. En philosophie, ni matérialiste, ni idéaliste, mais panthéiste — il identifie Dieu et la nature : l'un est l'autre. Influence de manière considérable la pensée du XVIIIe siècle avec un livre intitulé *L'Éthique* (1677).

La liberté d'expression, jusqu'où ?

Nul à la vérité ne peut, sans danger pour le droit du souverain, agir contre son décret. Mais il peut avec une entière liberté opiner et juger et en conséquence aussi parler, pourvu qu'il n'aille pas au-delà de la simple parole ou de l'enseignement, et qu'il défende son opinion par la raison seule, non par la ruse, la colère ou la haine, ni dans l'intention de changer quoi que ce soit dans l'État de sa propre autorité. Par exemple, si un homme montre qu'une loi contredit à la Raison, et exprime l'avis qu'elle doit être abrogée, et si, en même temps, il soumet son opinion au jugement du souverain (à qui seul il appartient de faire et d'abroger des lois) et qu'il s'abstienne, en attendant, de toute action contraire à ce qui est prescrit par cette loi, certes il mérite bien de l'État et agit comme le meilleur des citoyens. Au contraire, s'il le fait pour accuser le magistrat d'iniquité et le rendre odieux, ou tente séditieusement d'abroger cette loi malgré le magistrat, il est un perturbateur et un rebelle. Nous voyons donc suivant quelle règle chacun, sans danger pour le droit et l'autorité du souverain, c'est-à-dire pour la paix de l'État, peut dire et enseigner ce qu'il pense ; c'est à la condition qu'il laisse au souverain le soin de décréter sur toutes actions, et s'abstienne d'en accomplir aucune contre ce décret, même s'il lui faut souvent agir en opposition avec ce qu'il juge et professe comme étant bon.

Traité théologico-politique (1670), chap. XX, trad. Ch. Appuhn, GF-Flammarion, 1965.

Pierre Gassendi (français, 1592-1655)

Prêtre libertin (au sens d'affranchi qui ne met rien au-dessus de sa liberté), il tente de christianiser la philosophie matérialiste d'Épicure. Son influence est grande parmi le courant libertin du XVIIe siècle. Descartes entretient avec lui une correspondance et une polémique philosophique.

Le droit naturel, modèle du droit positif ?

Comme la justice a été imaginée pour le bien commun, ce à quoi tend le droit, ou respect de ce qui est juste, est nécessairement quelque chose qui soit un bien pour tous les membres de la société, individuellement ou collectivement. Et puisque chacun recherche sous la conduite de la nature ce qui est bon pour lui, il est logique que le droit, ou respect de ce qui est juste, soit quelque chose de conforme à la nature et qu'on le qualifie de naturel.

Ce n'est pas sans raison que j'aborde ce point. En effet, il arrive parfois que dans une société on indique comme le droit, ou respect de ce qui est juste, ce qui n'est pas le bien de la société et qui, n'étant pas conforme mais contraire à la nature, ne doit donc pas, sinon abusivement et par manière de parler, passer pour juste, puisque ce qui relève vraiment du droit naturel, c'est-à-dire de ce qui est juste selon la nature, est, tel quel, véritablement utile et bon. Aussi le droit naturel, c'est-à-dire ce qui est juste selon la nature, n'est-il à proprement parler, que le gage d'un avantage, l'avantage proposé étant, suivant le désir général, que les hommes ne se fassent pas de mal les uns aux autres, et ainsi vivent en sécurité en cherchant chacun le bien avec la nature pour guide.

Je tiens donc ici l'utile et le bien pour identiques, et je considère qu'il dépend de deux conditions qu'une chose soit juste ou garantie par le droit : qu'elle soit utile ou tende à l'utilité commune, c'est-à-dire à la tranquillité, et qu'elle ait été prescrite d'un accord unanime de la société. En en effet, rien n'est complètement juste sinon ce que la société a, d'un commun accord et unanimement, voulu voir respecté. C'est pourquoi on attribue habituellement le nom de droit ou de chose juste à la fois à l'utilité commune et à l'accord commun de la société. En effet, on qualifie de droit aussi bien l'utile lui-même — parce qu'il coïncide avec le droit ou lui est à juste titre indissolublement lié — que l'accord et la prescription unanimes de la société qu'on appelle la loi, qui prescrit par exemple à chacun ce qui est utile ou juste.

Traité de la philosophie d'Épicure (1649), III, XXV.

Sophocle (grec, 496-406 av. J.-C.)

Auteur de cent vingt-trois pièces de théâtres tragiques. Remporte un nombre considérable de fois des premiers prix de concours dans sa discipline. Antigone, Électre, Œdipe, parmi d'autres personnages mis en scène par lui, servent aujourd'hui aux philosophes et aux psychanalystes pour penser tel ou tel point de leur doctrine.

Supériorité des lois non écrites

CRÉON. — Réponds en peu de mots. Connaissais-tu mon édit ?
ANTIGONE. — Comment ne l'aurais-je pas connu ? Il était public.
CRÉON. — Et tu as osé passer outre à mon ordonnance ?
ANTIGONE. — Oui, car ce n'est pas Zeus qui l'a promulguée, et la Justice qui siège auprès des dieux de sous terre n'en a point tracé de telles parmi les hommes. Je ne croyais pas, certes, que tes édits eussent tant de pouvoir qu'ils permissent à un mortel de violer les lois divines : lois non écrites, celles-là, mais intangibles. Ce n'est pas d'aujourd'hui ni d'hier, c'est depuis l'origine qu'elles sont en vigueur, et personne ne les a vues naître. Leur désobéir, n'était-ce point, par un lâche respect pour l'autorité d'un homme, encourir la rigueur des dieux ? Je savais bien que je mourrais ; c'était inévitable — et même sans ton édit ! Si je péris avant le temps, je regarde la mort comme un bienfait. Quand on vit au milieu des maux, comment n'aurait-on pas avantage à mourir ? Non, le sort qui m'attend n'a rien qui me tourmente. Si j'avais dû laisser sans sépulture un corps que ma mère a mis au monde, je ne m'en serais jamais consolée ; maintenant, je ne me tourmente plus de rien. Si tu estimes que je me conduis comme une folle, peut-être n'as-tu rien à m'envier sur l'article de la folie !
LE CORYPHÉE. — Comme on retrouve dans la fille le caractère intraitable du père ! Elle ne sait pas fléchir devant l'adversité.

Antigone (441 av. J.-C.), trad. R. Pignarre, Garnier-Flammarion, 1964.

Hugo Grotius (hollandais, 1583-1645)

Poète, traducteur, juriste, tragédien, historien, théologien protestant, humaniste, avocat, emprisonné à vie. S'évade grâce à sa femme, puis s'exile en France. On lui doit la création du Droit des gens, puis d'avoir posé les bases d'une théorie moderne du Droit Naturel.

Où y a-t-il droit naturel ?

Pour commencer par le DROIT NATUREL, il consiste dans certains principes de droite raison qui nous font connaître qu'une action est moralement honnête ou déshonnête selon la convenance ou la disconvenance nécessaire qu'elle a avec une nature raisonnable et sociable et par conséquent que Dieu, qui est l'auteur de la nature, ordonne ou défend telle action.

Les actions à l'égard desquelles la raison nous fournit de tels principes sont obligatoires ou illicites par elles-mêmes à cause de quoi on les conçoit comme nécessairement ordonnées ou défendues par Dieu. Et c'est le caractère propre qui distingue le droit naturel non seulement d'avec le droit humain, mais encore d'avec le droit divin volontaire, qui ne commande pas et ne défend pas des choses obligatoires ou illicites par elles-mêmes et de leur propre nature, mais qui rend obligatoire ce qu'il commande, par cela seul qu'il le commande et illicite, ce qu'il défend, par cela seul qu'il le défend.

Mais pour se faire une juste idée du droit naturel, il faut remarquer qu'il y a des choses que l'on dit être du droit naturel qui ne s'y rapportent pas proprement, mais par réduction ou accommodation, comme on parle dans l'École c'est-à-dire, en tant que le droit naturel n'y est pas contraire ; de même que nous avons dit qu'on appelle justes des choses où il n'y a point d'injustice. Quelquefois aussi on rapporte par abus au droit naturel des choses que la raison fait regarder comme honnêtes, ou comme meilleures que leurs contraires, quoiqu'on n'y soit obligé en aucune façon.

Il est bon encore de savoir que le droit naturel ne roule pas seulement sur des choses qui existent indépendamment de la volonté humaine, mais qu'il a aussi pour objet plusieurs choses qui sont une suite de quelque acte de cette volonté. Ainsi, par exemple, la propriété des biens, telle qu'elle est aujourd'hui en usage, a été introduite par la volonté des hommes : mais dès le moment qu'elle a été introduite, ça a été une règle même du droit de nature, qu'on ne peut prendre sans crime à quelqu'un, malgré lui, ce qui lui appartient en propre. [...]

Au reste le droit naturel est immuable, jusqu'à ce que Dieu même n'y peut rien changer. Car, quoique la puissance de Dieu soit infinie, on peut dire qu'il y a des choses auxquelles elle ne s'étend point, parce que ce sont des choses qu'on ne saurait exprimer par des propositions qui aient quelque sens, mais qui renferment une manifeste contradiction. Comme donc il est impossible à Dieu même de faire que *deux fois deux* ne fassent pas *quatre* : il ne lui est pas non plus possible de faire que ce qui est mauvais en soi et dans la nature ne soit pas tel. [...]

Il paraît pourtant quelque fois, dans les actions prescrites ou défendues par le droit naturel, une espèce de changement qui trompe ceux qui n'y regardent pas de près ; quoiqu'au fond le droit naturel demeure toujours le même et qu'il n'ait alors rien de changé que dans la chose même qui fait l'objet de la règle établie par le droit naturel, laquelle chose est susceptible de changement. Il y a aussi des maximes qui sont de droit naturel, non purement et simplement, mais en supposant un certain état des choses. Ainsi, avant l'introduction de la propriété des biens, chacun avait naturellement plein pouvoir de se servir de tout ce qui se présentait. Et, avant qu'il y eut des lois civiles, il était permis à chacun de se faire raison à lui-même et de poursuivre son droit par les voies de la force.

Le Droit de la guerre et de la paix (1625), § IX, trad. J. Barbeyrac,
Publications de l'Université de Caen,
Centre de philosophie politique et juridique, 1984.

Faut-il jeter le règlement intérieur de votre lycée à la poubelle ?

À voir, tout dépend de ce que vous promet le règlement en question, et si, oui ou non, vous y avez souscrit en le signant personnellement... Si vous avez paraphé, trop tard. Il vous reste à réactiver les vertus démocratiques du débat, de la discussion et de la réforme. Car ce papier se propose, théoriquement, et si l'on en croit l'intention affichée du personnel de direction, de poser les bases et de définir les règles d'une vie en communauté où chacun puisse disposer d'autant de droits que de devoirs.

Si l'on n'exige de vous que des devoirs sans vous reconnaître aucun droit, alors vous expérimentez la situation des esclaves, des domestiques et des prisonniers ; si en revanche on ne vous accordait que des droits, vous brilleriez de tous les feux du tyran : seuls les esclaves n'ont que des devoirs, pas de droits ; seuls les dictateurs s'arrogent tous les droits et refusent les devoirs. Tâchez de ne jamais être des esclaves ; mais méfiez-vous, le risque est facile et plus fréquent de devenir à sa dimension un tyran...

Moi d'abord

Au lycée, mais dans la vie tout autant, le mouvement naturel vous pousse à ne vouloir que des droits et à ne supporter aucun devoir. Ce désir vieux comme le monde suppose une définition fautive de la liberté : elle n'est pas la licence ou pouvoir de faire ce que l'on veut, quand on veut, avec qui l'on veut. Cette définition caractérise plutôt la loi de la jungle. Chacun veut pouvoir tout faire et refuse de subir des interdictions ; en même temps, personne ne souhaite que le voisin ait le droit de tout faire (ce qui lui permettrait, à un moment ou à un autre, de pouvoir tout me faire) et chacun voit bien ce qu'il pourrait interdire à ce gêneur... Nous sommes plus prompts à nous reconnaître une liberté intégrale qu'à en fabriquer une qui permettrait d'entretenir de bonnes relations, en bonne intelligence, avec le plus grand nombre.

La liberté pure, la licence, c'est la violence de tous contre tous, le maximum de pouvoir accordé aux plus forts et aux plus rusés. La plupart du temps, elle permet aux dominants (comme on le dit des animaux dans une forêt) d'imposer leur loi aux plus faibles, aux plus démunis : le capitaine d'industrie qui licencie du personnel alors que ses bénéfices augmentent se réclame de la liberté ; le caïd des banlieues qui vole des voitures, viole dans les caves, terrorise un quartier, recourt aux armes, cambriole les retraités se réclame de la liberté ; le régionaliste qui abat un préfet de la République d'une balle dans la tête, dans un guet-apens, le détraqué social qui envoie des lettres anonymes, harcèle au téléphone la nuit, le petit chef qui recourt à la promotion canapé dans son service, le professeur qui humilie ses élèves en cours, tous se réclament de la liberté là où ils se contentent de nier celle des autres à pouvoir disposer de leur dignité, de leur sécurité, de leur tranquillité. Dans ces cas de figure, pas question de liberté — mais licence en revanche, loi du plus fort.

Pour empêcher la mainmise sur les faibles, les petits, les exposés sociaux, les mineurs mentaux, il faut imposer le pouvoir de la loi comme garantie d'une règle du jeu qui autorise la vie en commun en éliminant au maximum les nuisances. Dans un lycée, pour éviter tout et n'importe quoi, un règlement intérieur est nécessaire. Mais si et seulement s'il obéit au principe de la loi : fabriqué en concertation avec les parties prenantes, de sorte que les droits et les devoirs se répartissent équitablement entre les élèves et le personnel éducatif, d'encadrement ou de direction. Chacun doit parler, échanger et contribuer à la rédaction du texte pour consentir à l'essentiel (le besoin d'une règle du jeu) sans qu'il soit nécessaire de payer le prix fort (tous les droits pour l'administration et la direction de l'école, aucun pour les élèves).

La loi réalise une liberté : pouvoir disposer de soi sans craindre pour soi. Si le règlement intérieur exprime le pouvoir pour une autorité de dire seule la loi et de vous imposer ce que vous n'aurez pas discuté, commenté, fabriqué, alors il risque d'être une feuille de vigne qui cache les pleins pouvoirs de l'établissement sur vos corps et vos âmes ; en revanche, s'il procède d'un renoncement à des pouvoirs de nuisance mutuels, alors le document a valeur de texte de loi interne : encore faut-il que la symétrie soit visible et que les deux parties prenantes aient clairement formulé à quel pouvoir de nuisance elles renoncent, ce qu'elles attendent de l'autre, ce qu'elles souhaitent, ce sur quoi elles veulent bien discuter, ce sur quoi elles ne veulent pas transiger.

Fabriquer de la liberté avec la loi

Partout entre les individus et les groupes, dans votre lycée donc, le contrat social doit se pratiquer : constater le risque d'une liberté sans limitation, vouloir vivre ensemble et construire un projet pour

Premières élections indépendantes au suffrage universel en Namibie, 1990 (photographie de Peter Marlow).

permettre cette convivialité, accepter de renoncer à un pouvoir de nuisance (celui des élèves envers l'établissement, et *vice versa*), puis construire une règle du jeu viable à laquelle chacun peut se référer en cas de besoin — voilà la nature du projet. Trop souvent, le règlement intérieur correspond à la liste des interdits (presque tout) et des obligations (presque tout) à vous destinés.

Un règlement intérieur répartit équitablement les droits et les devoirs des deux parties prenantes : les élèves et l'établissement. Si la répartition est juste, et que vous y consentez en donnant votre signature, alors vous êtes engagés. Vous n'êtes pas tenus de signer, mais quand vous l'aurez fait, vous serez obligés de tenir. La loi fabriquée en concertation crée de la liberté. De la liberté dissolue du départ à la liberté résolue à l'arrivée, un chemin conduit de la loi de la jungle à la civilisation, de la nature violente et sauvage à la culture génératrice de sécurité et de tranquillité. Entre les deux ? Le contrat, les paroles échangées, le désir de vivre ensemble pacifiquement, l'équité d'un marché profitable aux deux parties.

Et si le marché n'est pas équitable ? si le règlement intérieur ne procède pas d'une discussion menée en amont entre les parties prenantes ? s'il se présente uniquement comme une liste d'obligations sans contreparties défendables ? s'il vous est soumis à la rentrée comme un document à signer sous peine de ne pas obtenir votre inscription dans l'établissement ? Vous avez la possibilité démocratique, au sein même du lycée, de travailler à la réforme du contrat, à sa réécriture, à son élaboration selon le principe des renoncements équitables et des acquis tout autant équitables. Parce qu'elle exprime une double volonté, la loi peut se modifier, s'amender (s'améliorer, se corriger), s'abolir. Elle procède normalement d'un double désir : si l'un des deux ne se satisfait plus du contrat proposé, libre à lui de proposer une négociation pour fabriquer les conditions d'exercice d'une autre liberté, élargie, véritable et non pas réduite à rien ou presque rien. Là où la liberté n'est pas construite par la loi mais réduite par elle, il est évident que vous pouvez réclamer, au nom même du principe de la règle du jeu, l'amélioration d'un document qui le rende plus adéquat aux désirs, aux aspirations ou aux possibilités des élèves et de l'établissement.

La loi et le droit sont justifiables quand ils permettent de réduire les risques de la vie en communauté. S'ils doivent servir à asseoir le pouvoir de l'autorité habituelle sur les individus qui deviennent ainsi des sujets soumis, alors la loi est l'instrument de domination du pouvoir, le droit sert l'autorité en place et les individus subissent l'injustice d'un système qui les bâillonne. La liberté ne se construit par la loi et dans le droit que si le mouvement est perpétuel entre les demandeurs et ceux qui offrent, entre les tenants du pouvoir dans l'établissement et les élèves qui désirent leur inscription dans l'école. À défaut, mais seulement à défaut, la désobéissance à la loi qu'on n'a pas choisie et qui nous semble injuste devient un devoir — mais un devoir qui renvoie à l'exigence éthique, pas à la convenance personnelle. À vous de signer ou de vous abstenir, à vous aussi de négocier, de batailler et d'exercer démocratiquement votre pouvoir de souscrire et d'amender...

Image extraite de *If...*, film de Lindsay Anderson (1968).

TEXTES

Marcel Conche (français, né en 1922)

Professeur d'université, lecteur et commentateur de philosophes de l'Antiquité (les présocratiques Anaximandre et Héraclite, le sceptique Pyrrhon, l'épicurien Lucrèce), mais aussi de Montaigne, il propose une morale personnelle classique et humaniste appuyée sur la tradition.

Justification du droit de punir

On a le droit de punir seulement celui qui est capable de comprendre qu'il *est puni*. S'il s'agit d'un criminel invétéré, incapable de raison, enfermé dans sa pensée autistique, pourquoi le punir ? De quel droit, puisqu'on ne peut, par principe, répondre à la question : « à quoi bon » ? Le criminel encore conscient, non absolument endurci, capable de reconnaître que le mal qu'on lui inflige est *mérité*, doit, admettons-le, être puni ; mais on n'a pas le droit de punir le criminel endurci, c'est-à-dire inconscient. S'il est dangereux, il convient seulement de l'*isoler*. La conscience populaire ne considère pas le petit et le moyen délinquants comme « fous ». Ils sont punissables. Mais le grand criminel, inconscient et irrécupérable, lui semble être hors des limites de l'humain. « C'est un fou » dit-on. On ne voit pas, en ce cas, de quel droit punir les grands criminels irrécupérables ; mais il faut les isoler soigneusement, comme on fait des fous dangereux. Ils ne doivent pas être isolés dans des prisons, ce qui serait les assimiler à des êtres sensés, punissables, mais plutôt dans des établissements de soin du type des asiles psychiatriques. Le poids de l'universel mépris, du « grand mépris aimant » dont parle Nietzsche, est peut-être l'ultime remède capable de susciter en eux l'éveil de la raison.

Le Fondement de la morale (1993), PUF, 1999.

Jean-Jacques Rousseau (suisse, 1712-1778)

Misanthrope, idéalise la nature et rêve d'un temps où les hommes vivaient hypothétiquement en harmonie avec le monde. Afin de retrouver cet état de félicité disparue, propose une théorie politique dans un livre — *Du contrat social* (1762) — qui produit des effets considérables pendant la Révolution française.

Je renonce, donc je suis

Je suppose les hommes parvenus à ce point où les obstacles qui nuisent à leur conservation dans l'état de nature, l'emportent par leur résistance sur les forces que chaque individu peut employer pour se maintenir dans cet état. Alors cet état primitif ne peut plus subsister, et le genre humain périrait s'il ne changeait sa manière d'être.

Or comme les hommes ne peuvent engendrer de nouvelles forces, mais seulement unir et diriger celles qui existent, ils n'ont plus d'autre moyen pour se conserver, que de former par aggrégation une somme de forces qui puisse l'emporter sur la résistance, de les mettre en jeu par un seul mobile et de les faire agir de concert.

Cette somme de forces ne peut naître que du concours de plusieurs : mais la force et la liberté de chaque homme étant les premiers instruments de sa conservation, comment les engagera-t-il sans se nuire, et sans négliger les soins qu'il se doit ? Cette difficulté ramenée à mon sujet peut s'énoncer en ces termes.

« Trouver une forme d'association qui défende et protège de toute la force commune la personne et les biens de chaque associé, et par laquelle chacun s'unissant à tous n'obéisse pourtant qu'à lui-même et reste aussi libre qu'auparavant ? » Tel est le problème fondamental dont le contrat social donne la solution.

Les clauses de ce contrat sont tellement déterminées par la nature de l'acte, que la moindre modification les rendrait vaines et de nul effet ; en sorte que, bien qu'elles n'aient peut-être jamais été formellement énoncées, elles sont partout les mêmes, partout tacitement admises et reconnues ; jusqu'à ce que, le pacte social étant violé, chacun rentre alors dans ses premiers droits et reprenne sa liberté naturelle, en perdant la liberté conventionnelle pour laquelle il y renonça.

Ces clauses bien entendues se réduisent toutes à une seule, savoir l'aliénation totale de chaque associé avec tous ses droits à toute la communauté. Car premièrement, chacun se donnant tout entier, la condition est égale pour tous, et la condition étant égale pour tous, nul n'a intérêt de la rendre onéreuse aux autres.

De plus, l'aliénation se faisant sans réserve, l'union est aussi parfaite qu'elle ne peut l'être et nul associé n'a plus rien à réclamer : car s'il restait quelques droits aux particuliers, comme il n'y aurait aucun supérieur commun qui put prononcer entre eux et le public, chacun étant en quelque point son propre juge prétendrait bientôt l'être en tous, l'état de nature subsisterait et l'association deviendrait nécessairement tyrannique ou vaine.
Enfin chacun se donnant à tous ne se donne à personne, et comme il n'y a pas un associé sur lequel on n'acquière le même droit qu'on lui cède sur soi, on gagne l'équivalent de tout ce qu'on perd, et plus de force pour conserver ce qu'on a.
Si donc on écarte du pacte social ce qui n'est pas de son essence, on trouvera qu'il se réduit aux termes suivants. *Chacun de nous met en commun sa personne et toute sa puissance sous la suprême direction de la volonté générale ; et nous recevons en corps chaque membre comme partie indivisible du tout.*

Du contrat social (1762), chap. VI.

Glenn Baxter, *Retour à la normale*, Hoëbeke, 2001.

ERIC COMMENÇAIT À REGRETTER DE N'AVOIR PAS RENDU À TEMPS LES LIVRES DE LA BIBLIOTHÈQUE

La police existe-t-elle pour vous pourrir la vie systématiquement ?

Pas forcément, mais elle donne parfois l'impression de fonctionner à deux vitesses : quand elle semble s'occuper d'autant plus des petits délits et des histoires faciles à régler qu'elle laisse faire, sans disposer peut-être d'un réel pouvoir, de puissantes délinquances qui, elles, prospèrent avec la bénédiction des hommes politiques en place. D'un côté, une police tatillonne sur le haschisch dans la poche des jeunes, le contrôle des délais d'assurance d'un scooter, de l'état des pneumatiques d'une mobylette ou des papiers d'identité d'une bande de copains, de l'autre la même police qui ferme pudiquement les yeux sur les pots-de-vin politiques de la mairie d'une grande ville de province au palais élyséen, et sur la délinquance financière qui sévit à haut régime. Au regard de ces disparités, a-t-on vraiment envie de défendre la police ?

Sur le principe, on aurait du mal à ne pas la défendre : comment imaginer une société sans un pouvoir armé à même de faire régner l'ordre, la loi, de veiller à ce que nous vivions dans un état de droit et non dans une jungle (qu'on pense à certains espaces de non-droit en banlieue où personne n'entre plus, ni pompiers, ni médecins, et surtout pas la police) ? Si la police ne semble pas désirable, une cité sans policiers paraît-elle plus enviable ? Impensable, on s'en doute. Car dans une cité sans policiers, on verrait rapidement triompher la loi du plus fort. Même chose à l'échelle de la nation.

Le fouet des flics, le poing des cognes

À l'origine, la cité grecque se dit *polis*. Ce terme, plus tard, donne le mot « police ». Il suppose l'organisation de la cité dans le respect de tous et de chacun, l'ordre reconnu pour les citoyens, la protection des personnes exposées et la contrainte exercée sur ces individus décidés à n'écouter que leur intérêt, donc nuisibles. « Flic » viendrait quant à lui du bruit fait par le fouet en claquant — sinon du mot latin *flictare* : « battre ». On a la même signification avec les « cognes » : ce terme d'argot signifie la même chose. Retenez le glissement du terme, du souci de la cité à l'association avec les coups. Signe des temps ou permanence du pire ?

En fait, la police s'interpose entre le quotidien réel de la délinquance et les sphères idéales du droit et de la loi. À mi-chemin entre le geste malveillant et la pureté de l'idée juridique, la police incarne la loi et lui donne une effectivité, une efficacité. Elle rend possible le maintien de l'ordre par la prévention ou par l'interception du criminel présumé. Qui pourrait dire inutiles ces deux fonctions dans une société ? Qui affirmerait la possibilité, pour un État, d'économiser ce travail essentiel au fonctionnement du droit ? Son existence et son mécanisme sont inséparables de l'état de droit dans lequel une civilisation peut et doit se trouver.

Si la police semble un mal nécessaire, prenez soin d'insister moins sur son caractère maléfique que sur sa nécessité. Maléfique dans ses excès, dans ses errances, dans son zèle, certes. Mais cette institution inspirée par d'excellents principes (protéger la veuve et l'orphelin) fonctionne avec des hommes fiables pour certains, corrompus pour d'autres. Légitimer l'idée de police ne signifie pas légitimer l'action des policiers dans le détail. Le fonctionnement de la bonne *polis* ne justifie pas les exactions potentielles du moindre commissariat de sous-préfecture. Ne discréditez pas l'idée au nom de la réalité.

Tant que les hommes vivront en société, il faudra une police pour empêcher la loi de la jungle et permettre la loi de la civilisation. D'où l'urgence de réfléchir aux conditions d'un ordre républicain — police, mais aussi gendarmerie et armée. Puisque ces dernières sont malheureusement indispensables, ne faut-il pas songer à injecter un maximum de transparence et de citoyenneté dans le fonctionnement de cette institution dont l'existence se justifie par et pour les individus n'ayant rien à se reprocher et contre ceux qui ont à craindre de la loi et de la justice ? Une police est aux ordres d'une forme politique : celle des dictatures n'est pas celle des démocraties, celle des régimes autoritaires n'a rien à voir avec celle des républiques, ni celle des tribus primitives avec celle des brigades scientifiques contemporaines.

Multiple dans ses formes potentielles, défendable lorsqu'elle est au service du maximum de citoyens contre le minimum coupable d'infraction, la police a été, est et restera une force nécessaire à l'existence et à la durée de la communauté civique. L'inexistence de la police est une utopie défendue par les philosophes rêveurs de cités idéales dans lesquelles toute négativité disparaît comme par enchantement : les hommes n'y vivent que d'amour, de bonté naturelle recouvrée, de désir d'être ensemble, d'harmonie réalisée. Quelques utopistes de ce genre (comme Thomas More (1478-1535), l'inventeur du mot utopie — qui signifie : nulle part) ont décrété l'abolition nécessaire de la police, de l'armée, de l'argent, de la propriété, de la richesse, et de tout ce qui fâche généralement.

Jeff Koons, *Bear and Policeman* (détail), 1988.

Étrange retour de flamme, et paradoxe singulier : quand des hommes politiques ou des acteurs de l'histoire s'emparent de ces désirs utopiques, ils ne réussissent qu'à augmenter le négatif qu'ils veulent supprimer. Ainsi en matière de police : loin d'en avoir diminué la présence et la nocivité, ces sociétés (le bloc des pays de l'Est sous domination soviétique par exemple) ont installé la police partout ailleurs que dans la police : chez tous, chacun devenant pour son voisin un indicateur, un agent de renseignement capable de l'envoyer dans les camps sibériens. Jamais autant que dans les régimes autoritaires on ne demande aux citoyens de faire et de devenir la police.

Réalités de la police virtuelle

Avec le temps, la police se modifie. D'autant moins visible qu'elle devient scientifique, technique, elle se concentre sur le décryptage des traces que laissent toujours les actes délictueux. Notre civilisation croule sous les caméras vidéo installées dans les carrefours des villes, dans les endroits spécifiquement protégés — stades, ambassades, points distributeurs de billets, banques, etc. Nous laissons partout des traces numériques, informatiques, électroniques : en utilisant une carte bancaire, en ayant recours à un téléphone cellulaire ou fixe, en naviguant sur Internet, en visitant des sites, en transmettant des informations par le réseau téléphonique, nous ne pouvons parler, nous déplacer, payer, retirer de l'argent, sans être enregistrés, donc contrôlables et contrôlés.

L'ancienne police qui maniait le fouet laisse la place à une nouvelle qui interprète les sillages numériques et électroniques laissés par chacun derrière lui. Les sociétés sont moins disciplinaires que de contrôle. Le grand œil de *Big Brother,* qui voit tout et installe notre existence en permanence sous le regard des représentants et des fonctionnaires d'une autorité à qui rien n'échappe, réalise le panoptique de manière intégrale. D'un côté la police classique se cantonne dans des tâches ingrates qui l'exposent à la mauvaise réputation ; de l'autre, la police scientifique bénéficie plutôt d'un fort capital de confiance et de respect de la part de la population...

Le risque de la police à venir, c'est qu'elle devienne un instrument entre les mains de pouvoirs politiques peu scrupuleux. Les États qui aspirent à dominer la planète commencent à contrôler la circulation des informations, soit en s'assurant que les grands médias appartiennent à leurs amis politiques peu susceptibles de les gêner dans leur projet d'empire planétaire, soit en interceptant les détails de la vie privée du plus grand nombre pour constituer des fiches de police efficaces. D'où la crainte d'une maîtrise des ondes de communication par une puissance secrète, commerciale et mafieuse décidée à connaître les habitudes d'individus fichés en fonction, par exemple, de leurs comportements informatiques et téléphoniques.

La police n'opère plus là où on le croit. Invisible, efficace, elle devient la mémoire immense d'intimités naguère préservées. L'apparent effacement de la discipline correspond à l'augmentation du contrôle. Méfiez-vous moins des policiers en patrouille dans la rue que de leurs collègues qui, dans des bureaux où ils écoutent, surveillent et interceptent, engrangent des informations sur votre compte pour le service des renseignements généraux — cette partie de la police qui dispose d'un fichier sur chacun de vous dans lequel sont consignés vos moindres faits et gestes. Craignez plutôt la police invisible. Moins vous la voyez, plus elle vous voit.

Écran d'une caméra infrarouge utilisée pour surveiller la frontière entre Hong-Kong et la Chine, 1995. (Depuis 1997, Hong-Kong a été réintégré à la Chine.) Photographie de Patrick Zachmann.

MÉFIEZ-VOUS, MARSHAL. IL EST DANGEREUX D'INTERROMPRE UN LAPIN QUI EST EN TRAIN DE MANGER...

TU VOIS CET INSIGNE, ÉTRANGER ?
ÇA VEUT DIRE QUE JE SUIS LE MARSHAL DE CETTE VILLE.

C'EST LE MAIRE QUI M'A NOMMÉ À CE POSTE ET C'EST LA POPULATION QUI A ÉLU LE MAIRE.
LA POPULATION M'A ACCORDÉ SA CONFIANCE VIA LE MAIRE POUR QUE LE CALME RÈGNE ET QUE NUL NE PUISSE L'ENTRAVER.

NOMMÉ PAR LE MAIRE, JE REPRÉSENTE ÉGALEMENT LA LOI NON SEULEMENT DE CET ÉTAT MAIS DE L'ENSEMBLE DES ÉTATS-UNIS D'AMÉRIQUE...
LE PRÉSIDENT ET LE PEUPLE AMÉRICAIN COMPTENT SUR MOI POUR LA FAIRE RESPECTER.

MAINTENANT, ÉTRANGER, TU VAS ME DIRE CE QUE TU ES VENU FAIRE À BLACKTOWN ! ET IL N'Y A QU'UNE RÉPONSE QUI POURRA ME SATISFAIRE...

RIEN CONTRE LE PRÉSIDENT NI LE PEUPLE AMÉRICAIN. JE SUIS JUSTE VENU ICI POUR MANGER ET DORMIR.
DEMAIN JE SERAI PARTI.
MARTIN ! LES AVIS !

LES GARS PRESSÉS COMME TOI, J'AI PAS CONFIANCE. ON VA VÉRIFIER SI TU ES DANS LE DICTIONNAIRE DES SALES TYPES.

Lewis Trondheim, planche extraite de *Blacktown*, Dargaud, 1998.

TEXTE

Claude Adrien Helvétius (français, 1715-1771)

Matérialiste, critique le pouvoir des prêtres et de l'Église. Analyse l'amour-propre et l'intérêt comme des moteurs essentiels de l'action humaine. Animateur, avec sa femme, d'un salon dans lequel se rencontrent les penseurs majeurs de l'époque. Se propose de réaliser individuellement et collectivement le bonheur des hommes.

Et quand la loi ne protège plus ?

Les lois, faites pour le bonheur de tous, ne seraient observées par aucun, si les magistrats n'étaient armés de la puissance nécessaire pour en assurer l'exécution. Sans cette puissance, les lois, violées par le plus grand nombre, seraient avec justice enfreintes par chaque particulier, parce que les lois n'ayant que l'utilité publique pour fondement, sitôt que, par une infraction générale, ces lois deviennent inutiles, dès lors elles sont nulles, et cessent d'être des lois ; chacun rentre en ses premiers droits ; chacun ne prend conseil que de son intérêt particulier, qui lui défend avec raison d'observer des lois qui deviendraient préjudiciables à celui qui en serait l'observateur unique. Et c'est pourquoi, si, pour la sûreté des grandes routes, on eût défendu d'y marcher avec des armes, et que, faute de maréchaussée, les grands chemins fussent infestés de voleurs ; que cette loi, par conséquent, n'eût point rempli son objet ; je dis qu'un homme pourrait non seulement y voyager avec des armes et violer cette convention ou cette loi sans injustice, mais qu'il ne pourrait même l'observer sans folie.

De l'esprit (1758), Discours III, chap. IV.

Image extraite de *Shoah*, film de Claude Lanzmann, 1985.

6

L'Histoire

La violence, le nazi et le nihiliste

Peut-on recourir à la violence ?

Parfois, quand tout a été tenté, tout, vraiment tout, et qu'on risque sa peau, sa santé mentale ou physique à subir un individu décidé à vous nuire, on ne peut l'éviter. Faire un principe absolu de la non-violence, c'est donner raison *a priori* à l'adversaire prêt à utiliser tous les moyens. Si le monde était idéal, on n'aurait pas besoin d'en venir à ces extrémités, bien évidemment, mais il ne l'est pas et, en termes de salut personnel, la violence peut réaliser ce que la sécurité publique, la morale, la santé mentale ne parviennent pas à obtenir malgré leurs efforts séparés ou conjugués. Elle est un mal nécessaire, s'en priver revient à déclarer vainqueur l'individu convaincu de ne pas y renoncer — et ce spécimen ne disparaîtra pas, malheureusement...

Malheureusement, on constate que le recours à cette arme entraîne un mouvement que seule arrête la destruction de l'un des deux protagonistes. Y recourir, c'est constater son incapacité à épuiser sa haine contre qui on la dirige. Avant le coup donné et après, le sentiment mauvais persiste, inchangé, absolument intact. La violence se défend moralement lorsqu'elle arrête un processus qui menace d'être destructif et catastrophique, dans le cas où elle est défensive. Offensive, en revanche, elle est intenable : l'histoire des hommes et celle des nations procèdent pourtant de cette énergie sombre qui agit en moteur de l'histoire.

La violence est une puissance naturelle produite par des mécanismes toujours semblables : une menace sur le territoire réel ou symbolique que l'on contrôle (un espace de terre, mais aussi un objet possédé, une identité qu'on pense menacée, ou une personne sur laquelle on estime avoir des droits) et dont on craint d'être dépossédé. Là où l'autre met en péril ma possession, je réagis instinctivement. La guerre est naturellement inscrite dans la nature humaine ; la paix, en revanche, procède de la culture et de la construction, de l'artifice et de la détermination des bonnes volontés.

La violence affleure dans chaque moment de l'histoire : elle colore l'intersubjectivité (le rapport entre les êtres) et l'internationalité (le rapport entre les nations). À l'origine, elle suppose une incapacité à se parler, une impossibilité à vider la querelle par le langage, en ayant recours aux seuls mots : polis, courtois, mais aussi fermes, nets, ou encore véhéments, chargés. De l'explication à l'insulte en passant par le ton déterminé, un spectre important de possibilités s'offre aux bonnes volontés désireuses de résoudre une difficulté en évitant d'en venir aux mains. Ceux qui ne maîtrisent pas les mots, parlent mal, ne trouvent pas d'explications sont des proies désignées pour la violence. Ne pas savoir ou pouvoir s'exprimer conduit promptement à en venir aux solutions qui engagent la force physique.

La logique est toujours la même. Ses traces font l'histoire : menaces, intimidations, passage à l'acte, destructions. La gradation se remarque dans toutes les cultures et toutes les civilisations : les nations en conflit usent de la violence selon ces modalités. L'histoire se confond bien souvent avec la narration de ces tensions ou de leurs résolutions, beaucoup plus qu'avec celle des évitements. On n'écrit pas prioritairement l'histoire des événements heureux, des relations normales et pacifiées. Hegel (1770-1831) a même affirmé que les peuples heureux n'avaient pas d'histoire.

Violences naturelle et culturelle

La paix a un prix. Le commerce des hommes, la libre circulation des biens, l'entente entre des peuples se fabriquent, puis s'entretiennent. Dans l'histoire, il faut une volonté pour empêcher le triomphe de la négativité : la diplomatie est l'art d'éviter la violence en travaillant sur le terrain de la politesse, de la courtoisie, des intérêts communs et bien défendus. Elle est un moteur puissant, même si elle travaille dans l'ombre, discrètement, sans effets spectaculaires, en collaboration avec les services de renseignement, les agents secrets et les espions, la police dans ses différentes brigades (politiques, financières, etc.), les ambassadeurs, consuls et autres hauts fonctionnaires toujours en mouvement sur la planète pour contenir la violence, empêcher qu'elle se manifeste, dans les limites d'exercices rhétoriques convenus.

La diplomatie doit faire face aux intimidations qui sont toujours les manifestations premières des nations belliqueuses, agressives ou guerrières. Défilés militaires ostentatoires (exagérément visibles) et démonstratifs, manœuvres d'unités en nombre dans des lieux scrutés par la presse étrangère, intoxications par des informations erronées destinées à faire croire aux ennemis que l'on dispose d'un potentiel d'armement dissuasif, d'un entraînement ultra-professionnel des soldats, d'un budget militaire extravagant, d'armes inconnues et meurtrières sur une grande échelle, etc. Le but de ces pratiques ? Mettre l'autre en demeure de retenir sa violence, de la garder pour lui sous peine de devoir affronter beaucoup plus fort et plus déterminé.

Mel Gibson dans *Mad Max II*, film de George Miller, 1981.

Quand la diplomatie ni la dissuasion ne suffisent et que la guerre froide persiste, on passe le cap de la violence théâtralisée pour franchir un seuil dont on ne revient pas : le passage à l'acte. L'histoire passe souvent pour la mémoire consignée de ce seul état ; on oublie la paix, la sérénité, l'absence d'événements négatifs, on passe par-dessus le travail diplomatique ou la théorie de la dissuasion pour parvenir au cœur même de sa matière : le sang. Les belligérants qui prennent l'initiative de libérer les pulsions de mort sur le terrain des nations cherchent et trouvent des prétextes : l'assassinat d'une figure essentielle, le franchissement d'une frontière, une guérilla ponctuelle ou persistante, une série d'actes terroristes. En fait, la décision est déjà prise : il s'agit de masquer le renoncement à la parole et l'avènement de la force par des mises en scène, des fictions racontées ensuite par l'histoire.

La violence, moteur de l'histoire

À l'origine des conflits, le désir d'empire, la volonté d'étendre ce qu'on croit être la vérité politique à l'ensemble de la planète. Des premiers temps de l'humanité à aujourd'hui, les Empires hantent la volonté des tyrans, des despotes, des hommes de pouvoir : Gengis Khan, Alexandre, Charlemagne, Charles Quint, Napoléon, Hitler, Staline, tous aspiraient à élargir le territoire de leur ambition et à imposer leur idéologie à l'ensemble de la planète. Les ethnologues savent que les animaux eux aussi délimitent un territoire, qu'ils le marquent de leur urine et de leur matière fécale, le défendent, en interdisent la fréquentation ou la soumettent à des conditions draconiennes, notamment en exigeant d'évidents signes de soumission. Les hommes politiques réactivent ces tropismes (ces mouvements forts qui obligent et toujours de la même manière) quand ils lancent leurs guerres d'Empire et leurs conquêtes coloniales. L'histoire des hommes se réduit souvent à l'enregistrement des faits et gestes qui découlent de leurs pulsions animales.

Chaque fois, le droit disparaît sous la force, la convention est écartée au profit de l'agression, la violence triomphe là où le langage et les contrats faisaient précédemment la loi. Les accords, les ententes, les traités, les déclarations de non-agression ou de coopération, les signatures, les solutions diplomatiquement négociées et consignées sur des documents officiels, tout disparaît. L'homme recule, la bête avance. Alors, l'histoire s'écrit sur des champs de bataille et dans les tranchées, sous les bombes et dans les quartiers généraux militaires, dans les bunkers et sur des plages de débarquement, non plus dans des chancelleries ou des ministères, en regard des codes de lois et de la juridiction internationale, mais en relation avec les poteaux d'exécution, les camps de concentration, les prisons et les munitions.

La lutte est le moteur de l'histoire : entre les classes sociales (les riches arrogants et les pauvres désespérés), les appartenances ethniques (les blancs aux postes de commande, les gens de couleur aux endroits où l'on obéit), les identités régionales (Basques, Bretons, Corses, Catalans, Alsaciens, etc.), les nations (naguère les Français et les Allemands, les Américains et les Soviétiques, hier, les Serbes et les Albanais), les confessions religieuses (catholiques et protestants en Irlande, chiites et sunnites en Iran, juifs et musulmans en Palestine, sikhs et tamouls en Inde, etc.). Le désir d'être le maître existe chez toutes les parties prenantes. Or il n'y aura qu'un maître et qu'un esclave : la violence se propose de régler les problèmes, en fait, elle les déplace et les nourrit. Et rien ni personne n'échappe à la violence accoucheuse d'histoire.

Koweit, le 2 février 1991 (image vidéo photographiée par Thierry Orban).

TEXTES

René Girard (français, né en 1923)

Chrétien qui réfléchit sur les questions du sacrifice et du bouc émissaire, de la violence et du sacré, des Évangiles et de leur relation avec les mythes, du désir et de son fonctionnement mimétique (on désire toujours le désir de l'autre), du mensonge littéraire et de la vérité romanesque.

Violences inassouvies, victimes de rechange

Une fois qu'il est éveillé, le désir de violence entraîne certains changements corporels qui préparent les hommes au combat. Cette disposition violente a une certaine durée. Il ne faut pas voir en elle un simple réflexe qui interromprait ses effets aussitôt que le stimulus cesse d'agir. Storr remarque qu'il est plus difficile d'apaiser le désir de violence que de le déclencher, surtout dans les conditions normales de la vie en société.
On dit fréquemment la violence « irrationnelle ». Elle ne manque pourtant pas de raisons ; elle sait même en trouver de fort bonnes quand elle a envie de se déchaîner. Si bonnes, cependant, que soient ces raisons, elles ne méritent jamais qu'on les prenne au sérieux. La violence elle-même va les oublier pour peu que l'objet initialement visé demeure hors de portée et continue à la narguer. La violence inassouvie cherche et finit toujours par trouver une victime de rechange. À la créature qui excitait sa fureur, elle en substitue soudain une autre qui n'a aucun titre particulier à s'attirer les foudres du violent, sinon qu'elle est vulnérable et qu'elle passe à sa portée.
Cette aptitude à se donner des objets de rechange, beaucoup d'indices le suggèrent, n'est pas réservée à la violence humaine. Lorenz, dans *L'Agression* (Flammarion, 1968), parle d'un certain type de poisson qu'on ne peut pas priver de ses adversaires habituels, ses congénères mâles, avec lesquels il se dispute le contrôle d'un certain territoire, sans qu'il retourne ses tendances agressives contre sa propre famille et finisse par la détruire.

La Violence et le Sacré, Grasset, 1972.

Georges Sorel (français, 1847-1922)

Ingénieur de formation, théoricien du syndicalisme, de la révolution et de la nécessité de l'action violente pour répondre à la domination capitaliste. Affirme la légitimité de fédérer l'action subversive par des mythes utiles au succès — ainsi de la grève générale. A influencé Lénine aussi bien que Mussolini.

La violence, réponse à la force

L'étude de la grève politique nous conduit à mieux comprendre une distinction qu'il faut avoir toujours présente à l'esprit quand on réfléchit sur les questions sociales contemporaines. Tantôt on emploie les termes *force* et *violence* en parlant des actes de l'autorité, tantôt en parlant des actes de révolte. Il est clair que les deux cas donnent lieu à des conséquences fort différentes. Je suis d'avis qu'il y aurait grand avantage à adopter une terminologie qui ne donnerait lieu à aucune ambiguïté et qu'il faudrait réserver le terme *violence* pour la deuxième acception ; nous dirions donc que la force a pour objet d'imposer l'organisation d'un certain ordre social dans lequel une minorité gouverne, tandis que la violence tend à la destruction de cet ordre. La bourgeoisie a employé la force depuis le début des temps modernes, tandis que le prolétariat réagit maintenant contre elle et contre l'État par la violence.

Réflexions sur la violence (1908), Slatkine, 1946.

Lewis Trondheim, planche extraite de *Mildiou*, Seuil, 1994.

Croyez-vous utile de juger d'anciens nazis presque centenaires ?

Certains pensent que oui et motivent leur opinion par la croyance à la nécessité d'exercer une vengeance, de rendre ce qui a été donné ou bien de trouver une réponse équitable aux offenses ; d'autres répondent que non et supposent le temps venu d'oublier, de passer à autre chose — à leurs yeux, l'acharnement ne sert à rien, sinon à couper la France en deux moitiés qui s'opposent, se querellent et se chamaillent sans cesse ; enfin, un grand nombre n'a pas d'avis, oscille entre le désir d'une solution éthique et l'envie de résoudre d'autres problèmes, plus urgents, estimant que le temps a fait son travail et que l'histoire ne s'arrête pas à cette époque révolue.

Pourtant, la question se pose dès lors que des plaignants, anciens déportés, victimes directes, survivants, rescapés, voire familles de ces hommes et de ces femmes, recueillent assez de preuves pour demander des comptes à un ancien responsable nazi allemand, à un collaborateur français ou à un fonctionnaire du régime de Vichy, complice du *Reich* hitlérien. Quelques survivants de ce genre demeurent et parmi eux des individus ayant joué des rôles plus ou moins visibles mais nécessaires au fonctionnement de la machine à exterminer. Faut-il passer l'éponge sous prétexte que l'eau a coulé sous les ponts ?

Juger, pardonner, oublier ?

Le procès vise la réparation, l'expression de la justice entre des plaignants. Il se propose le jugement de faits en regard de textes de loi et dans le respect des règles du droit. Quiconque a commis une faute ou est supposé l'avoir commise a droit à une présomption d'innocence, une instruction, une défense, un jugement et une décision de justice : acquittement ou punition. Théoriquement, la même logique vaut pour tout le monde, qu'on soit puissant ou misérable, sans qu'on puisse suspecter les jugements d'être truqués du fait de l'identité ou de la qualité des personnages (ministres de la République ou préfets en retraite, etc.). Les anciens nazis, les anciens pétainistes, les anciens collaborateurs autant que les assassins, les criminels et autres justiciables relèvent de l'obligation de justice.

Mais il existe, en droit français, la possibilité d'une prescription : on imagine que passé un certain délai, pour un certain nombre de faits précisés dans le code civil, la justice s'éteint sans possibilité de se remettre en route. Ainsi, à sa manière, le droit précise que le temps use, fatigue le ressentiment ou polit les angles du besoin de réparation. On estime qu'avec l'écoulement des années, la nécessité de rendre justice s'amenuise sur certains cas délictueux. En revanche, il existe une clause particulière qui interdit la prescription : quand il s'agit de crimes contre l'humanité.

L'imprescriptibilité (l'impossibilité de la prescription) s'appuie sur l'idée qu'il existe, dans l'histoire, des crimes d'une nature particulièrement monstrueuse, qui ne concernent pas des individus déchaînés contre d'autres individus, mais des hommes désireux de détruire des pans entiers de l'humanité : les Juifs en l'occurrence, ou les Tziganes. Car le crime nazi suppose détestable l'essence même de ces individus coupables d'exister comme Juifs ou Tziganes sans possibilité de ne l'être plus. On ne choisit pas cette identité héritée avec la naissance. Décider que certains individus naissent coupables du fait d'avoir vu le jour comme tels, voilà qui constitue une exception dans la monstruosité. Dans le cas particulier du crime contre l'humanité, les juristes et la communauté internationale adoptent le principe de l'imprescriptibilité.

Donc, si la nécessité de juger semble acquise, peut-on envisager de pardonner ? Pour qu'il y ait pardon, il faut au moins réunir deux conditions indispensables : la première, que les bourreaux demandent pardon, qu'ils présentent nettement des excuses et manifestent ouvertement des regrets circonstanciés et motivés, sincères ; la seconde, que leurs interlocuteurs soient explicitement les offensés, pas leurs enfants, leurs familles, leurs amis, leurs descendants, non, mais eux-mêmes, en personne. Seul l'offensé direct peut pardonner. Vous ne pouvez accorder votre pardon au responsable d'un crime commis contre votre voisin...

Vladimir Jankélévitch (1903-1985), à qui l'on doit l'essentiel de cette analyse, conclut que les deux conditions ne peuvent être réunies dans le cas des nazis : la première, parce que jamais les offenseurs n'ont manifesté de repentir, à quelque degré que ce soit. Sur le principe, on n'a jamais entendu un seul individu suspecté d'avoir été un instrument du négatif le regretter. Pire, la plupart du temps, ils nient être celui qu'on juge, affirment ne pas avoir été au courant, n'avoir rien su, rien vu ou entrevu à l'époque, ils clament que personne, d'ailleurs, dans ces années-là, ne savait quoi que ce soit (dans sa chambre, recluse, Anne Frank, elle, savait dès 1942 — qu'on lise ou relise son *Journal*), qu'ils n'auraient jamais fait de mal à une mouche, qu'ils étaient de bons époux, de bons pères, de bons citoyens, qu'ils se contentaient d'obéir aux ordres, etc. Pas un n'a reconnu ses torts, manifesté de contrition, aucun ne se juge avec mépris d'avoir été un acteur du système, pas un.

Le procès de Klaus Barbie en 1987 (photographie de Marc Riboud).

La seconde raison qui rend impossible le pardon, c'est que seules les victimes pourraient accorder leurs pardons : les millions de Juifs, de communistes, de francs-maçons, de Tziganes, d'opposants, d'homosexuels, de Témoins de Jéhovah, de résistants torturés, maltraités, gazés, brûlés, eux seuls pourraient donner leur pardon et seulement à ceux qui le leur demanderaient. Or leur disparition rend le pardon définitivement impossible. Pas de pardon possible donné par des individus mandatés : on ne peut mandater un individu pour accomplir ce qu'un disparu seul aurait pu faire et aucun autre. On ne demande pas plus à quelqu'un de rêver, de manger, de vivre à notre place. Donc, en plus d'être imprescriptible, ce crime est impardonnable.

Pour mémoire

Dans ce cas de figure, quel besoin d'un procès ? À quoi bon mettre en route la justice, convoquer des tribunaux, écouter des plaignants et entendre la plaidoirie d'avocats acharnés à défendre des causes indéfendables ? Pour la mémoire, afin que l'histoire passée serve au présent et produise des effets bénéfiques et positifs sur l'histoire future. Pour extraire des leçons, tirer des conclusions, savoir se méfier des causes qui produisent toujours les mêmes effets dans l'histoire. Pour manifester une fidélité, pour ne pas oublier les morts, ne pas faire son deuil de ces millions de disparus, pour construire une vigilance.

Bien sûr, l'histoire ne se répète jamais deux fois de manière semblable. Un événement ne réapparaît pas sous la même forme, avec les mêmes hommes. Mais les conditions de production d'une monstruosité, l'enclenchement des causalités, la connaissance de généalogies singulières d'effets particuliers, tout cela permet de conclure à l'existence de lois historiques, de mécanismes semblables à ceux de la physique : lorsque l'on met en présence tels éléments on obtient telle réaction — ainsi du rôle de la misère, de la pauvreté, de l'humiliation, du ressentiment, du déshonneur, de la perte de dignité, ainsi des logiques de victimisation, d'élection d'un bouc émissaire, de la violence fondatrice, ou des aspirations au messianisme (un avenir radieux annoncé comme une promesse), tout cela travaille le réel en produisant à chaque fois des schémas relativement identiques.

La mémoire du passé rend possible une philosophie de l'histoire, une conception du monde, une lucidité sur la façon dont s'écrivent les faits, certes, mais aussi sur celle dont les hommes racontent, réduisent, pensent ou imaginent les événements. D'aucuns annoncent aujourd'hui la fin de l'histoire, des luttes et des combats millénaires qui manifestaient la résistance à l'instauration d'une vérité universelle. Selon eux, le capitalisme dans sa forme libérale et planétaire serait la vérité du mouvement de l'histoire. Nous serions, présentement, les témoins de ce triomphe sans partage. D'autres résistent à cette mondialisation, à cette fin de l'histoire annoncée sous les couleurs américaines : le combat reste d'actualité. L'histoire demeure, pas morte, en théâtre du réel. À vous d'y jouer votre rôle...

Campus universitaire à Zaria, Nigeria. Sculpture commémorant la guerre civile du Biafra de 1967 à 1970 (photographie de Bruno Barbey).

TEXTES

Vladimir Jankélévitch (français, 1903-1985)

Juif et résistant, perd une grande partie de sa famille dans les camps nazis. Décide après guerre de tirer un trait sur la musique et la philosophie allemandes. Moraliste, pense les questions du pardon, de la faute, de la culpabilité, de l'ironie, de la méchanceté. A fourni les éléments pour une réflexion sur l'imprescriptibilité en droit.

« Les crimes contre l'humanité sont imprescriptibles »

Le temps qui émousse toutes choses, le temps qui travaille à l'usure du chagrin comme il travaille à l'érosion des montagnes, le temps qui favorise le pardon et l'oubli, le temps qui console, le temps liquidateur et cicatriseur n'atténue en rien la colossale hécatombe : au contraire il ne cesse d'en aviver l'horreur. Le vote du Parlement français énonce à bon droit un principe et, en quelque sorte, une impossibilité *a priori* : les crimes contre l'humanité sont *imprescriptibles*, c'est-à-dire ne *peuvent* pas être prescrits ; le temps n'a pas de prise sur eux. [...]

Le pardon ! Mais nous ont-ils jamais demandé pardon ? C'est la détresse et c'est la déréliction du coupable qui seules donneraient un sens et une raison d'être au pardon. Quand le coupable est gras, bien nourri, prospère, enrichi par le « miracle économique », le pardon est une sinistre plaisanterie. Non, le pardon n'est pas fait pour les porcs et pour leurs truies. Le pardon est mort dans les camps de la mort. Notre horreur pour ce que l'entendement à proprement parler ne peut concevoir étoufferait la pitié dès sa naissance... si l'accusé pouvait nous faire pitié. L'accusé ne peut jouer sur tous les tableaux à la fois : reprocher aux victimes leur ressentiment, revendiquer pour soi-même le patriotisme et les bonnes intentions, prétendre au pardon. Il faudrait choisir ! Il faudrait, pour prétendre au pardon, s'avouer coupable, sans réserves ni circonstances atténuantes. [...]

En quoi les survivants ont-ils qualité pour pardonner à la place des victimes ou au nom des rescapés, de leurs parents, de leur famille ? Non, ce n'est pas à nous de pardonner pour les petits enfants que les brutes s'amusaient à supplicier. Il faudrait que les petits enfants pardonnent eux-mêmes. Alors nous nous tournons

vers les brutes, et vers les amis de ces brutes, et nous leur disons : demandez pardon vous-mêmes aux petits enfants.

L'Imprescriptible. Pardonner ? Dans l'honneur et la dignité (1971), Seuil, 1986.

Sempé, *Quelques mystiques*, Denoël, 1998.

— J'ai toujours pardonné à ceux qui m'ont offensé. Mais j'ai la liste.

Myriam Revault d'Allonnes (française)

Professeur de philosophie à l'Université, traductrice de Hannah Arendt (voir notice p. 207), et commentatrice de la pensée de Montesquieu. Analyse la question du mal en politique en regard des catastrophes du XXᵉ siècle — fascisme, nazisme, totalitarismes, Shoah, guerres, stalinisme.

« La passion du pouvoir corrompt »

Le désenchantement du monde : c'est encore trop peu de dire qu'aujourd'hui il nous accable. En matière de « chose politique », de quelque manière qu'on l'entende, les réalités ont souvent été scabreuses et il y a bien longtemps qu'on se lamente, qu'on s'indigne, qu'on proteste, qu'on condamne et qu'on résiste. Que la politique soit maléfique, qu'elle charrie avec elle tout un défilé de pratiques malfaisantes, implacables ou perverses, c'est là une plainte aussi vieille que la politique elle-même, une plainte aussi vieille que le monde. La politique est le champ des rapports de force. La passion du pouvoir corrompt. L'art de gouverner est celui de tromper les hommes. L'art d'être gouverné est celui d'apprendre la soumission, laquelle va de l'obéissance forcée à l'enchantement de la servitude volontaire. Personne n'ignore ces banalités, et pourtant elles n'en existent pas moins.

Ce que l'homme fait à l'homme, « Champs », Flammarion, 1995.

Que dites-vous en gravant « *no future* » sur vos tables ?

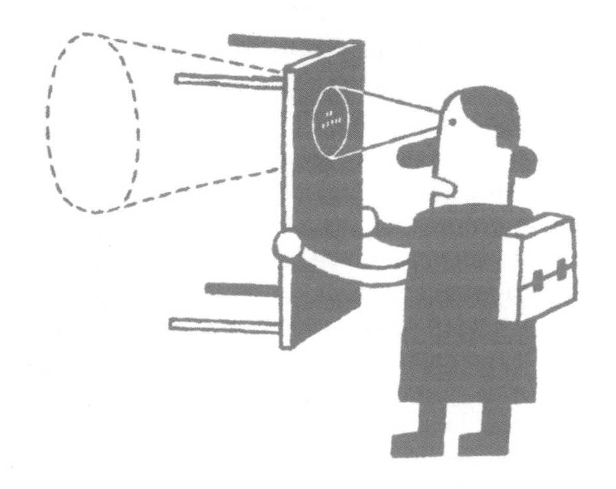

Que vous vous ennuyez en cours, que vous aimeriez être ailleurs, que vous n'avez pas grand plaisir au moment présent, et que le futur ne vous dit rien qui vaille. En fait, en gravant ce texte sur votre table (évitez, ça ne change rien, apprenez plutôt à rêver en regardant par la fenêtre ou en détaillant un morceau de peinture écaillée sur le mur...), vous illustrez — mais le savez-vous ? —, une conception nihiliste (dans laquelle le néant prime) de l'histoire, habituelle chez les penseurs pessimistes pour lesquels le réel se répète indéfiniment et recycle des réalités déjà connues, déjà vécues, sans originalité, le pire étant toujours certain ; n'attendez que la catastrophe, le réel est marqué par l'entropie (une dégradation due à la perte régulière d'énergie dans le mouvement).

D'autres, plus optimistes, croient au contraire que l'histoire réalise un plan, qu'elle a un sens et obéit à des lois précises susceptibles de découvertes et de fixation par une science. Selon eux, l'histoire a des origines, un développement, un présent, elle se dirige vers un but et tout événement contribue à la réalisation d'un sens. Le passé dont nous provenons, le réel dans lequel nous nous trouvons, le futur vers lequel nous nous dirigeons fournissent des points qui, après liaison, découvrent une ligne droite. Mieux, cette ligne droite est ascendante : elle va du moins vers le plus, du moindre vers le mieux, du simple vers l'élaboré, de la guerre vers la paix, du vice vers la vertu, du négatif vers le positif.

Au nom de Dieu

Parmi les tenants de cette croyance, on rencontre Augustin (354-430) et Thomas d'Aquin (1225-1274), la paire de saints de votre programme officiel d'auteurs, mais aussi Bossuet (1627-1704), les contre-révolutionnaires Joseph de Maistre (1753-1821), Louis de Bonald (1754-1840)... Les chrétiens sont d'une certaine manière les inventeurs de cette lecture linéaire du temps historique. Pour eux, le moteur de l'histoire, sans conteste, c'est Dieu : il veut ce qui advient, décide de tout, du moindre détail. Chaque fragment de l'histoire procède de sa volonté, même si, *a priori*, elle peut sembler imperméable ou difficile à décoder. Les voies du Seigneur sont impénétrables. Faisons-lui confiance, il sait ce qu'il veut et n'ignore pas où il va. Dieu est omnipotent (il peut tout), omniprésent (il est partout) et omniscient (il sait tout) : rien, donc, ne peut lui échapper. Trop au courant de tout, trop avisé sur tout...

Mais les guerres, les massacres, la haine, Dieu les voudrait donc aussi ? Oui, même si l'esprit humain est trop limité et borné pour comprendre ce que Dieu a derrière la tête, le négatif joue un rôle, il a son utilité. D'abord parce que le monde, comme créature d'un créateur parfait, ne peut être que parfait. Or, pour l'être, il lui faut être riche de tout. Un monde auquel il manquerait quelque chose serait incomplet, donc imparfait. En conséquence, il ne saurait être la digne créature d'un créateur parfait. Le mal a donc sa place : il montre que dans le réel, tout manifeste l'excellence de la volonté divine.

Par ailleurs, d'un mal peut provenir un bien, du négatif peut surgir le positif : et si le spectacle des misères du monde, de la misère de l'homme sans Dieu faisait désirer un autre monde, celui de Dieu ? Et si la sombre Cité Terrestre présentait l'utilité de faire paraître lumineuse la Cité Céleste ? Et si le sang versé sur terre préparait l'avènement de Dieu, son temps, son règne en remplacement de celui des hommes vraiment trop imparfaits ? N'oublions pas le péché originel : Dieu a créé l'homme libre, mais celui-ci a fait un mauvais usage de son libre-arbitre en péchant. Le mal est moins une invention de Dieu que la conséquence du choix des hommes. Dans l'histoire, le mal relève des hommes, en revanche, le salut procède de Dieu — mais hors de l'histoire des temps humains.

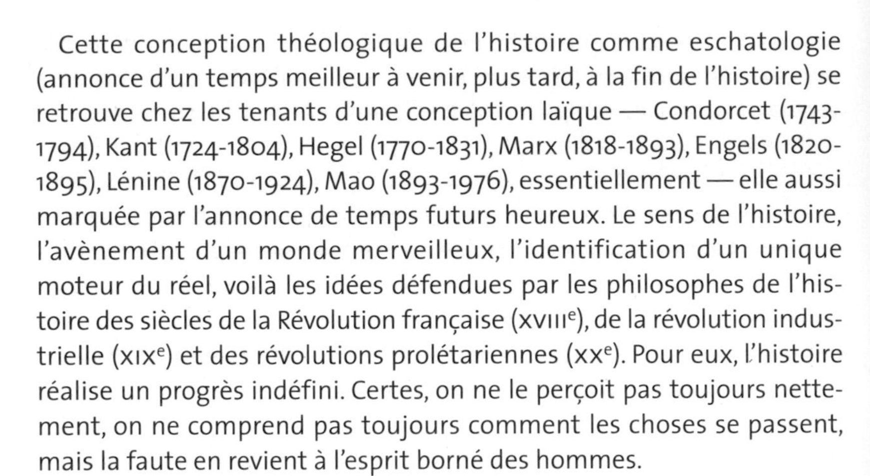

Cette conception théologique de l'histoire comme eschatologie (annonce d'un temps meilleur à venir, plus tard, à la fin de l'histoire) se retrouve chez les tenants d'une conception laïque — Condorcet (1743-1794), Kant (1724-1804), Hegel (1770-1831), Marx (1818-1893), Engels (1820-1895), Lénine (1870-1924), Mao (1893-1976), essentiellement — elle aussi marquée par l'annonce de temps futurs heureux. Le sens de l'histoire, l'avènement d'un monde merveilleux, l'identification d'un unique moteur du réel, voilà les idées défendues par les philosophes de l'histoire des siècles de la Révolution française (XVIIIe), de la révolution industrielle (XIXe) et des révolutions prolétariennes (XXe). Pour eux, l'histoire réalise un progrès indéfini. Certes, on ne le perçoit pas toujours nettement, on ne comprend pas toujours comment les choses se passent, mais la faute en revient à l'esprit borné des hommes.

On guillotine des milliers de personnes au nom des droits de l'homme pendant la Révolution française ? On déporte dans les goulags au nom du bonheur annoncé des pauvres, des classes miséreuses et exploitées ? C'est pour le progrès de l'humanité. Ce sont des péripéties sans importance au regard du mouvement général de l'histoire qui, loin de tous ces détails, conduit vers une société idéale et parfaite. Le négatif tient son rôle de moment accessoire dans un mouvement général essentiel et positif. Quelques morts ne sauraient entraver le cours idéal de l'histoire... On parle alors d'une conception dialectique de l'histoire : le sens de la totalité prime sur ce qui compose le réel dans un temps donné.

Flèche ou cercle ?

Partisans de Dieu ou de la Raison qui s'incarnent dans le réel illustrent une version optimiste de la philosophie de l'histoire. En écrivant « *no future* » sur vos tables — si vous en êtes —, vous illustrez son versant pessimiste qui, lui, suppose une conception du temps non pas en flèche ascendante, mais en cercle refermé sur lui-même. À la manière des bouddhistes qui, en Orient, croient à l'éternel retour des choses, à la répétition sans fin de l'événement une fois advenu, vous vous inscrivez dans cette lecture tragique de l'histoire : ce qui est a déjà eu lieu et ce qui a eu lieu une fois se répétera jusqu'à la fin des temps. Toujours il y a, il y a eu et il y aura des guerres, du sang, des massacres, des exploiteurs et des exploités, des dominants et des dominés, des maîtres et des esclaves, et rien ne saurait entraver ce mouvement perpétuel.

De la pierre taillée au téléphone portable, le progrès technique paraît incontestable ; de l'impuissance des hommes devant la maladie aux opérations chirurgicales assistées par ordinateur, d'une espérance de vie dérisoire dans le passé à celle des sociétés modernes, on constate une évidente amélioration des choses. Les enfants ne travaillent plus dans les mines, du moins en Occident, les femmes sont des citoyennes à part entière, on n'enchaîne plus les populations de couleur auxquelles on déniait même il y a peu le droit d'avoir une âme, les Juifs ne sont plus mis au ban de la société, leur attaque suscite les protestations du plus grand nombre, les homosexuels ne sont plus brûlés sur la place publique, mais disposent maintenant de la possibilité de contracter un PACS, l'exploitation des ouvriers a cessé d'être considérée comme normale et défendable : la pulsion de vie a gagné du terrain.

Pour autant, l'histoire n'est pas seulement travaillée par la pulsion de vie. Elle est aussi habitée par la pulsion de mort qui, elle, n'a pas reculé considérablement. Évitez d'imaginer son hypothétique disparition définitive de la planète. Soyons lucides, elle est une composante indéracinable de la nature humaine, mais elle est devenue plus visible. Freud (1856-1939) a montré qu'elle existe et anime les mouvements historiques en surface et en profondeur : on le sait, on la voit, on peut la conjurer, la refouler, lutter violemment contre elle, s'en prémunir. Les optimistes voient l'histoire comme un constant progrès ; les pessimistes comme une constante régression ; les tragiques, eux, tâchent de voir le réel comme il est : un mélange inextricable de pulsion de vie et de pulsion de mort.

Image extraite du *Septième sceau*, film d'Ingmar Bergman, 1957.

TEXTES

Emil Michel Cioran (français d'origine roumaine, 1911-1995)

Philosophe tragique, styliste de la langue française dans la tradition des moralistes du XVIIe siècle. Affiche une vision désespérée du monde en variant sur les mêmes thèmes : la chute, le désespoir, l'angoisse, le nihilisme, le dégoût, le suicide, la décomposition. Meurt dans son lit, octogénaire.

L'histoire n'a pas de sens

L'homme fait l'histoire ; à son tour l'histoire le défait. Il en est l'auteur et l'objet, l'agent et la victime. Il a cru jusqu'ici la maîtriser, il sait maintenant qu'elle lui échappe, qu'elle s'épanouit dans l'insoluble et l'intolérable : une épopée démente, dont l'aboutissement n'implique aucune idée de finalité. Comment lui assigner un but ? Si elle en avait un, elle ne l'atteindrait qu'une fois parvenue à son terme. N'en tireraient avantage que les derniers rejetons, les survivants, les *restes*, eux seuls seraient comblés, profiteurs du nombre incalculable d'efforts et de tourments qu'aura connus le passé. Vision par trop grotesque et injuste. Si on veut à tout prix que l'histoire ait un sens, qu'on le cherche dans la malédiction qui pèse sur elle, et nulle part ailleurs. L'individu isolé lui-même ne saurait en posséder un que dans la mesure où il participe de cette malédiction. Un génie malfaisant préside aux destinées de l'histoire. Elle n'a visiblement pas de but, mais elle est grevée d'une fatalité qui en tient lieu, et qui confère au devenir un simulacre de nécessité. C'est cette fatalité, et uniquement elle, qui permet de parler sans ridicule d'une logique de l'histoire, — et même d'une providence, d'une providence spéciale, il est vrai, suspecte au possible, dont les desseins sont moins impénétrables que ceux de l'autre, réputée bienfaisante, car elle fait en sorte que les civilisations dont elle régit la marche s'écartent toujours de leur direction originelle pour atteindre l'opposé de leurs visées, pour dégringoler avec une obstination et une méthode qui trahissent bien les agissements d'une puissance ténébreuse et ironique.

Écartèlement, Gallimard, 1979.

Hannah Arendt (allemande naturalisée américaine, 1906-1975)

Juive persécutée par le régime nazi, exilée aux États-Unis. Sur le terrain de la philosophie politique, elle examine en moderne les questions classiques : le pouvoir, la violence, le totalitarisme, la révolution, la démocratie, l'histoire, l'autorité, la liberté, la domination.

En cas de crime sans précédent

Un acte sans précédent peut donc constituer un précédent pour l'avenir. C'est pourquoi tout procès touchant aux « crimes contre l'humanité » doit être jugé selon des critères qui, aujourd'hui, semblent encore être des « idéaux ». Si le génocide demeure possible, alors aucun peuple au monde — et le peuple juif, en Israël ou ailleurs, moins que tout autre — ne peut être certain de survivre sans l'aide et la protection du droit international. Les mesures prises à l'encontre d'un crime sans précédent ne sont valables que si elles constituent des précédents valables permettant d'élaborer un code pénal international. [...]

Nous parviendrons peut-être à cerner le problème de plus près si nous admettons que derrière la notion d'acte d'État il y a celle de la *raison d'État*. Selon cette théorie, les actes de l'État — qui est par définition responsable de la survie d'un pays et, partant, des lois qui garantissent cette survie — ne sont pas soumis aux mêmes règles que les actes des citoyens de cet État. L'état de droit, conçu afin d'éliminer la violence et la guerre de tous contre tous, dépend pour sa survie des instruments de la violence. De même, un gouvernement peut se trouver dans l'obligation de commettre des actes qui sont généralement considérés comme des crimes afin d'assurer sa propre survie et celle de la loi. Ce sont souvent ces raisons que l'on invoque pour justifier les guerres. Mais un État peut commettre des actes criminels dans d'autres domaines que celui des relations internationales, et l'histoire des pays civilisés en connaît plus d'un exemple — l'assassinat du duc d'Enghien par Napoléon, le meurtre du dirigeant socialiste Matteotti, dont Mussolini lui-même fut probablement responsable.

À tort ou à raison — selon les cas — la raison d'État fait appel à la *nécessité*, et les crimes d'État commis en son nom (qui sont pleinement criminels en regard du système juridique en vigueur) sont considérés comme des mesures d'exception, des concessions faites aux exigences de la *Realpolitik* afin de préserver le pouvoir et, partant, l'ensemble du système juridique en vigueur. Dans un

système politico-juridique normal, ces actes constituent des exceptions à la règle et ne sont pas passibles de châtiment (ils sont *gerichtsfrei*, selon la théorie juridique allemande) parce qu'il y va de l'existence de l'État même, et qu'aucune entité politique extérieure à l'État n'a le droit de dénier à celui-ci son droit d'exister, ni de prescrire les formes que doit prendre cette existence.

Eichmann à Jérusalem. Rapport sur la banalité du mal (1963), trad. A. Guérin, Gallimard, 1991 et 1997.

Saint Augustin (romain, 354-430 ap. J.-C.)

Le plus célèbre des Pères de l'Église (un courant de pensée qui regroupe des philosophes soucieux de mettre la philosophie au service du christianisme naissant). Jeunesse consacrée aux plaisirs, puis conversion à la religion du Christ. Écrit de nombreux livres pour polémiquer contre le paganisme (les religions païennes).

Dieu est partout

Ce Dieu qui a fait l'homme animal raisonnable, composé d'âme et de corps, qui après le péché n'a laissé ni le crime sans châtiment, ni la faiblesse sans miséricorde, qui aux bons et aux méchants donne l'être avec les pierres, la vie végétative avec les plantes, la vie sensitive avec les brutes, la vie intellectuelle avec les seuls anges ; principe de toute règle, de toute beauté, de tout ordre ; principe de la mesure, du nombre et du poids, principe de toute production naturelle, quel qu'en soit le genre et le prix ; principe de la semence des formes, de la forme des semences et du mouvement des semences et des formes ; qui a créé la chair avec sa beauté, sa force, sa fécondité, la disposition, la force et l'harmonie de ses organes ; lui qui a doué l'âme irraisonnable de mémoire, de sens et d'appétit, et la raisonnable d'intelligence et de liberté ; lui qui veille sur le ciel et la terre, sur l'ange et l'homme, et ne laisse rien, pas même la structure intérieure du plus vil insecte, la plume de l'oiseau, la moindre fleur des champs, la feuille de l'arbre, sans la convenance et l'étroite union de ses parties, est-il croyable qu'il ait voulu laisser les royaumes des hommes, et leurs dominations, et leurs servitudes en dehors des lois de sa providence ?

La Cité de Dieu (420-429 ap. J.-C.), trad. L. Moreau (1864).

Art Spiegelman, planche extraite de *Maus*, Flammarion, 1987.

Condorcet (français, 1743-1794)

Mathématicien, spécialiste des questions économiques et pédagogiques. Paradoxalement, il théorise les progrès de l'esprit humain en prison, alors que les révolutionnaires le séquestrent dans le dessein de le guillotiner. Pour éviter de subir la mort, il se suicide dans sa cellule.

Pas de limites pour le progrès humain

Si l'on se borne à observer, à connaître les faits généraux et les lois constantes que présente le développement de ces facultés, dans ce qu'il a de commun aux divers individus de l'espèce humaine, cette science porte le nom de métaphysique.
Mais si l'on considère ce même développement dans ses résultats, relativement à la masse des individus qui coexistent dans le même temps sur un espace donné, et si on le suit de générations en générations, il présente alors le tableau des progrès de l'esprit humain. Ce progrès est soumis aux mêmes lois générales qui s'observent dans le développement individuel de nos facultés, puisqu'il est le résultat de ce développement, considéré en même temps dans un grand nombre d'individus réunis en société. Mais le résultat que chaque instant présente dépend de celui qu'offraient les instants précédents, et influe sur celui des temps qui doivent suivre.
Ce tableau est donc historique, puisque, assujetti à de perpétuelles variations, il sc forme par l'observation successive des sociétés humaines aux différentes époques qu'elles ont parcourues. Il doit présenter l'ordre des changements, exposer l'influence qu'exerce chaque instant sur celui qui le remplace, et montrer ainsi, dans les modifications qu'a reçues l'espèce humaine, en se renouvelant sans cesse au milieu de l'immensité des siècles, la marche qu'elle a suivie, les pas qu'elle a faits vers la vérité ou le bonheur. Ces observations, sur ce que l'homme a été, sur ce qu'il est aujourd'hui, conduiront ensuite aux moyens d'assurer et d'accélérer les nouveaux progrès que sa nature lui permet d'espérer encore.
Tel est le but de l'ouvrage que j'ai entrepris, et dont le résultat sera de montrer, par le raisonnement et par les faits, qu'il n'a été marqué aucun terme au perfectionnement des facultés humaines ; que la perfectibilité de l'homme est réellement indéfinie ; que les progrès de cette perfectibilité, désormais indépendante de toute puissance qui voudrait les arrêter, n'ont d'autre terme que la durée du globe où la nature nous a jetés.

Sans doute, ces progrès pourront suivre une marche plus ou moins rapide, mais jamais elle ne sera rétrograde ; du moins, tant que la terre occupera la même place dans le système de l'univers, et que les lois générales de ce système ne produiront sur ce globe, ni un bouleversement général, ni des changements qui ne permettraient plus à l'espèce humaine d'y conserver, d'y déployer les mêmes facultés, et d'y trouver les mêmes ressources.

Esquisse d'un tableau historique du progrès de l'esprit humain (1795).

G.W.F. Hegel (allemand, 1770-1831)

Monument d'un courant appelé l'Idéalisme allemand pour lequel le réel se définit comme ce qui est identique à l'Idée — elle même comprise comme Raison ou Dieu, ses autres noms possibles. A écrit sur l'esthétique, la politique, l'histoire, l'histoire de la philosophie et de la religion.

L'histoire réalise la Raison, donc Dieu

L'idée à laquelle la philosophie doit aboutir, c'est que le monde réel est tel qu'il doit être ; que la Volonté de la Raison, le Bien, tel qu'il est concrètement, est réellement la plus grande puissance : la puissance absolue qui se réalise. Le vrai Bien, la Raison divine universelle, est aussi la puissance capable de se réaliser. La représentation la plus concrète de ce Bien, de cette Raison, est Dieu. Ce Bien, non pas en tant que pensée générale, mais, comme force efficace, est ce que nous appelons Dieu. La perspective philosophique veut qu'aucune force ne puisse s'élever au-dessus de la Puissance du Bien, de Dieu ; qu'aucune force ne puisse lui faire obstacle ou s'affirmer indépendante ; que Dieu possède un Droit souverain ; que l'histoire ne soit rien d'autre que le Plan de sa Providence. Dieu gouverne le monde ; le contenu de son gouvernement, l'accomplissement de son plan est l'histoire universelle. Saisir ce plan, voilà la tâche de la philosophie de l'histoire, et celle-ci présuppose que l'Idéal se réalise, que seul ce qui est conforme à l'Idée est réel. À la pure lumière de cette Idée divine, laquelle n'est pas un simple idéal, s'évanouit l'apparence que le monde est un devenir insensé. La philosophie veut connaître le contenu, la réalité de l'idée divine et justifier la réalité méprisée. Car la Raison est l'intellection de l'œuvre divine.

La Raison dans l'histoire (1831), trad. K. Papaioannou, éditions 10/18, 1965.

Emmanuel Kant (allemand, 1724-1804)

Inventeur du Criticisme (critique du fonctionnement de la raison et réduction de son usage aux seuls objets d'expérimentation, le reste, bien séparé, relevant de la foi). Un livre majeur : *Critique de la raison pure* (1781). En morale, laïcise le contenu de l'enseignement des Évangiles.

Vers la perfection politique

On peut envisager l'histoire de l'espèce humaine en gros comme la réalisation d'un plan caché de la nature pour produire une constitution politique parfaite sur le plan intérieur et, *en fonction de ce but à atteindre*, également parfaite sur le plan extérieur ; c'est le seul état de choses dans lequel la nature peut développer complètement toutes les dispositions qu'elle a mises dans l'humanité.

La Philosophie de l'histoire. Idée d'une histoire universelle d'un point de vue cosmopolitique (1784), trad. S. Piobetta, Éditions Montaigne, 1947.

Courage, pensons !

Qu'est-ce que les Lumières ? *La sortie de l'homme de sa Minorité, dont il est lui-même responsable. Minorité,* c'est-à-dire incapacité de se servir de son entendement sans la direction d'autrui, minorité *dont il est lui-même responsable*, puisque la cause en réside non dans un défaut de l'entendement, mais dans un manque de décision et de courage de s'en servir sans la direction d'autrui. *Sapere aude !* Aie le courage de te servir de ton propre entendement. Voilà la devise des lumières.

La paresse et la lâcheté sont les causes qui expliquent qu'un si grand nombre d'hommes, après que la nature les a affranchis depuis longtemps d'une direction étrangère (*naturaliter maiorennes*), restent cependant volontiers, leur vie durant, mineurs, et qu'il soit si facile à d'autres de se poser en tuteurs des premiers. Il est si aisé d'être mineur ! Si j'ai un livre, qui me tient lieu d'entendement, un directeur, qui me tient lieu de conscience, un médecin, qui décide pour moi de mon régime, etc., je n'ai vraiment pas besoin de me donner de peine moi-même. Je n'ai pas besoin de penser, pourvu que je puisse payer ; d'autres se chargeront bien de ce travail ennuyeux. Que la grande majorité des hommes (y compris le sexe faible tout entier) tienne aussi pour très dangereux ce pas en avant vers leur majorité, outre que c'est une chose pénible, c'est ce à quoi s'emploient fort bien les tuteurs qui, très aimablement, ont pris sur eux d'exercer une haute direction sur l'humanité. Après avoir rendu bien sot leur bétail, et avoir soigneusement pris garde que ces paisibles créatures n'aient pas la permission d'oser faire le moindre pas hors du parc où ils les ont enfermées, ils leur montrent le danger qui les menace, si elles essaient de s'aventurer seules au dehors. Or ce danger n'est vraiment pas si grand ; car elles apprendraient bien enfin, après quelques chutes, à marcher ; mais un accident de cette sorte rend néanmoins timide, et la frayeur qui en résulte détourne ordinairement d'en refaire l'essai.

Réponse à la question : qu'est-ce que « Les Lumières » ? (1784),
trad. S. Piobetta, Éditions Montaigne, 1947.

Éternité du progrès

Voilà donc une proposition non seulement bien intentionnée et recommandable au point de vue pratique, mais aussi valable en dépit de tous les incrédules, même pour la théorie la plus sévère : le genre humain a toujours été en progrès et continuera toujours de l'être à l'avenir ; ce qui, si l'on ne considère pas seulement l'événement qui peut se produire chez un peuple quelconque, mais encore l'extension à tous les peuples de la terre, qui peu à peu pourraient y participer, ouvre une perspective à perte de vue dans le temps.

La Philosophie de l'histoire. Le conflit des facultés. (1798),
trad. S. Piobetta, Éditions Montaigne, 1947.

D'AUTRES TEXTES SUR L'HISTOIRE

Volney (français, 1757-1820)

Voyageur, homme politique, propose une éthique anti-chrétienne attentive, pour se construire, aux exigences du corps. Représente au début du XIXe siècle le courant des Idéologues qui étudie les idées dans leur rapport avec les signes qui les représentent.

Vers le fait tel qu'il a été

Pour assurer notre premier pas, examinons ce que l'on doit entendre par ce mot *histoire* : car les mots étant les signes des idées, ils ont plus d'importance qu'on ne veut croire. Ce sont des étiquettes apposées sur des boîtes qui souvent ne contiennent pas les mêmes objets pour chacun ; il est toujours sage de les ouvrir, pour s'en assurer.

Le mot *histoire* paraît avoir été employé chez les anciens dans une acception assez différente de celle des modernes : les Grecs, ses auteurs, désignaient par lui une *perquisition*, une *recherche faite avec soin*. C'est dans ce sens que l'emploie Hérodote. Chez les modernes, au contraire, le mot histoire a pris le sens de *narration*, de *récit*, même avec la prétention de la véracité : les anciens cherchaient la vérité, les modernes ont prétendu la tenir ; prétention téméraire, quand on considère combien dans les faits, surtout les faits politiques, elle est difficile à trouver. Sans doute c'était pour l'avoir senti, que les anciens avaient adopté un terme si modeste ; et c'est avec le même sentiment, que pour nous le mot histoire sera toujours synonyme à ceux de *recherche*, *examen*, *étude des faits*.

En effet, l'histoire n'est pas une véritable enquête de faits ; et ces faits ne nous parvenant que par intermédiaires, ils supposent un interrogatoire, une audition de témoins. L'historien qui a le sentiment de ses devoirs, doit se regarder comme un juge qui appelle devant lui les narrateurs et les témoins des faits, les confronte, les questionne, et tâche d'arriver à la vérité, c'est-à-dire à l'existence du fait, *tel qu'il a été*. Or, ne pouvant jamais voir le fait par lui-même ; ne pouvant en convaincre ses sens, il est incontestable qu'il ne peut jamais en acquérir de certitude au premier degré ; qu'il n'en peut juger que par analogie, et de là cette nécessité de considérer ces faits sous un double rapport : 1° sous le rapport de leur propre essence ; 2° sous le rapport de leurs témoins.

Constantin François de Chassebœuf, comte de Volney, *Leçons d'histoire*, (1795).

Eric Hobsbawm (anglais, né en 1917)

Historien qui, malgré la chute du mur de Berlin en 1989 et le discrédit des analyses marxistes, lit toujours le monde inspiré par les principes du matérialisme historique. Dans cet esprit, propose des hypothèses sur le devenir économique, politique, géo-stratégique et écologique de la planète.

Prévoir à l'aide du passé

Question : Sur la base de votre connaissance historique, voulez-vous tenter de dégager les grandes tendances du prochain millénaire, partant de sa connexion avec le XXe siècle, du lien entre passé et futur ?

Réponse : Se demander ce que l'avenir réserve fait partie de la vie comme des affaires ; dans la mesure du possible, chacun d'entre nous s'y essaie. Toutefois, prévoir le futur doit nécessairement se fonder sur la connaissance du passé. Les événements à venir sont forcément liés aux faits passés et c'est là qu'interviennent les historiens. Ceux-ci ne cherchent pas à tirer profit de leurs connaissances pour s'assurer un salaire, mais tentent de dégager les éléments significatifs du passé, de repérer les tendances et d'identifier les problèmes. Nous devons donc, avec certaines réserves, oser des prédictions, tout en étant conscients des dangers de « singer » la diseuse de bonne aventure. Nous devons comprendre que, dans une large mesure, le futur est — en principe comme en pratique — totalement imprévisible. Mais ce qu'on ne peut prévoir, ce sont des événements uniques, spécifiques, et le vrai problème pour les historiens est de comprendre à quel point ils sont ou peuvent être importants. Certains parfois seront significatifs à l'analyse, parfois non.

Les Enjeux du XXIe siècle, Complexe, 1999.

Martine Franck, Les bouddhistes (Népal, 1996).

Que peut-on savoir ?

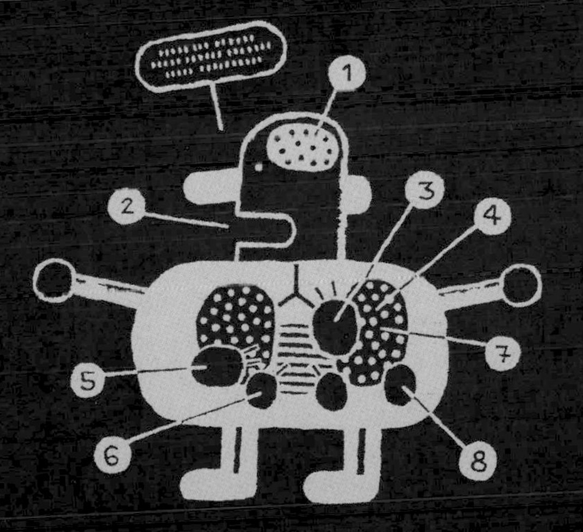

Dessin de l'illustrateur Gustaf Tenggren pour *Blanche-Neige et les Sept Nains*, Walt Disney, 1937.

7

La Conscience

La pomme, l'évanouissement et le psychanalyste

Qu'est-ce qui s'évapore quand vous perdez conscience (seul ou à deux) ?

Chacun a expérimenté, un jour ou l'autre, l'évanouissement qui fait perdre conscience. Un voile tombe devant les yeux, la pression artérielle chute, on sent son cœur battre partout dans son corps, dans les tempes, les sphincters (les muscles constricteurs des intestins), le ventre se noue, et l'on sombre dans un état qui s'apparente au sommeil — ou à la mort. (Chez les Grecs Morphée personnifie le sommeil, il est le frère de Thanatos qui, lui, signifie la mort. Tous deux sont enfants d'Hypnos, le sommeil, et de Nyx, la nuit.) Perdre conscience, c'est entrer dans le monde de la mort, du sommeil, de l'hypnose aussi.

La phénoménologie (une école philosophique spécialisée dans la description fine et minutieuse des phénomènes — Husserl (1859-1938), Sartre (1905-1980), Merleau-Ponty (1908-1961) en sont les représentants majeurs) fait de l'évanouissement la réponse de la conscience à une situation invivable, difficile à voir, à supporter, à regarder : une plaie ouverte de laquelle s'échappe du sang, un cadavre, une leçon d'anatomie dans une salle de dissection, un accident, et autres situations dans lesquelles on ne veut pas voir ce qui se passe. Sous le choc, devant la commotion, la conscience commande l'évanouissement, elle interrompt le circuit nerveux par lequel passent les informations pour constituer une perception et fabriquer une image. Faute de disparaître fondamentalement, définitivement, la situation s'efface localement, ponctuellement — avant son ressurgissement avec le retour à la conscience.

Tomber dans les pommes

De même, face à une situation psychiquement insoutenable (une violente déception, une tromperie soudain découverte, l'annonce d'un décès subit ou d'une maladie grave, etc.), le corps peut agir de la même manière et selon les mêmes principes : soustraire à la conscience (qui fabrique le réel) l'évidence d'une douleur trop forte à supporter. Pour ne pas avoir à faire face, pour éviter la collision frontale avec une information qui génère de la souffrance, la conscience anéantit, annihile (renvoie au néant) la scène, éteint la communication psychique et permet au corps de recouvrer ses esprits, son équilibre dans une sorte d'auto-hypnose, d'endormissement programmé pour récupérer ses forces, sa vitalité et ses moyens de prendre le dessus.

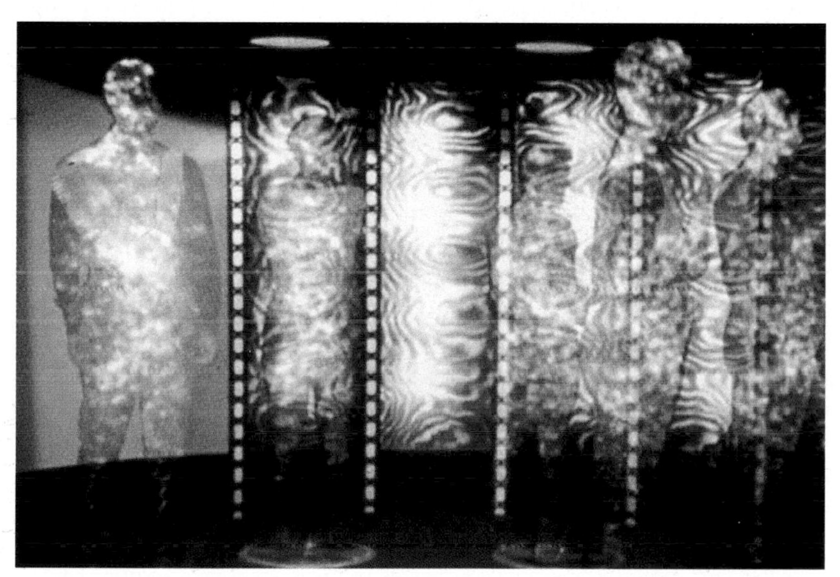

Image extraite de la série télévisée *Star Trek*.

La conscience disparue, on ne peut plus voir le monde, il cesse d'être perçu, donc possible. Là où est le réel, la conscience le produit, disent les philosophes idéalistes : il n'existe pas de réalité, de gens qui vont et viennent, de fleurs dans un vase, de paysage, de mouvements de personnes, il n'y a pas de visages et d'identités, de figures et de paroles sans la conscience qui fait advenir tout cela à l'être. Fin de la conscience, fin du monde qui est ma représentation. Or ma représentation est possible par la seule conscience qui formule le réel. Je ne vois que ce qu'elle me montre, sans elle, je ne suis plus rien. L'évanouissement, la perte de conscience, c'est l'expérimentation par un individu d'une disparition momentanée du monde — de soi dans le monde et du monde réalisé par chacun.

Le travail de la conscience suppose une dialectique (un mouvement) de l'être et du néant : là où elle braque son éclairage, elle fait surgir un objet à l'être. En revanche, tout ce qui n'est pas lui se trouve plongé dans le néant : quand je regarde un visage, je ne vois plus que lui, ma conscience me le présente à l'esprit pour construire son image. Et tout ce qui n'entre pas dans la fabrication de cette réalité recule, disparaît dans un non-être. L'environnement est néantisé (renvoyé au néant) et l'être réalisé. La conscience est toujours conscience de quelque chose, elle ne peut rester sans objet — sauf dans l'évanouissement, le sommeil ou la mort.

Autoportrait au miroir

Par ailleurs, la conscience est également la faculté de se représenter à soi-même, de se faire une image de soi. Si elle permet au monde d'être, elle autorise aussi chacun à être pour soi : je suis ce que ma conscience me permet de savoir de moi. Dans la réflexion (étymologiquement, le retour sur soi, la flexion effectuée sur soi comme objet) j'accède à la vérité de ma subjectivité : en réfléchissant, je parviens à en savoir un peu plus sur moi, à me connaître avec un peu plus de précision et d'exactitude qu'auparavant. Pas de construction de soi sans travail d'une conscience claire : l'autiste profond (une personne qui vit sans rapport au monde, coupée des autres et du réel) ne peut se constituer une image de lui, il ne peut savoir qui il est. Il est à lui-même comme un individu est à soi dans le sommeil ou dans la mort : en pleine ignorance, en toute méconnaissance de lui.

La conscience réflexive est une faculté dont l'exercice autorise le progrès dans la connaissance de soi et l'édification de sa personne, dans le dessein de devenir un individu qui veut et non une chose qui subit. D'où l'intérêt de l'examen de conscience. Ce sont les écoles de philosophie antique (stoïcisme, épicurisme plus spécifiquement) qui invitent le « candidat à la sagesse » (ou « philosophe » : littéralement, qui aime la sagesse et désire l'acquérir, ce qui le distingue du sage, parvenu à la sagesse ; l'un chemine, est en mouvement, l'autre est arrivé) à faire le point, dans le calme, sur ce qui dans sa journée le rapproche ou l'éloigne de son but.

À la fin du monde antique, dès le IIe siècle après Jésus-Christ, le christianisme s'empare de cette technique et asservit l'examen de conscience à la pratique religieuse. De la même manière que les philosophes païens de l'Antiquité, les Pères de l'Église (les philosophes penseurs de la chrétienté, dont Augustin, 354-430) proposent d'utiliser la conscience pour faire le point sur ce qui sépare l'homme qui médite et l'idéal de sagesse vertueuse fixé par l'Évangile. La conscience est au service de l'édification de soi, elle permet d'être à soi-même l'objet et le sujet de son travail. Je suis une chose, ce que je voudrais être en est une autre, ma conscience me permet de savoir ce qui sépare encore ces deux mondes. Elle rend également possible le mécontentement de soi si l'écart demeure ou semble impossible à combler.

Hors de la religion, la conscience est également l'instrument d'une pure connaissance de soi, une faculté utile à l'établissement de son propre portrait psychologique. Qui suis-je véritablement ? Quelle est mon identité ? À quoi ressemble mon authentique personnalité ? Qu'est-ce qui fait de moi un sujet singulier, distinct de la totalité des autres hommes ? La conscience est l'instrument de l'autobiographie, de la connaissance de soi à laquelle Socrate (469-399 av. J.-C.) invitait déjà dans l'Antiquité, sur le forum athénien. Elle permet l'écriture de soi pratiquée par des penseurs qui illustrent une tradition de la philosophie écrite et vécue à la première personne : Augustin (354-430), qui raconte son passé de païen amateur de femmes et de plaisirs, puis sa conversion au christianisme ; Montaigne (1533-1592), qui étudie philosophiquement sur une trentaine d'années tout ce qui lui arrive au quotidien, du menu détail (une chute de cheval, son chat qui se prélasse, un jardinier qui traverse sa propriété, une crise de goutte, etc.) au plus général (les guerres de religion, l'exercice du pouvoir, la définition de la barbarie, l'attitude à adopter devant la mort, etc.) ; Rousseau (1712-1778) qui analyse sa place dans le monde, la société, la nature, son trajet et raconte la formation de sa subjectivité d'écorché ; Nietzsche (1844-1900) qui consigne ses souffrances, ses pensées géniales, ses voyages, ses lectures, ses conceptions du monde, avant de sombrer dans la folie en 1889.

En examinant le fonctionnement de sa conscience propre, chaque philosophe de cette tradition fournit au reste de l'humanité des renseignements sur son fonctionnement général. Du particulier de leur existence, ils extraient matière à édifier l'universel, à enseigner le plus grand nombre. Ainsi, par leur fréquentation philosophique et leur exemple, on peut se connaître, savoir les déterminismes qui nous travaillent et envisager le chemin qui reste à parcourir pour faire coïncider au mieux ses désirs et la réalité.

Jean-François Sineux.

TEXTES

Jean-Paul Sartre (français, 1905-1980)

Figure cardinale de l'intellectuel de gauche au XXe siècle. Théoricien de l'existentialisme (une philosophie du choix, de l'engagement, de l'action et de la responsabilité). Épouse les errances marxistes de son temps avant, sur la fin de son existence abîmée par l'alcool et la tabagie, de se rapprocher des questions d'interprétation de la pensée juive.

L'évanouissement, une évasion

Soit par exemple la peur passive. Je vois venir vers moi une bête féroce, mes jambes se dérobent sous moi, mon cœur bat plus faiblement, je pâlis, je tombe et je m'évanouis. Rien ne semble moins adapté que cette conduite qui me livre sans défense au danger. Et pourtant c'est une conduite d'*évasion*. L'évanouissement ici est un refuge. Mais qu'on ne croie pas que ce soit un refuge *pour moi*, que je cherche à *me* sauver, à *ne plus voir* la bête féroce. Je ne suis pas sorti du plan irréfléchi : mais faute de pouvoir éviter le danger par les voies normales et les enchaînements déterministes, je l'ai nié. J'ai voulu l'anéantir. L'urgence du danger a servi de motif pour une intention annihilante qui a commandé une conduite magique. Et, par le fait, je l'ai anéanti autant qu'il était en mon pouvoir. Ce sont là les limites de mon action magique sur le monde : je peux le supprimer comme objet de conscience mais je ne le puis qu'en supprimant la conscience elle-même[1]. Qu'on ne croie point que la conduite physiologique de la peur passive soit pur désordre. Elle représente la réalisation brusque des conditions corporelles qui accompagnent ordinairement le passage de la veille au sommeil.

Esquisse d'une théorie des émotions (1939), Hermann, 1965.

1. Ou du moins en la modifiant : l'évanouissement est passage à une conscience de rêve, c'est-à-dire « irréalisante ».

Étienne de Condillac (français, 1714-1780)

Abbé qui renonce à la prêtrise pour se consacrer à la formulation d'une pensée empiriste et sensualiste soucieuse de résoudre le problème de la formation des idées, puis du fonctionnement de la connaissance, à partir de considérations sur la seule mécanique des sensations.

Parmi de multiples perceptions

Entre plusieurs perceptions dont nous avons en même temps conscience, il nous arrive souvent d'avoir plus conscience des unes que des autres, ou d'être plus vivement averti de leur existence. Plus même la conscience de quelques-unes augmente, plus celle des autres diminue. Que quelqu'un soit dans un spectacle, où une multitude d'objets paraissent se disputer ses regards, son âme sera assaillie de quantité de perceptions, dont il est constant qu'il prend connaissance ; mais peu à peu quelques-unes lui plairont et l'intéresseront davantage : il s'y livrera donc plus volontiers. Dès-là il commencera à être moins affecté par les autres : la conscience en diminuera même insensiblement, jusqu'au point que, quand il reviendra à lui, il ne se souviendra pas d'en avoir pris connaissance.

Essai sur l'origine des connaissances humaines (1746).

René Descartes (français, 1596-1650)

Rompt avec son temps qui soumettait la pensée aux impératifs de l'Église pour proposer un usage méthodique, libre et laïc de la raison. Son ouvrage majeur : le *Discours de la méthode* (1637). Sur la fin de son existence, se soucie activement d'étendre les domaines d'action de la philosophie en travaillant la médecine.

« Je pense, donc je suis »

À cause que nos sens nous trompent quelquefois, je voulus supposer qu'il n'y avait aucune chose qui fût telle qu'ils nous la font imaginer. Et parce qu'il y a des hommes qui se méprennent en raisonnant, même touchant les plus simples matières de géométrie, et y font des paralogismes, jugeant que j'étais sujet à faillir, autant qu'aucun autre, je rejetai comme fausses toutes les raisons que j'avais prises auparavant pour démonstrations. Et enfin, considérant que toutes les mêmes pensées, que nous avons étant éveillés, nous peuvent aussi venir quand nous dormons, sans qu'il y en ait aucune, pour lors, qui soit vraie, je me résolus de feindre que toutes les choses qui m'étaient jamais entrées en l'esprit, n'étaient non plus vraies que les illusions de mes songes. Mais, aussitôt après, je pris garde que, pendant que je voulais ainsi penser que tout était faux, il fallait nécessairement que moi, qui le pensais, fusse quelque chose. Et remarquant que cette vérité : *je pense, donc je suis*, était si ferme et si assurée, que toutes les plus extravagante suppositions des sceptiques n'étaient pas capables de l'ébranler, je jugeai que je pouvais la recevoir, sans scrupule, pour le premier principe de la philosophie, que je cherchais.

Discours de la méthode (1637), IV.

Pourquoi la pomme d'Adam vous reste-t-elle en travers de la gorge ?

Parce que la culpabilité a été entretenue par le christianisme et qu'elle vous rend souvent la vie impossible, à vous et à la plupart des hommes. Car l'écart existe toujours entre la réalité de soi et ce que Freud (1856-1939) appelle l'idéal du Moi, ce que l'on se propose d'être dans l'absolu. Entre vos désirs et la réalité existe un profond fossé. Si l'on a placé la barre très haut, ça n'est plus un fossé, c'est un abîme. Dans ce gouffre, on risque de perdre pied, de sombrer corps et âme. La conscience malheureuse naît du constat de la distance mesurable entre notre réalité existentielle quotidienne et notre aspiration à une vie magnifique.

Pour éviter la souffrance, la peine d'avoir à constater l'étendue de cet écart, les hommes ont inventé le déni, l'art de se prendre pour ce qu'ils ne sont pas. Ils refusent de faire fonctionner leur conscience avec lucidité. On parle du bovarysme (d'après *Madame Bovary*, de Flaubert) pour qualifier ce drôle de talent déployé par les hommes dans le dessein de s'imaginer autres que ce qu'ils sont. Au lieu de consentir à l'évidence d'une existence sans relief, sans joie, sans bonheur, sans plaisir, les individualités bovaryques se construisent une personnalité de substitution. Elles prennent, pour le dire dans un langage commun, leurs désirs pour la réalité.

Le christianisme s'empare de ce mécontentement de soi douloureux et appuie sur ce foyer d'infection existentiel : il insiste sur la nature médiocre de l'homme marqué par le péché originel, rappelle que la vie est une expiation, une vallée de larmes, force à accepter cette souffrance en relation avec la faute des origines — avoir préféré le savoir à l'obéissance, la raison à la foi. La culpabilité et la mauvaise conscience naissent de cet événement : parce que l'humanité a péché, elle connaît la douleur d'avoir commis la faute.

Inutilité de la haine de soi

Des philosophes laïques, Kant (1724-1804) en particulier, reprennent cette idée chrétienne et y souscrivent : l'homme étant fait d'un bois courbe, il est impossible de tailler en lui un bâton droit. On ne peut rien espérer de parfait avec un matériau de base impropre à la perfection. Enseigner que les hommes sont pécheurs, ou marqués par le mal radical, justifie l'abîme entre le réel peccamineux (marqué par le péché) et l'idéal de pureté. Quiconque a conscience de ce grand écart connaît l'angoisse, la crainte, le tremblement, la peur, le mécontentement, la haine de soi, le mépris de la vie et de son corps. Dans la logique chrétienne, les hommes sont et resteront coupables tant qu'ils erreront sur cette terre, il n'existe aucun moyen d'échapper à ce destin tragique, sinon momentanément en vivant conformément aux principes énoncés par les Évangiles.

Conscience malheureuse et réponse bovaryque, péché originel et mal radical, puis refuge dans le déni ou le mépris de soi, ces logiques de fuite ne paraissent pas joyeuses. Cette théorie génère un malaise dans la civilisation. La conscience mécontente de soi produit comme un poison une dose mortelle de pulsion de mort retournée contre soi ou dirigée contre autrui. La haine du monde, des autres et de soi procède de la mauvaise conscience et du sentiment de péché originel incarné au plus profond de la chair. La violence découle de cette négativité entretenue et transmise par la culture religieuse appuyée par la tradition morale.

La mauvaise conscience associée à un sentiment aigu de culpabilité produit chez ses victimes (pourvu qu'elles soient fragiles, de constitutions psychique faible), des effets dévastateurs. Une mauvaise image de soi, une dépréciation de soi, un travail négatif de la conscience sur l'idée qu'on a de soi, et le risque augmente de comportements suicidaires ou mortifères, agressifs ou destructeurs. L'idéal du Moi impose

sa loi et fait vivre la conscience dans un état de soumission et de sujétion perpétuelle. La pression sociale, en développant la mauvaise conscience d'un individu, peut tuer toutes ses potentialités dans l'œuf et le plonger dans une dépression psychique considérable.

La forte tendance adolescente au suicide procède de cette logique : une pression sociale importante (momentanée mais vécue comme interminable), l'impossibilité de se faire une place dans un monde violent, brutal, le poids des attentes sociales, familiales, parentales, scolaires, tout cela mine le tempérament et le caractère. La conscience ploie sous ce fardeau trop lourd à porter. On se déprécie, on attaque son corps en le surchargeant de nourriture ou en le privant d'alimentation, on oscille alors entre boulimie névrotique et anorexie mentale. Obésité et maigreur excessive expriment l'incapacité d'un être à trouver son juste poids, sa juste place dans le monde. La conscience erre entre les impératifs qui pleuvent de toute part, la culpabilité travaille l'âme et les idées noires envahissent le quotidien.

Recracher la pomme d'Adam !

On gagne alors à lutter contre la mauvaise conscience en faisant la part des choses : il n'y a pas de péché originel, il faut se fixer des idéaux atteignables, il ne sert à rien de se proposer des objectifs inaccessibles, il n'est d'aucune utilité de prendre en charge le désir et la volonté de ses parents, de réussir là où ils ont échoué et de vouloir parvenir aux sommets là où eux-mêmes ont accumulé les défaites. La conscience d'autrui ne saurait servir de modèle à mon existence : vous n'êtes pas tenus de laisser opérer, sur le principe des vases communicants, la pression sociale qui se sert de la mauvaise conscience, du péché et de la culpabilité pour asseoir son empire sur vous.

Entre l'absence de conscience propre au délinquant, au criminel, et la conscience pesante, on trouve la juste mesure dans une éthique créatrice des valeurs permettant d'éviter autant la brutalité des relations que l'autisme dans les rapports à autrui. La mauvaise conscience peut également jouer un rôle positif. Notamment quand elle permet à chacun d'expérimenter du remords, du repentir utiles pour réaliser un authentique examen de conscience à l'issue duquel on prend la mesure de ses forces et de ses limites dans l'action. La conscience devient alors un instrument de mesure pour établir de bons rapports avec soi, le monde et les autres.

Dans le jugement moral, dans la fabrication des vertus, dans l'exercice du bien et du juste, dans la connaissance du mal et du vice, la conscience opère à la manière d'un instrument qui sépare le bon grain et l'ivraie (les mauvaises herbes). Dans l'action, on manque de recul sur l'événement. Seul le travail de la conscience permet de voir à quoi une action a réellement ressemblé. Entre soi et soi peut s'exercer un jugement à l'aide duquel on progresse sur le terrain moral. Devant le péché, pour le dire comme les chrétiens, ou face à la faute, à l'erreur, au manquement, à l'incivilité, la mauvaise conscience rétablit le balancier et réinstalle le sujet dans une bonne position éthique. Une fois prochaine, l'action s'effectuera en meilleure adéquation avec l'idéal du moi. Le réel et le modèle se rapprochent, l'écart diminue et le besoin de recourir aux mensonges bovaryques ou au déni disparaît.

Vous gagnerez donc à utiliser la conscience comme un instrument de construction de vous plutôt que comme un outil de destruction. Plutôt un ciseau d'artiste pour sculpter votre existence qu'un genre d'arme dirigée contre le réel ou retournée contre vous. Se libérer de la mauvaise conscience, du sentiment de péché, des illusions et des mensonges qu'on se fabrique pour tâcher de mieux se supporter permet d'envisager une existence radieuse et solaire, joyeuse et sans complexe dans laquelle autrui est un partenaire et un complice plutôt qu'une victime faisant les frais du mécontentement dû à votre difficulté à exister. Libérez votre conscience de la négativité, réservez son usage à la construction d'une éthique positive de réalisation de soi : seul un être bien dans sa peau peut entretenir un rapport léger avec le monde. Recrachez au plus vite la pomme d'Adam qui, en travers de votre gorge, vous empêche de respirer...

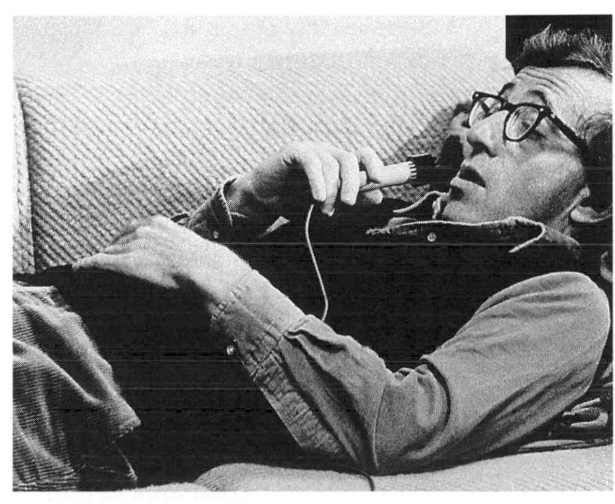
Woody Allen dans *Manhattan*, 1979.

TEXTES

La Genèse

L'un des très nombreux livres de la *Bible*, elle même constituée d'un *Ancien Testament*, regroupant des écrits antérieurs au Christ, et d'un *Nouveau Testament*, présentant des textes postérieurs à la crucifixion de Jésus, dont les *Évangiles*. La *Genèse* propose la version chrétienne de la création du monde.

Nus dans un jardin

L'homme et la femme étaient tous deux nus, et ils n'en avaient point honte. Le serpent était le plus rusé de tous les animaux des champs, que l'Éternel Dieu avait faits. Il dit à la femme : Dieu a-t-il réellement dit : Vous ne mangerez pas de tous les arbres du jardin ? La femme répondit au serpent : Nous mangeons du fruit des arbres du jardin. Mais quant au fruit de l'arbre qui est au milieu du jardin, Dieu a dit : Vous n'en mangerez point et vous n'y toucherez point, de peur que vous ne mouriez. Alors le serpent dit à la femme : Vous ne mourrez point ; mais Dieu sait que, le jour où vous en mangerez, vos yeux s'ouvriront, et que vous serez comme des dieux, connaissant le bien et le mal.

La femme vit que l'arbre était bon à manger et agréable à la vue, et qu'il était précieux pour ouvrir l'intelligence ; elle prit de son fruit, et en mangea ; elle en donna aussi à son mari, qui était auprès d'elle, et il en mangea.

Les yeux de l'un et de l'autre s'ouvrirent. Ils connurent qu'ils étaient nus, et ayant cousu des feuilles de figuier, ils s'en firent des ceintures. Alors ils entendirent la voix de l'Éternel Dieu, qui parcourait le jardin vers le soir, et l'homme et sa femme se cachèrent loin de la face de l'Éternel Dieu, au milieu des arbres du jardin.

Mais l'Éternel Dieu appela l'homme et lui dit : Où es-tu ? Il répondit : J'ai entendu ta voix dans le jardin, et j'ai eu peur, parce que je suis nu, et je me suis caché. Et l'Éternel Dieu dit : Qui t'a appris que tu es nu ? Est-ce que tu as mangé de l'arbre dont je t'avais défendu de manger ? L'homme répondit : La femme que tu as mise auprès de moi m'a donné de l'arbre, et j'en ai mangé. Et l'Éternel Dieu dit à la femme : Pourquoi as-tu fait cela ? La femme répondit : Le serpent m'a séduite, et j'en ai mangé.

L'Éternel Dieu dit au serpent : Puisque tu as fait cela, tu seras maudit entre tout le bétail et entre tous les animaux des champs, tu marcheras sur ton ventre, et tu mangeras de la poussière tous les jours de ta vie. Je mettrai inimitié entre toi et la femme, entre ta postérité et sa postérité : celle-ci t'écrasera la tête, et tu lui blesseras le talon. Il dit à la femme : J'augmenterai la souffrance de tes grossesses, tu enfanteras avec douleur, et tes désirs se porteront vers ton mari, mais il dominera sur toi. Il dit à l'homme : Puisque tu as écouté la voix de ta femme, et que tu as mangé de l'arbre au sujet duquel je t'avais donné cet ordre : Tu n'en mangeras point ! le sol sera maudit à cause de toi. C'est à force de peine que tu en tireras ta nourriture tous les jours de ta vie, il te produira des épines et des ronces, et tu mangeras de l'herbe des champs. C'est à la sueur de ton visage que tu mangeras du pain, jusqu'à ce que tu retournes dans la terre, d'où tu as été pris, car tu es poussière, et tu retourneras dans la poussière.

Adam donna à sa femme le nom d'Ève : car elle a été la mère de tous les vivants.

L'Éternel Dieu fit à Adam et à sa femme des habits de peau, et il les en revêtit.

L'Éternel Dieu dit : Voici, l'homme est devenu comme l'un de nous, pour la connaissance du bien et du mal. Empêchons-le maintenant d'avancer sa main, de prendre de l'arbre de vie, d'en manger, et de vivre éternellement. Et l'Éternel Dieu le chassa du jardin d'Éden.

Genèse, 1, 2, 3, trad. Segond.

Vladimir Jankélévitch (français, 1903-1985)

Juif et résistant, perd une grande partie de sa famille dans les camps nazis. Décide après guerre de tirer un trait sur la musique et la philosophie allemandes. Moraliste, pense les questions du pardon, de la faute, de la culpabilité, de l'ironie, de la méchanceté. A fourni les éléments pour une réflexion sur l'imprescriptibilité en droit.

La voix de la conscience

La conscience morale n'est pas une chose particulière dans l'esprit comme la couleur bleue, l'association des idées ou l'amour des femmes. La conscience morale n'*existe* pas. Mais nous découvrons notre conscience-propre le jour où certaines actions qui sont légales, ou indifférentes, ou même impeccables, ou permises par la police, nous inspirent un dégoût insurmontable : alors une voix, comme, disent les théologiens, *remurmure* en nous contre l'éventualité honteuse. La conscience n'est rien en dehors des sentiments cruels qui la manifestent. Pourtant la conscience n'est pas cette douleur déterminée, cette crise morale : bien au contraire c'est elle qui explique les crises intermittentes du consciencieux, comme c'est la tendance amoureuse qui explique les émotions, les plaisirs et les extases de l'amant.

La Mauvaise Conscience, Aubier, 1966.

Charles de Saint-Évremond (français, 1616-1703)

Militaire, penseur libertin (au sens d'esprit indépendant et affranchi), soucieux de mettre tout son talent dans la réalisation d'une vie voluptueuse consacrée à la pensée, l'écriture, l'amitié, la lecture, la table et la conversation. Passe l'essentiel de sa vie exilé en Angleterre.

Impossible de savoir qui l'on est

Je sais que votre occupation est importante, et sérieuse : vous voulez savoir ce que vous êtes, et ce que vous serez un jour quand vous cesserez d'être ici. Mais dites-moi, je vous prie : vous peut-il tomber dans l'Esprit que ces Philosophes, dont vous lisez les Écrits avec tant de soin, aient trouvé ce que vous cherchez ? Ils l'ont cherché comme vous, Monsieur, et ils l'ont cherché vainement. Votre curiosité a été de tous les Siècles, aussi bien que vos réflexions, et l'incertitude de vos connaissances. Le plus Dévôt ne

peut venir à bout de croire toujours, ni le plus Impie de ne croire jamais ; et c'est un des malheurs de notre Vie, de ne pouvoir naturellement nous assurer s'il y en a une autre, ou s'il n'y en a point. L'Auteur de la Nature n'a pas voulu que nous pussions bien connaître ce que nous sommes ; et parmi des désirs trop curieux de savoir tout, il nous a réduits à la nécessité de nous ignorer nous-mêmes. Il anime les ressorts de notre Âme, mais il nous cache le secret admirable qui les fait mouvoir ; et ce savant Ouvrier se réserve à lui seul l'Intelligence de son Ouvrage. Il nous a mis au milieu d'une infinité d'objets avec des sens capables d'en être touchés ; il nous a donné un Esprit qui fait des efforts continuels pour les connaître. Les Cieux, le Soleil, les Astres, les Éléments, toute la Nature, Celui-même dont elle dépend : tout est assujetti à sa spéculation, s'il ne l'est pas à sa connaissance. Mais avons-nous les moindres douleurs ? Nos belles spéculations s'évanouissent. Sommes-nous en danger de mourir ? Il y a peu de Gens qui ne donnassent les avantages et les prétentions de l'Esprit, pour conserver cette partie basse et grossière, ce Corps terrestre, dont les spéculatifs font si peu de cas.

Œuvres en prose (1705).

Fernando Pessoa (portugais, 1888-1935)

Poète, dramaturge, penseur devenu gloire nationale au Portugal, mais aussi obscur correspondant commercial pour assurer le quotidien, n'ayant presque rien publié de son vivant. Obsédé par la question de l'identité. A écrit sous quarante-trois noms différents — ses hétéronymes.

« Cette lassitude d'avoir été contraint de vivre »

Je suis à peu près convaincu de n'être jamais réveillé. J'ignore si je ne rêve pas quand je vis, ni si je ne vis pas quand je rêve, ni si le rêve et la vie ne sont pas en moi des choses mêlées, intersectionnées, dont mon être conscient se formerait par interpénétration. Parfois, plongé dans la vie active, qui me donne comme à tout le monde, une claire vision de moi-même, je sens m'effleurer cependant une étrange sensation de doute ; je ne sais plus si j'existe, je sens que je pourrais être le rêve de quelqu'un d'autre ; il me semble, presque physiquement, que je pourrais être un personnage de roman se mouvant, au gré des longues vagues du style, dans la vérité toute faite d'un vaste récit.

J'ai remarqué, bien souvent, que certains personnages de roman prennent à nos yeux un relief que ne posséderont jamais nos amis ou nos connaissances, tous ceux qui nous parlent et nous écoutent, dans la vie réelle et bien visible. Et j'en viens à rêver à cette question, à me demander si tout n'est pas, dans la totalité de ce monde, une série imbriquée de rêves et de romans, comme de petites boîtes placées dans d'autres plus grandes, et celles-ci à leur tour contenues dans d'autres boîtes encore — tout serait comme dans les *Mille et Une Nuits*, une histoire recelant d'autres histoires, et se déroulant, mensongère, dans la nuit éternelle.
Si je pense, tout me paraît absurde ; si je sens, tout me paraît étrange ; si je veux, ce qui veut est quelque chose d'étranger au fond de moi. Chaque fois qu'une action se produit en moi, je m'aperçois que ce n'était pas moi qui étais en jeu. Si je rêve, il me semble être écrit par quelqu'un d'autre. Si je sens, j'ai l'impression qu'on me peint ; si je veux, j'ai l'impression d'être placé dans un véhicule comme une marchandise qu'on expédie, et de me déplacer, par un mouvement que je crois volontaire, vers un endroit où je n'ai réellement voulu aller qu'après y être parvenu.
Que tout est donc confus ! Voir vaut tellement mieux que penser, et lire tellement mieux qu'écrire ! Ce que je vois peut m'induire en erreur, mais ne fait pas pour autant partie de moi. Ce que je lis peut me déplaire, mais je n'ai pas à regretter de l'avoir écrit. Comme tout devient douloureux dès lors que nous le pensons avec la pleine conscience de penser, en tant qu'êtres spirituels connaissant ce second dédoublement de la conscience, grâce auquel nous savons que nous savons ! Bien qu'il fasse une journée splendide, je ne peux m'empêcher de penser tout cela… Penser, ou sentir, ou quelle troisième chose gisant parmi les décors laissés à l'écart ? Ennui des crépuscules, des tenues négligées, des éventails refermés, et cette lassitude d'avoir été contraint de vivre…

Le Livre de l'intranquillité (1913-1935), trad. F. Laye, tome III, Christian Bourgois, 1992.

Jean-Jacques Rousseau (suisse, 1712-1778)

Misanthrope, idéalise la nature et rêve d'un temps où les hommes vivaient hypothétiquement en harmonie avec le monde. Afin de retrouver cet état de félicité disparue, propose une théorie politique dans un livre — *Du contrat social* (1762) — qui produit des effets considérables pendant la Révolution française.

Tout dire pour tout savoir de soi ?

Je forme une entreprise qui n'eut jamais d'exemple, et dont l'exécution n'aura point d'imitateur. Je veux montrer à mes semblables un homme dans toute la vérité de la nature ; et cet homme, ce sera moi.

Moi seul. Je sens mon cœur et je connais les hommes. Je ne suis fait comme aucun de ceux que j'ai vus ; j'ose croire n'être fait comme aucun de ceux qui existent. Si je ne vaux pas mieux, au moins je suis autre. Si la nature a bien ou mal fait de briser le moule dans lequel elle m'a jeté, c'est ce dont on ne peut juger qu'après m'avoir lu.

Que la trompette du jugement dernier sonne quand elle voudra ; je viendrai ce livre à la main me présenter devant le souverain juge. Je dirai hautement : voilà ce que j'ai fait, ce que j'ai pensé, ce que je fus. J'ai dit le bien et le mal avec la même franchise. Je n'ai rien tu de mauvais, rien ajouté de bon, et s'il m'est arrivé d'employer quelque ornement indifférent, ce n'a jamais été que pour remplir un vide occasionné par mon défaut de mémoire ; j'ai pu supposer vrai ce que je savais avoir pu l'être, jamais ce que je savais être faux. Je me suis montré tel que je fus, méprisable et vil quand je l'ai été, bon, généreux, sublime, quand je l'ai été : j'ai dévoilé mon intérieur tel que tu l'as vu toi-même. Être éternel, rassemble autour de moi l'innombrable foule de mes semblables : qu'ils écoutent mes confessions, qu'ils gémissent de mes indignités, qu'ils rougissent de mes misères. Que chacun d'eux découvre à son tour son cœur aux pieds de ton trône avec la même sincérité ; et puis qu'un seul te dise, s'il l'ose : *je fus meilleur que cet homme-là.*

Confessions (1781-1788), Livre I.

Que cherchiez-vous dans le lit de vos parents à six ou sept ans ?

Vous ne vous en souvenez peut-être pas parce que ces choses-là se refoulent au plus tôt, mais vous cherchiez ceci : vous, les garçons, à coucher avec votre mère, à en faire votre épouse et votre femme et, en conséquence, à supprimer réellement ou symboliquement votre père, un rival dans le lit en question ; quant à vous, les filles, vous désiriez la même chose, avec votre père : envie d'en faire votre mari, votre époux, puis considération de votre mère comme une gêneuse dont votre inconscient a souhaité la disparition, réelle ou symbolique. Pas de panique, nous logeons tous à la même enseigne et avons tous connu ce moment-là dans notre existence.

Tous nous avons été dans la peau de cet enfant et nous avons traversé ce cap qu'on appelle le complexe d'Œdipe, avec plus ou moins de bonheur. Certains s'en sont bien sortis et vivent une existence sensuelle et sexuelle relativement équilibrée, en revanche, d'autres n'ont pas eu cette chance et subissent un quotidien d'errance, de troubles et d'incertitudes sur le terrain affectif et amoureux. Car soit le parent du sexe opposé s'est clairement manifesté contre ce projet œdipien, sans haine ni violence, sans traumatisme ni agressivité et, pour vous, les choses sont au mieux ; soit il ne l'a pas fait assez nettement en vous laissant croire que votre désir pourrait se réaliser un jour, et le malaise a commencé.

Trop embrasser bébé fait bobo

Car les parents doivent apprendre des règles à leurs enfants. Notamment la prohibition de l'inceste, l'interdiction des relations sexuelles entre individus du même sang. On distingue l'exogamie (on enseigne que les maris et les femmes se cherchent et se trouvent hors de la famille) et l'endogamie (le partenaire, en revanche, se prélève dans le cercle familial), dont l'interdiction est au fondement de toutes les sociétés. L'identité sexuelle de chacun se constitue par la volonté des parents : s'ils interdisent nettement l'inceste, vous pouvez mener votre vie sexuelle et sensuelle sans heurt en dehors du cercle consanguin.

En revanche, s'ils tolèrent des câlins appuyés à des âges tardifs, s'ils refusent de mettre le désir enfantin à distance et en jouissent, s'ils laissent croire à l'enfant qu'il peut remplacer l'adulte manquant (parce qu'il est en déplacement, absent pour cause de séparation, de divorce, de décès, ou pour satisfaire une affectivité que la vie de couple ne permet pas d'obtenir), alors son destin sera déterminé, ses choix hétérosexuels fragiles, difficilement viables, pénibles à assumer, intranquilles, et se manifesteront des aspirations ou penchants pour d'autres sexualités, dont l'homosexualité. Si l'on ne naît pas ce que l'on est sexuellement mais qu'on le devient, c'est en partie dans la relation au parent du sexe opposé, dès les premières années, que l'essentiel de ces tendances se décide.

Au début du XXe siècle, Sigmund Freud (1856-1939) invente la psychalanyse à laquelle on doit toutes ces découvertes qui révolutionnent la pensée et modifient depuis le cours du monde et le rapport entre les humains. Avec cette nouvelle discipline, les pleins pouvoirs de la conscience disparaissent : elle régresse et devient une peau de chagrin, une portion congrue. Simultanément, l'inconscient prend une place déterminante. Un être est moins le résultat d'une volonté rationnelle et d'une conscience claire sur ses choix, libre, capable de s'autodéterminer, que le produit du puissant déterminisme de l'inconscient.

Avant même de connaître le complexe d'Œdipe, l'enfant est un être sexué. L'idée choque à l'époque de Freud, on sait depuis que non content d'avoir raison, le penseur autrichien s'est fait déborder par les ethnologues qui confirment l'existence d'une sexualité des enfants, mais en la faisant remonter beaucoup plus tôt : dès le ventre maternel, quand le système nerveux est assez développé. On sait que l'imprégnation fœtale (ce qui se passe dans le ventre de la mère et crée des habitudes) contribue à fabriquer des tendances, des comportements, à décider des grandes lignes d'un tempérament. Avec la naissance, dont un autre psychanalyste — Otto Rank (1884-1939) — dit qu'elle est un traumatisme (passage d'un état chaud, humide, doux, silencieux, idéal, liquide à la clarté brutale du jour de la salle d'opération bruyante et accusant vingt degrés de moins, d'où un désir permanent de retrouver cet état idéal par des comportements régressifs), l'enfant entame un périple vers son devenir d' adulte.

Carmen's second birthday party (photographie de Nan Goldin, Berlin, 1991).

Au départ, de la naissance au sevrage, il passe par le stade oral. Sa sexualité, détournée de la procréation, se concentre sur des zones singulières de son corps : boire, manger, absorber par la bouche, d'où sa passion à sucer son pouce, ou ce qui passe à sa portée par exemple ; ensuite, son plaisir se fixe sur la zone anale. Les besoins ne sont plus la nourriture et l'ingestion, mais la digestion et la déjection. Les opérations de maîtrise des sphincters s'associent au plaisir, soit de donner, soit de retenir, d'offrir ou de garder pour soi ; entre un et trois ans, nouvelle étape : le stade sadique-anal qui associe les satisfactions anales et la jubilation dans la douleur infligée ; puis le stade phallique, contemporain du complexe d'Œdipe. Il se caractérise par la concentration du plaisir sur le pénis (pour les garçons) — le sexe devient une zone érogène (susceptible d'érotisation, de plaisir spécifique).

Et vogue la galère. Après avoir franchi tous ces passages, l'enfant accède à une sexualité de type classique, même si elle est indépendante de la génitalité à laquelle les parents ne consentent pour leur enfant que très tard (quand ils ne la refusent pas purement et simplement en prenant prétexte d'un gendre ou d'une bru moins parfaits que l'idéal espéré. Ce comportement masque bien évidemment l'incapacité des parents à accepter l'autonomie sexuelle de leur progéniture).

De sorte qu'au fur et à mesure de cette évolution au travers des stades, certains parents peuvent provoquer des traumatismes liés aux organes du stade en question et fabriquer des destins particuliers : buveurs, fumeurs, parleurs, chanteurs, orateurs, stomatologues (médecins spécialistes de la bouche), cantatrices, avocats, et autres métiers ou activités liés à cette partie du corps ; collectionneurs, banquiers, avares, militaires passionnés par l'ordre, proctologues (médecins spécialisés dans les extrémités du tube digestif), sodomites exclusifs pour la zone anale, etc. À chaque stade correspond une gamme de comportements associés qui résultent non pas du choix de la conscience (on ne choisit pas de devenir ceci plutôt que cela, on est choisi par l'inconscient qui nous détermine), mais de la puissance de l'inconscient.

Le divin divan du devin

Où est-il, cet inconscient qui met à mort la conscience ? Est-on même sûr qu'il existe, demandent les détracteurs de la psychanalyse ? On ne l'a localisé nulle part dans le corps, alors ? Freud l'affirme : l'inconscient est psychique, donc pas physique, nulle part localisé, certes, mais partout dans le corps et le système nerveux. Si l'on ne voit pas plus l'inconscient que le vent, du moins constate-t-on leurs existences respectives par leurs effets : le vent par les feuilles qui tourbillonnent et les arbres qui ploient, l'inconscient par le rêve, les actes manqués, les lapsus, les oublis des noms propres et tout ce qui relève de la psychopathologie de la vie quotidienne (les petits accidents et incidents qui émaillent la vie courante).

Le rêve, par exemple, permet de réaliser dans le sommeil ce qu'il n'a pas été possible de concrétiser à l'état de veille à cause des convenances sociales, des interdits, des lois, des tabous, de la religion : il est la voie royale qui mène à l'inconscient. Ce qui paraît insensé, confus, ridicule est en fait travesti, modifié et crypté : la psychanalyse permet d'en donner la clé. De même pour le lapsus (un mot mis à la place d'un autre et découvert une fois l'erreur commise), l'acte manqué (on perd ses clés, on se prend les doigts dans une porte, etc.), l'oubli des noms propres ou des substantifs (on l'a sur le bout de la langue, mais il ne sort pas...) : tous ces signes prouvent que l'inconscient force parfois le barrage de la censure et parvient sous forme de messages endommagés à la conscience qui les met au jour par bribes.

La psychanalyse relègue la conscience au placard, elle démontre les pleins pouvoirs de l'inconscient dans la construction d'une personnalité. Quand chez une personne apparaissent de la douleur, de la souffrance, des troubles, des symptômes impossibles à soigner par la médecine classique, la cure psychanalytique permet, à partir d'un échange de paroles sur un divan et selon un rituel très spécifique mis en scène par un psychanalyste, de mettre au jour les refoulements, les tensions et l'origine de certains comportements insupportables au quotidien. Et de rendre un peu de paix aux consciences anciennement blessées.

Le cabinet de Sigmund Freud (1856-1939) et son divan, à Londres en 1938-1939.

TEXTES

Sigmund Freud (autrichien, 1856-1939)

Médecin de formation, Juif persécuté par le régime nazi, exilé à Londres. Invente la psychanalyse (une théorie explicative de la subjectivité à partir de l'inconscient et de ses effets en même temps qu'une pratique de la guérison des souffrances psychiques).

Le complexe d'Œdipe

Dans sa forme simplifiée, le cas de l'enfant mâle se présente ainsi : tout au début, il développe un investissement d'objet à l'égard de la mère, qui prend son point de départ dans le sein maternel et représente le modèle exemplaire d'un choix d'objet selon le type par étayage ; quant au père, le garçon s'en empare par identification. Les deux relations cheminent un certain temps côte à côte jusqu'à ce que, les désirs sexuels à l'égard de la mère se renforçant et le père étant perçu comme un obstacle à ces désirs, le complexe d'Œdipe apparaisse. L'identification au père prend alors une tonalité hostile, elle se convertit en désir d'éliminer le père et de le remplacer auprès de la mère. À partir de là, la relation au père est ambivalente ; on dirait que l'ambivalence inhérente dès l'origine à l'identification est devenue manifeste. L'attitude ambivalente à l'égard du père et la tendance objectale uniquement tendre envers la mère représentent chez le garçon le contenu du complexe d'Œdipe simple, positif.

Essais de psychanalyse (1915-1923), « Le Moi et le Ça »,
trad. J. Laplanche sous la responsabilité de A. Bourguignon, Payot, 1981.

Wilhelm Reich (autrichien, 1897-1957)

Face au triomphe du fascisme et du nazisme en Europe dans les années 30, il associe la critique marxiste (éloge de la révolution sociale et politique) et la psychanalyse (invitation à prendre en compte l'existence d'un inconscient individuel) pour libérer les hommes, les femmes et les jeunes des aliénations économiques et sexuelles.

Quatre trouvailles freudiennes

[...] Freud découvrit par une méthode particulière à laquelle il a donné le nom de *psychanalyse*, le processus qui domine la vie de l'âme. Ses découvertes les plus importantes, qui anéantirent et bouleversèrent un grand nombre de concepts anciens — ce qui lui rapporta au début la haine du monde —, sont les suivantes :
La conscience (psychologique) n'est qu'une petite partie du domaine psychique ; elle est tributaire de processus psychiques inconscients qui échappent pour cette raison au contrôle de la conscience : tout événement psychique — même s'il apparaît dépourvu de sens comme le rêve, l'acte manqué, les propos décousus des psychotiques et des aliénés — a une fonction et un « sens » parfaitement compréhensible si on réussit à l'insérer dans l'histoire du développement de la personne humaine. Par cette découverte, la psychologie qui jusque-là avait végété sous la forme d'une vague physique du cerveau (« mythologie du cerveau ») ou comme hypothèse d'un *esprit* objectif mystérieux, prenait soudain place parmi les sciences naturelles.
La *deuxième* grande découverte de Freud était celle d'une sexualité infantile très active, complètement indépendante de la fonction de reproduction : la *sexualité* et la *reproduction*, le *sexuel* et le *génital* ne sont donc nullement identiques ; la dissection analytique des processus psychiques a d'autre part mis en évidence que la sexualité, ou plutôt son énergie, la *libido*, qui est d'origine somatique, est le moteur central de la vie de l'âme. Préalables biologiques et conditions sociales se rencontrent donc dans le domaine psychique.
La *troisième* grande découverte fut que la sexualité infantile, dont fait partie aussi l'essentiel de la relation enfant-parents (complexe d'Œdipe), est généralement refoulée parce que l'enfant craint d'être puni pour des actes et des pensées sexuels (c'est là le sens profond de l'« angoisse de castration ») ; ainsi, la sexualité se trouve coupée de l'action et effacée de la mémoire. Le refoule-

ment de la sexualité infantile soustrait celle-ci au contrôle de la conscience sans lui enlever son énergie ; bien au contraire, il la renforce et l'infléchit de telle manière qu'elle se manifeste dans plusieurs troubles pathologiques de la vie de l'âme. Comme cette règle s'applique sans exception à tous les « hommes civilisés », Freud pouvait dire que l'humanité tout entière était sa patiente. La *quatrième* découverte importante dans ce contexte fut que les instances morales dans l'homme ne sont nullement d'origine supra-terrestre, mais résultent des mesures pédagogiques que les parents et leurs représentants prennent à l'égard des enfants dès leur plus bas âge. Au centre de ces mesures pédagogiques se trouvent celles qui visent à la répression de la sexualité de l'enfant. Le conflit qui, au début, oppose les désirs de l'enfant aux interdictions des parents, se prolonge par la suite dans le conflit *intérieur à la personne* entre les pulsions et la morale. Les instances morales, qui appartiennent à la sphère de l'inconscient, se dressent, dans l'adulte, contre sa connaissance des lois de la sexualité et de la vie psychique inconsciente ; elles favorisent le refoulement sexuel (« résistance sexuelle ») et expliquent la résistance du monde contre la découverte de la sexualité infantile.

La Psychologie de masse du fascisme (1933), trad. P. Kammintzer, Payot, 1972.

– Il n'y a que deux choses importantes dans la vie d'un homme, Marcello : toujours aimer sa maman ; et ne jamais croire aux bobards des psychanalystes.

Voutch, *L'amour triomphe toujours*, Le Cherche-midi, 2000.

UN AUTRE TEXTE SUR LA CONSCIENCE

Gottfried Wilhelm Leibniz (allemand, 1646-1716)

Philosophe, mathématicien, juriste, inventeur, physicien, diplomate, théologien, chimiste, ingénieur, historien, auteur d'une œuvre immense. A cherché à construire un langage universel à partir des mathématiques.

Les petites perceptions

… Il y a mille marques, qui font juger qu'il y a à tout moment une infinité de perceptions en nous, mais sans Aperceptions et sans Réflexion, c'est-à-dire des changements dans l'Âme même, dont nous ne nous apercevons pas, parce que ces impressions sont ou trop petites et en trop grand nombre, ou trop unies, en sorte qu'elles n'ont rien d'assez distinguant à part, mais jointes à d'autres, elles ne laissent pas de faire leur effet, et de se faire sentir dans l'assemblage, au moins confusément. C'est ainsi que la coutume fait, que nous ne prenons pas garde au mouvement d'un moulin ou à une chute d'eau, quand nous avons habité tout auprès depuis quelque temps. Ce n'est pas, que ce mouvement ne frappe toujours nos organes, et qu'il ne se passe encore quelque chose dans l'âme qui y réponde à cause de l'harmonie de l'âme et du corps ; mais les impressions, qui sont dans l'âme et dans le corps, destituées des attraits de la nouveauté, ne sont pas assez fortes pour s'attirer notre attention et notre mémoire, qui ne s'attachent qu'à des objets plus occupants. Toute attention demande de la mémoire et quand nous ne sommes point avertis, pour ainsi dire, de prendre garde à quelques-unes de nos propres perceptions présentes, nous les laissons passer sans réflexion et même sans les remarquer ; mais si quelqu'un nous en avertit incontinent et nous fait remarquer par exemple quelque bruit, qu'on vient d'entendre, nous nous en souvenons et nous nous apercevons d'en avoir eu tantôt quelque sentiment. Ainsi c'étaient des perceptions, dont nous ne nous étions pas aperçus incontinent, l'aperception ne venant dans ce cas d'avertissement, qu'après quelque intervalle tout petit qu'il soit.

Nouveaux Essais sur l'entendement humain (1703-1704), Garnier-Flammarion, 1971.

Jack Nicholson dans *Shining*, film de Stanley Kubrick, 1980.

8

La Raison

La cuite, l'horoscope et le raisonnable

Quelle part de votre raison disparaît dans une soirée bien arrosée ?

Quand vous êtes en pleine ivresse, impossible de savoir où vous en êtes, ce que vous perdez, ce qui vous manque et fait défaut. De la tête qui tourne, dans les premiers moments de l'ivresse, à la perte de conscience dans le coma éthylique à l'autre extrémité, tous les degrés d'affectation sont possibles : de la raison fluctuante à la raison disparue, en passant par la raison problématique. Vous pouvez alors connaître la volubilité de la raison libérée des contraintes sociales et des censures habituelles, la raison excitée, puis la raison empêchée, encombrée dans le langage et les mots, l'expression et l'argumentation, enfin la raison hébétée accompagnée d'une perte d'équilibre, d'une mise en difficulté de la station bipède, en route vers la régression quadrupède, à moins que vous n'en soyez à la reptation des bêtes primitives... Gare au réveil !

Qu'est-ce que cette raison affectée par la boisson ? Une faculté de combiner les concepts et les propositions intellectuelles, d'user d'intelligence pour mettre en perspective les idées et la réalité. Raisonner, c'est penser avec ordre, méthode et discipline, enchaîner les arguments, pratiquer un discours sensé dont l'interlocuteur saisit la provenance, la situation et la direction. C'est aussi conduire sa réflexion avec le souci de démontrer, prouver, et justifier. En fait, la raison est l'un des instruments permettant la relation entre soi et le monde, soi et les autres. Elle permet la saisie et la compréhension du sens à l'œuvre dans les relations humaines et dans la nature du monde.

La raison calculante est le propre de l'homme, elle nous distingue en effet des autres animaux. Certes, on a pu constater chez quelques animaux parmi les plus évolués, notamment les primates, une relative capacité à associer, inventer, créer, communiquer. Soit une banane accrochée hors de portée d'un singe dans une pièce close ; dans un coin un tabouret, dans un autre un bâton : rapidement, l'animal juge de la situation, comprend la nature du problème, réunit l'ensemble des données, apprécie une stratégie, agit pour mettre en jeu le processus qui lui permet sans coup férir de grimper sur le tabouret, de transformer le bâton en outil pour décrocher le fruit précédemment inatteignable. D'aucuns parlent d'intelligence animale, d'embryon de raison (si l'on nomme ainsi la capacité à envisager un problème et à le résoudre par ses propres moyens). Mais cette raison n'est pas évolutive, elle est simple, limitée à quelques opérations sommaires, et peu susceptible, même après une éducation appropriée, de devenir aussi efficace, imaginative et inventive que la raison humaine.

Éduquer ses neurones

Cette raison fonctionne comme une machine, un mécanisme. Faut-il pour autant l'opposer à l'intuition ? L'esprit de géométrie de la raison qui analyse s'oppose-t-il à l'esprit de finesse qui saisit par intuition ? En fait, on peut envisager la raison comme le complément de l'intuition. Car la connaissance suppose *a priori* des perceptions, des sensations, des émotions, un ébranlement du corps et de la physiologie. La chair fournit des informations désordonnées, des impulsions nerveuses, des signes neuronaux, des énergies électriques, des images transformées en données décryptées par le cerveau. La raison effectue un travail de tri, elle met de l'ordre et structure les données éparses en signes intelligents et sensés.

Le langage et la raison entretiennent une relation intime pour produire de la signification. D'un côté, le langage fabrique du sens, de l'autre le sens génère du langage. Le mouvement d'aller et retour permanent fait que la raison agit et se découvre, s'expérimente et se manifeste dans le langage. Un être dépourvu de langage (verbal ou

non) constate que sa raison est entamée d'autant ; un être dépourvu de raison voit pareillement son langage limité, contenu, retenu et peu efficace. La raison s'exerce dans le langage et avec lui ; de même, le langage s'exerce dans la raison. La raison qui met de l'ordre dans la confusion primitive des sensations et des émotions premières nécessite une langue structurée par laquelle le donné diffus devient une idée claire et distincte.

La raison procède d'une éducation neuronale, elle suppose dès les premiers temps de l'existence un travail régulier, soutenu et répété de l'intelligence afin de créer des réseaux, des synapses nerveuses (des connexions de neurones) utilisables pour des opérations de l'esprit, de réflexion, d'intelligence, d'exercice de la pensée. Pas de raison sans éducation, sans dressage physiologique, sans pédagogie appropriée. On ne naît pas en disposant de cet instrument préfabriqué, il faut l'acquérir, le travailler, l'entretenir, le faire régulièrement fonctionner pour pouvoir en user. Pas forcément pour en user correctement, mais pour en user tout simplement.

En travaillant le langage, la mémoire, en réfléchissant, en calculant, en multipliant les occasions de recourir à cet instrument, on met au point une raison à l'aide de laquelle se posent des questions, se résolvent des problèmes, se comprend ce qui résiste *a priori*. L'enfant, le fou, le vieillard sénile, le handicapé mental n'ont pas de raison : soit elle leur manque, comme dans le cas du nouveau-né ou du bébé dans ses premiers moments, soit elle leur a toujours fait défaut, soit elle les a quittés. À la manière d'une grâce, d'un don ou d'un talent, elle peut être, avoir été — brillante ou moyenne —, s'en aller, être mise entre parenthèses — l'alcool, la colère, l'épilepsie, la folie, les drogues agissent en suspendant la raison, voire en la détruisant pour les drogues dures, l'alcool ou l'usage dur des drogues douces.

Carnaval à Cologne en 1953 (photographie de Henri Cartier-Bresson).

Ève a-t-elle une pomme d'Adam ?

Aux déraisonnables, on ne laisse pas de pouvoir social. On les enferme, on les écarte des lieux où se prennent les décisions, on les interne dans des asiles, des hôpitaux, des hospices, voire des prisons, on les abrutit chimiquement : on les exclut du jeu social. De sorte qu'en plus d'être un instrument individuel, la raison est aussi un instrument social. Chaque société éduque à une raison communautaire permettant à chacun de ses membres de distinguer bien et mal, vrai et faux, beau et laid, juste et injuste. Elle définit ainsi la faculté de bien juger. Bien évidemment, cette faculté est relative, sociale, changeante.

Dans tous les cas de figure, l'ennemi principal et déclaré de la raison reste la religion. Car toute religion invite à l'obéissance, à la soumission, à la docilité devant des prêtres supposés enseigner ce qu'il faut croire, dire et penser. Elle n'aime pas la raison qui éloigne de l'irrationnel, des superstitions, des croyances avec lesquelles on conduit, guide et abrutit facilement le plus grand nombre. La foi et la raison s'opposent violemment. Là où fonctionne la première, il n'y a pas de place pour la seconde, et *vice versa*. D'un côté la prière et la crainte des châtiments, de l'autre la réflexion et la sûreté dans les décisions. L'avancée de la religion est corrélée au recul de la raison : tous les pays où une dictature théocratique (au nom de Dieu) s'installe (l'Iran, l'Afghanistan) tiennent la raison, ses symboles et ses instruments (les mathématiques, la philosophie, l'histoire, la sociologie par exemple) pour des ennemis à combattre.

Les religions du monothéisme (un seul Dieu revendiqué) — judaïsme, christianisme, islam — la suspectent tout autant. La Bible manifeste très nettement sa haine de cette faculté dans la *Genèse* où se trouve raconté le péché originel générateur de toute négativité sur la planète : le travail, la douleur, la souffrance, la mort. D'où vient le mal ? D'Ève qui, dans le jardin d'Éden où tout était autorisé et existait en abondance, pourvu qu'elle ne goûte pas du fruit de l'arbre de la connaissance, a préféré essayer le fruit en question. C'est-à-dire ? Elle a préféré savoir par elle-même, user de sa raison pour distinguer le bien et le mal par ses propres moyens. En optant pour la raison, dit le christianisme, Ève invente le mal. On ne peut mieux signifier la haine de la raison.

TEXTE

Emmanuel Kant (allemand, 1724-1804)

Inventeur du Criticisme (critique du fonctionnement de la raison et réduction de son usage aux seuls objets d'expérimentation, le reste, bien séparé, relevant de la foi). Un livre majeur : *Critique de la raison pure* (1781). En morale, laïcise le contenu de l'enseignement des Évangiles.

Philosophie de l'ivresse

Les stimulants qui enivrent offrent un moyen physique d'exciter ou d'apaiser l'imagination[1]. Les uns, en tant que poisons, affaiblissent la force vitale (certains champignons, le Porsch, l'acanthe sauvage, la Chica des Péruviens, l'ava des Indiens des mers du Sud, l'opium) ; d'autres lui redonnent vigueur ou du moins exaltent le sentiment qu'on en a (les boissons fermentées, le vin et la bière, ou l'esprit qu'on en extrait, l'eau-de-vie) ; mais tous sont contre nature et factices. Quand on en absorbe avec tant d'excès qu'on est provisoirement incapable d'ordonner les représentations sensibles selon les lois de l'expérience, on dit qu'on est *pris de boisson* ou *ivre* ; et se mettre dans cet état volontairement ou à dessein, c'est *s'enivrer*. Tous ces moyens doivent servir à faire oublier à l'homme le fardeau qui paraît s'attacher, dès l'origine, à la vie. Cette inclination très répandue et son influence sur l'usage de l'entendement mérite une attention privilégiée dans une anthropologie pragmatique.

L'ivresse taciturne, c'est-à-dire celle qui ne donne pas de vivacité dans les relations sociales et dans l'échange des pensées, a en soi quelque chose de honteux : ainsi par exemple l'ivresse de l'opium ou de l'eau-de-vie. Le vin et la bière, dont le premier est seulement excitant, la seconde plus nourrissante et capable de rassasier comme un aliment, servent à se griser en compagnie ; il y a pourtant une différence : les beuveries à la bière s'ouvrent plus facilement sur le rêve, et sont de manières plus libres ; les beuveries au vin sont joyeuses, bruyantes, bavardes et spirituelles.

Si on boit en société, c'est mal se conduire que de pousser l'intempérance jusqu'à l'obnubilation des sens — non seulement par égard pour le groupe avec lequel on s'entretient, mais aussi par estime de soi — de sortir en titubant ou d'un pas mal assuré,

même seulement en balbutiant. Mais il y a beaucoup à dire pour atténuer le jugement qu'on porte sur une pareille inadvertance ; la frontière de la maîtrise de soi peut être bien facilement omise ou franchie ; car l'hôte veut que l'invité s'en aille pleinement satisfait par cette manifestation de la vie sociale [...].
L'insouciance et la témérité aussi que produit l'ivresse est le sentiment trompeur d'une multiplication de la force vitale ; l'homme ivre ne sent pas les obstacles de la vie que la nature a sans cesse à surmonter (c'est en cela que consiste la santé) et sa faiblesse le rend heureux parce que la nature fait en lui un effort réel pour restaurer la vie, par un accroissement progressif de ses forces. — Les femmes, les gens d'Église, et les Juifs ont coutume de ne pas s'enivrer ; ou du moins ils évitent avec soin de le laisser paraître, parce qu'ils sont dans un état d'infériorité *civique* et qu'ils doivent se tenir absolument sur la réserve (ce qui requiert une totale sobriété). Car leur valeur dans le monde extérieur ne repose que sur la *croyance* des autres à leur chasteté, à leur piété, à leur législation de type séparatiste. Pour ce dernier point, tous les séparatistes, c'est-à-dire ceux qui ne se soumettent pas simplement à la loi publique d'un pays, mais encore à une loi particulière (celle d'une secte) en tant qu'individus à part et se disant élus, s'exposent d'une manière privilégiée à l'attention de la communauté et à la rigueur de la critique ; l'attention qu'ils exercent sur eux-mêmes ne peut donc pas se relâcher, puisque l'ivresse qui emporte cette prudence est pour eux un *scandale*.
De Caton, son admirateur stoïcien disait : « Il a fortifié sa vertu dans le vin » ; et des anciens Allemands un moderne racontait : « Ils prenaient leur décision (pour décréter la guerre) en buvant afin de ne pas manquer d'énergie, et ils réfléchissaient à jeûn, afin de ne pas manquer d'intelligence ».
La boisson délie la langue [...]. Mais elle ouvre aussi le cœur, servant d'instrument matériel à une qualité morale : la franchise. Pour une âme expansive, il est opprimant de garder ses pensées ; et les buveurs joyeux acceptent difficilement qu'un convive garde la mesure au milieu de leur beuverie, car il représente un observateur qui fait attention aux fautes des autres, mais se tient lui-même sur la réserve. Hume disait : « Le compagnon qui n'oublie pas est désagréable ; les folies d'un jour doivent être oubliées pour faire place à celles du suivant ». Il y a un postulat de bienveillance dans cette permission qu'on accorde à l'homme de franchir un peu, et pendant un court moment, les frontières de la sobriété,

pour l'amusement de tous. La mode politique, il y a plus d'un demi-siècle, était perfide, quand les cours du Nord envoyaient des ambassadeurs qui pouvaient boire sans s'enivrer, mais grisaient les autres pour les sonder ou les persuader ; cependant la brutalité des mœurs de cette époque a disparu, et une semonce contre ce vice devrait être superflue dans les classes policées. Est-ce que la boisson permet d'explorer le tempérament ou le caractère de l'homme qui s'enivre ? Je ne crois pas. C'est un nouveau fluide qui est ajouté et mêlé aux sucs qui coulent dans ses veines, c'est une nouvelle excitation sur ses nerfs : elle ne *met pas* mieux *au jour* son tempérament *naturel* ; elle en *introduit* un autre. — C'est pourquoi tel qui s'enivre deviendra amoureux, tel autre grossier, le troisième querelleur, le quatrième (surtout après la bière) s'attendrit, se recueille ou s'enferme dans un mutisme complet ; mais tous quand ils ont cuvé leur vin et qu'on leur rapporte leurs propos du soir précédent rient de cette étonnante disposition ou altération de leurs sens.

---

1. J'omets ici ce qui n'est pas moyen concerté, mais suite naturelle d'une situation où on est placé et où seule l'imagination fait perdre contenance. C'est de cela que relèvent le *vertige* dont on est saisi lorsqu'on regarde du bord d'une hauteur escarpée (ou seulement d'un pont étroit qui n'a pas de parapet), et le *mal de mer*. La planche où marche l'homme en chancelant, si elle reposait par terre, ne lui inspirerait aucune crainte ; mais quand elle est placée comme une passerelle au-dessus d'un abîme profond, la pensée de la simple possibilité de faire un faux pas a tant de pouvoir qu'il est réellement dangereux d'essayer. — Le mal de mer, avec ses crises de vomissements (dont j'ai fait moi-même l'expérience dans un voyage — si le mot n'est pas exagéré — de Pillau à Königsberg), me vint, à ce que je crois avoir remarqué, simplement par les yeux ; comme je voyais de la cabine, à cause de l'oscillation du navire, tantôt le Haff, tantôt la hauteur de Balga, la plongée après la montée excitait par l'entremise de l'imagination, un mouvement antipéristaltique des intestins dû aux muscles de l'abdomen.

Anthropologie du point de vue pragmatique (1798), trad. M. Foucault, Vrin, 1979.

Votre succès au bac est-il inscrit dans les astres ?

Ni votre succès, ni votre échec ; ni dans les étoiles, ni ailleurs. Les résultats dépendent de vous et de votre volonté, rien d'autre n'entre en jeu, surtout pas l'influence des astres ou la conjonction des planètes le jour où vous séchez sur votre copie de philo... Votre histoire n'est inscrite nulle part (où le serait-elle ? dans le ciel ? dans un endroit accessible aux seuls médiums via les lignes de la main ou le tirage des cartes ?) mais relève de votre fabrication, de votre construction, de votre décision. L'avenir s'écrit, il n'est pas encore rédigé : faites-vous à cette idée, votre destin relève de vos projets et de l'énergie que vous mettrez à les réaliser.

Jamais peut-être autant qu'aujourd'hui où, en Occident du moins, la raison peut fonctionner librement sans craindre la prison ou le bûcher, alors que la religion a perdu beaucoup de son pouvoir de contrainte et de nuisance, les hommes et les femmes ne se sont mis à croire à l'irrationnel sous toutes ses formes : voyance et numérologie, tarots et horoscopes, thème astral, marc de café et tables tournantes, esprits frappeurs et vie après la mort, fantômes et revenants, extra-terrestres et soucoupes volantes, à quoi s'ajoutent les apparitions de la Vierge, les miracles, la résurrection de la chair, les prédictions de Nostradamus ou encore les croyances à l'immortalité de l'âme, à la réincarnation et autres folies irrationnelles. Partout ces fictions sont diffusées et amplifiées : médias publics de grande audience, presse spécialisée ou généralisée, livres et collections éditoriales. La plupart, parmi vous, croyez d'ailleurs sûrement à l'une ou l'autre de ces options, voire à toutes... Non ?

Ouvrez la cuisse de Jupiter !

La permanence de l'irrationnel se constate facilement. Dès les débuts de la pensée, avant la philosophie à proprement parler (VIe siècle avant Jésus-Christ, du moins en Europe occidentale), on croit aux mythes : ils expriment une pensée magique et irrationnelle et grouillent de dieux qui prennent la forme d'animaux, de bêtes qui copulent avec des humains en engendrant des créatures viables (le centaure par exemple, mélange de cheval et d'homme, ou le Minotaure, tête de taureau sur corps d'homme), de naissances qui se font par la cuisse (demandez à Jupiter), de forgerons qui travaillent dans l'épicentre des volcans (voyez Vulcain), d'une femme cachée dans une génisse en bois pour être fécondée par un taureau (ainsi Pasiphaé qui donne naissance au Minotaure) —, de sperme transformé en écume sur les vagues, etc.

La mythologie forme la pensée primitive et les religions s'appuient sur ces pensées irrationnelles : comment, sinon, entendre le christianisme qui met en scène une femme engendrant un enfant sans l'aide d'un père, un homme qui transforme l'eau en vin, multiplie les poissons, marche sur l'eau, ressuscite les morts, s'applique la recette à lui-même trois jours après avoir été torturé et crucifié ? Dans la mythologie et dans la religion, la preuve ne sert à rien, la déduction non plus, pas plus l'usage de la raison, de la réflexion, de l'analyse ou de l'esprit critique. Nul besoin de penser, de faire fonctionner son intelligence : croire suffit, puis obéir. L'adhésion est sollicitée, quand on n'y contraint pas, car la compréhension n'est d'aucune utilité. L'irrationnel sert souvent aux individus retors et déterminés pour guider les hommes et les maintenir dans un état de sujétion.

J'ai peur, donc je suis...

De quelle logique procède l'irrationnel ? De la peur du vide intellectuel, de l'angoisse devant l'évidence pénible à accepter, de l'incapacité des hommes à accepter leur ignorance et la limitation de leurs facultés, dont la raison. Là où ils peuvent dire : « je ne sais pas » ou « j'ignore pourquoi », « je ne comprends pas », ils inventent des histoires et y croient. Pour éviter de composer avec un certain nombre d'évidences à l'aide desquelles, pourtant, il faut compter (la vie est courte ; nous allons bientôt mourir — même à cent ans, c'est court en regard de l'éternité du néant d'où nous venons et vers laquelle nous allons... — ; nous avons peu ou pas de pouvoir sur le déroulement de cette brève existence ; après la mort, il n'y a rien, que de la décomposition, pas de vie sous une autre forme, etc.), les hommes inventent des fictions et leur demandent secours.

L'irrationnel colmate les brèches faites par la raison dans la destruction des illusions. Incapables de vivre dans le seul réel rationnel, les humains fabriquent de toutes pièces un monde irrationnel plus facile à habiter parce que pourvoyeur de croyances qui procurent un semblant de paix avec soi-même. La foudre tombe-t-elle sur un arbre ? Un homme de l'Antiquité gréco-romaine ne sait pourquoi, il invente un dieu méchant, vengeur, informé des exactions humaines qui utilise la foudre pour corriger ses semblables. Zeus et ses éclairs, voilà la raison de l'orage grec ou romain. Plus tard, la même foudre aperçue par un homme du XXe siècle un peu au courant de la physique moderne devient la résultante d'un échange de polarité entre des nuages chargés d'électricité et le sol. La trace du mouvement de l'énergie en un arc électrique, voilà la raison de la foudre. Raison ancienne et mythologique contre raison moderne et scientifique : l'irrationnel d'hier devient le rationnel de demain et cesse d'inquiéter, de faire peur.

L'irrationnel, c'est ce qui n'est pas encore rationnel, soit pour un individu, soit pour une époque ou pour une culture, et non ce qui ne le sera jamais. Ce qui échappe à la compréhension aujourd'hui conduit les hommes à échafauder des hypo-

Guichet de loterie un vendredi 13.

thèses en puisant dans les ressources de l'irrationnel où les limites n'existent pas : on peut recourir à l'imagination la plus débridée, aux idées les plus fantasques, pourvu qu'efficacement on se donne l'illusion de faire reculer l'ignorance. Dès que le problème ne se pose plus, après découverte de la solution grâce à la raison, la croyance tombe à l'eau et rejoint le musée des idées fausses que naguère on avait cru vraies.

En revanche, sur certaines questions impossibles à résoudre avec les progrès de la science, de la recherche, de la technique, l'irrationnel règne en maître et pour longtemps. Ainsi devant des questions métaphysiques (étymologiquement, celles qui se posent après la physique) : d'où venons-nous ? qui sommes-nous ? où allons-nous ? pour le dire dans des expressions quotidiennes. Autrement dit : pourquoi devons-nous mourir ? qu'y a-t-il après la mort ? pourquoi disposons-nous d'aussi peu de pouvoir sur notre existence ? à quoi peut bien ressembler l'avenir ? quel sens donner à l'existence ? en fait : être mortel, ne pas survivre, subir les déterminismes, ne pas échapper à la nécessité, être confiné à cette planète, voilà quelques-uns des motifs qui font fonctionner le moteur irrationnel à plein régime.

Toutes les pratiques irrationnelles prétendent donner des réponses à ces problèmes angoissants : l'existence d'esprits immortels qui évoluent dans un monde où l'on pourrait les interroger à l'aide d'une table tournante nous rassure : la mort ne concerne que le corps, pas l'âme qui, elle, connaît l'immortalité ; la possibilité de lire et prédire l'avenir avec des chiffres, des lignes de la main, du marc de café, une boule de cristal, des cartes, des photos, voilà qui nous apaise : l'avenir est déjà écrit quelque part, quelques-uns (des médiums) peuvent accéder à ce quelque part et m'en révéler le contenu, je n'ai pas à craindre le bon ou le mauvais usage de ma liberté, de ma raison, de ma volonté, ce qui doit advenir adviendra ; l'existence d'objets volants non identifiés, donc de planètes habitables, d'une vie hors du système planétaire, de forces mystérieuses venues du fin fond des galaxies, voilà qui nous réjouit : on peut croire que notre survie ailleurs est assurée par des puissances qui gouvernent le cosmos, donc notre petite existence, etc.

L'irrationnel est un secours, certes, mais un secours ponctuel, car il ne tient pas ses promesses. En revanche, la raison peut être également secourable, mais plus sûrement : notamment lorsqu'elle se concentre sur la destruction des illusions et des croyances, des fictions créées par les hommes pour se consoler avec des arrière-mondes, des au-delà inventés, qui toujours dispensent de bien vivre ici et maintenant. La philosophie et l'usage critique de la raison permettent d'obtenir d'autres solutions, en l'occurrence des certitudes viables, et des consolations autrement plus sûres : devant les mêmes évidences (la mort, la limitation des pouvoirs humains, la petitesse de l'homme devant l'immensité du monde, l'angoisse face au destin), la philosophie fournit des moyens de s'approprier son destin, de se faire l'acteur de son existence, de se libérer des peurs inutiles et paralysantes — et non de s'abandonner, pieds et poings liés, comme des enfants, aux mythes d'hier ou d'aujourd'hui. Cessez de regarder les étoiles, votre avenir n'est inscrit nulle part : il reste à écrire — et vous seul pouvez en être l'auteur.

Le monstre venu de l'espace et Judy Garland dans *It conquered the world*, film de Roger Corman (1956).

TEXTES

Lucrèce (romain, 98-55 av. J.-C.)

On ne lui connaît qu'un seul livre, inachevé, écrit en vers, *De la nature des choses*. Ce texte présente la pensée d'Épicure. Il vante ses mérites en matière de lutte contre les superstitions (l'amour, la religion, les dieux, les enfers, etc.) et affirme son excellence pour réaliser l'ataraxie (l'absence de trouble).

La peur crée les dieux

Maintenant quelle cause a répandu chez tous les peuples de la terre la croyance de l'existence des dieux, a rempli les villes d'autels, a institué les cérémonies religieuses, ces pompes augustes partout en usage aujourd'hui, et qui précèdent toutes les entreprises importantes ? Quelle est aussi l'origine de ces sombres terreurs dont les mortels sont pénétrés, qui tous les jours élèvent de nouveaux temples sur toute la face de la terre et instituent des fêtes en l'honneur des immortels ? C'est ce qu'il n'est pas difficile d'expliquer.

Dès ces premiers temps, les hommes voyaient même en veillant, des simulacres surnaturels, que l'illusion du sommeil exagérait encore à leur imagination. Ils leur attribuaient du sentiment, parce que ceux-ci paraissaient mouvoir leurs membres et parler d'un ton impérieux, proportionné à leur port majestueux et à leurs forces démesurées.

Ils les supposaient immortels, parce que, la beauté des dieux étant inaltérable, ces fantômes célestes se présentaient toujours à eux sous les mêmes traits, et parce que, avec des forces aussi grandes, on ne croyait pas qu'aucune action destructive pût jamais triompher d'eux. On ne doutait pas non plus qu'ils ne fussent parfaitement heureux, parce que la crainte de la mort ne leur inspirait aucune alarme, et parce qu'on leur voyait en songe opérer un grand nombre de merveilles sans aucune fatigue de leur part.

D'un autre côté, les hommes, en remarquant l'ordre constant et régulier du ciel et le retour périodique des saisons, ne pouvaient pénétrer les causes de ces phénomènes ; ils n'avaient d'autre ressource que d'attribuer tous ces effets aux dieux, et d'en faire les arbitres souverains de la nature.

Ils placèrent la demeure et le palais des immortels dans les cieux, parce que c'est là que le soleil et la lune paraissent faire leur révo-

lution, parce que de là nous viennent le jour et la nuit, et les flambeaux errants qui brillent dans les ténèbres, les feux volants, les nuages, la rosée, les pluies, la neige, les vents, la foudre, la grêle et le tonnerre rapide au murmure menaçant.
Hommes infortunés d'avoir attribué tous ces effets à la divinité et de l'avoir armée d'un courroux inflexible ! Que de gémissements il leur en a dès lors coûté ! Que de plaies ils nous ont faites ! Quelle source de larmes ils ont ouverte à nos descendants !
[...] Mais, outre cela quel est le cœur qui ne soit pas troublé par la crainte des dieux ? Quel est l'homme dont les membres glacés d'effroi ne se traînent, pour ainsi dire, en rampant, lorsque la terre embrasée tremble sous les coups redoublés de la foudre, lorsqu'un murmure épouvantable parcourt tout le ciel ? Les peuples et les nations ne sont-ils pas consternés, et le superbe despote, frappé de crainte, n'embrasse-t-il pas étroitement les statues de ses dieux, tremblant que le moment redoutable ne soit arrivé d'expier ses actions criminelles, ses ordres tyranniques ? Et quand les vents impétueux, déchaînés sur les flots, balayent devant eux le commandant de la flotte avec ses légions et ses éléphants, ne tâche-t-il pas d'apaiser la Divinité par ses vœux, et d'obtenir à force de prières des vents plus favorables ? Mais en vain : emporté par un tourbillon violent, il n'en trouve pas moins la mort au milieu des écueils ; tant il est vrai qu'une certaine force secrète se joue des événements humains et paraît se plaire à fouler aux pieds la hache et les faisceaux ! Enfin, quand la terre entière vacille sous nos pieds, quand les villes ébranlées s'écroulent ou menacent ruine, est-il surprenant que l'homme, plein de mépris pour sa faiblesse, reconnaisse une puissance supérieure, une force surnaturelle et divine qui règle à son gré l'univers ?

De la nature, V, trad. Lagrange, revue par M. Blanchet, Garnier.

Theodor W. Adorno (allemand, 1903-1969)

Musicien de formation, sociologue et musicologue, philosophe juif chassé par le nazisme et réfugié aux États-Unis, membre de l'École de Francfort. Penseur antifasciste soucieux de réfléchir aux conditions d'une révolution sociale qui fasse l'économie de la violence.

« L'occultisme est la métaphysique des imbéciles »

L'occultisme est la métaphysique des imbéciles. La médiocrité des médiums est aussi peu le fruit du hasard que le caractère apocryphe, inepte de ce qu'ils révèlent. Depuis les premiers jours du spiritisme, l'au-delà n'a rien communiqué de plus significatif que les saluts de la grand-mère défunte ou l'annonce d'un voyage imminent. La justification que l'on donne en prétendant que le monde des esprits ne pouvait pas communiquer plus à la pauvre raison des hommes que celle-ci n'est capable d'en recevoir, est tout aussi absurde, une hypothèse auxiliaire du système paranoïaque : le *lumen naturale* est tout de même allé plus loin qu'un voyage chez la grand-mère et si les esprits ne veulent pas en prendre note, ils ne sont que des lutins mal élevés qu'il vaut mieux cesser de fréquenter. Le contenu platement naturel du message surnaturel trahit sa fausseté. Tandis que, dans l'au-delà, ils cherchent ce qu'ils ont perdu, ils n'y rencontrent que leur propre nullité. Pour ne pas perdre le contact avec la grise quotidienneté où ils se trouvent parfaitement à leur aise comme réalistes impénitents, le sens auquel ils se délectent est assimilé par eux à tout ce qui n'a pas de sens et qu'ils fuient. La magie douteuse n'est pas différente de l'existence douteuse qu'elle illumine. C'est pourquoi elle rend les choses si faciles aux esprits prosaïques. Des faits qui ne se distinguent d'autres faits que parce qu'ils n'en sont pas, sont appelés à assumer leur rôle dans la quatrième dimension. Leur seule qualité occulte est leur non existence. Ils fournissent une vision du monde aux esprits faibles. Les astrologues et les spirites ont une réponse rapide et brutale pour chaque question, elle ne résout rien en fait, mais par une série d'affirmations crues, elle soustrait chacune à toute solution. Leur domaine ineffable présenté comme le modèle de l'espace a aussi peu besoin d'être pensé que des chaises ou des vases. Voilà qui renforce le conformisme. Rien ne plaît davantage à ce qui existe que le fait qu'exister doit avoir un sens.

Minima Moralia (1951), VI, trad. E. Kaufholz, Payot & Rivages, 1993.

Nicolas Malebranche (français, 1638-1715)

Prêtre oratorien qui soumet l'ensemble du réel à la volonté et au pouvoir de Dieu. Essaie de formuler une philosophie chrétienne alors que les deux termes semblent contradictoires. Bottait l'arrière-train de son chien en prétextant qu'il n'était qu'une machine.

« La religion, c'est la vraie philosophie »

La raison est corrompue : elle est sujette à l'erreur. Il faut qu'elle soit soumise à la foi. La philosophie n'est que la servante. Il faut se défier de ses lumières. Perpétuelles équivoques. L'homme n'est point à lui-même sa raison et sa lumière. La religion, c'est la vraie philosophie. Ce n'est pas, je l'avoue, la philosophie des païens, ni celle des discoureurs, qui disent ce qu'ils ne conçoivent pas ; qui parlent aux autres avant que la vérité leur ait parlé à eux-mêmes. La raison dont je parle est infaillible, immuable, incorruptible. Elle doit toujours être la maîtresse : Dieu même la suit. En un mot, il ne faut jamais fermer les yeux à la lumière : mais il faut s'accoutumer à la discerner des ténèbres, ou des fausses lueurs, des sentiments confus, des idées sensibles, qui paraissent lumières vives et éclatantes à ceux qui ne sont pas accoutumés à discerner le vrai du vraisemblable, l'évidence de l'instinct, la raison de l'imagination, son ennemie. L'évidence, l'intelligence est préférable à la foi. Car la foi passera, mais l'intelligence subsistera éternellement. La foi est véritablement un grand bien, mais c'est qu'elle conduit à l'intelligence de certaines vérités nécessaires, essentielles, sans lesquelles on ne peut acquérir ni la solide vertu, ni la félicité éternelle. Néanmoins la foi sans intelligence, je ne parle pas ici des mystères, dont on ne peut avoir d'idée claire ; la foi, dis-je, sans aucune lumière, si cela est possible, ne peut rendre solidement vertueux.

Traité de morale (1683), 1re partie, chap. 2, 11.

Philippe Gelück, *La Vengeance du Chat*, Casterman, 1988.

Gaston Bachelard (français, 1884-1962)

Employé des Postes, puis professeur à l'Université. Partage son travail entre une réflexion sur les sciences et une autre sur les éléments — l'eau et les rêves, la terre et les rêveries, le feu et la méditation, l'air et les songes. Homme libre, à l'écart des modes. Pense en poète.

« Rien ne va de soi »

La science, dans son besoin d'achèvement comme dans son principe, s'oppose absolument à l'opinion. S'il lui arrive, sur un point particulier, de légitimer l'opinion, c'est pour d'autres raisons que celles qui fondent l'opinion ; de sorte que l'opinion a, en droit, toujours tort. L'opinion *pense* mal ; elle ne *pense* pas : elle *traduit* des besoins en connaissances. En désignant les objets par leur utilité, elle s'interdit de les connaître. On ne peut rien fonder sur l'opinion : il faut d'abord la détruire. Elle est le premier obstacle à surmonter. Il ne suffirait pas, par exemple, de la rectifier sur des points particuliers, en maintenant comme une sorte de morale provisoire, une connaissance vulgaire provisoire. L'esprit scientifique nous interdit d'avoir une opinion sur des questions que nous ne comprenons pas, sur des questions que nous ne savons pas formuler clairement. Avant tout, il faut savoir poser des problèmes. Et quoi qu'on dise, dans la vie scientifique, les problèmes ne se posent pas d'eux-mêmes. C'est précisément ce *sens du problème* qui donne la marque du véritable esprit scientifique. Pour un esprit scientifique, toute connaissance est une réponse à une question. S'il n'y a pas eu de question, il ne peut y avoir connaissance scientifique. Rien ne va de soi. Rien n'est donné. Tout est construit.

La Formation de l'esprit scientifique (1938), Vrin, 1993.

Saint Thomas d'Aquin (italien, 1227-1274)

Prêtre auteur d'un livre immense dans lequel il répond à toutes les questions qu'un chrétien peut se poser : la nature des anges, les conditions du péché de luxure, la manière d'être au paradis, les façons de prouver Dieu, les définitions du Saint Esprit, les vertus chrétiennes, etc. L'Église en a fait sa doctrine officielle.

Dieu ? Impensable...

Nous ne connaissons vraiment Dieu que lorsque nous croyons qu'il dépasse par son être tout ce qu'il est possible à l'homme de penser de lui. Par la révélation divine, qui nous propose un au-delà de la raison, s'affermit en nous la conviction que Dieu est au-dessus de tout ce qui peut être pensé.
L'utilité de cette révélation se manifeste encore en ceci qu'elle réprime une présomption naturelle, mère (et maîtresse) d'erreur. Certains en effet ont une telle confiance en leur esprit, qu'ils croient pouvoir imposer à la nature divine la mesure de leur intellect. Ils estiment que la totalité du vrai tient dans leur opinion, et que le faux se réduit à ce qui ne leur paraît pas vraisemblable. La révélation nous libère de cette présomption, elle ramène à ses proportions (humaines) notre modeste recherche de la vérité, (en nous rappelant) tout ce qui excède la capacité de la raison.
Enfin, contre ceux qui voudraient limiter les mortels que nous sommes à l'horizon des choses humaines, il faut redire le mot du Philosophe : autant que possible l'homme doit s'élever aux réalités divines et immortelles. [...] Une connaissance, si imparfaite soit-elle, quand elle porte sur ce qu'il y a de plus noble, procure à l'âme sa plus haute perfection. C'est pourquoi, bien que la raison ne puisse saisir adéquatement ce qui la transcende, il est bon pour elle d'en recevoir, par la foi, une certaine connaissance.

Somme contre les Gentils (1255-1264), I, 5, trad. M. D. Chenu, Seuil, 1959.

Pourquoi faudrait-il être raisonnable ?

Qui parmi vous peut bien jurer n'avoir jamais entendu : « Sois raisonnable », «Tu n'es pas raisonnable », « Ça n'est pas raisonnable » ou « Quand seras-tu donc enfin raisonnable ? » et autres invitations à se ranger aux arguments des parents ? Personne. En fait, les adultes ne peuvent s'empêcher de reprendre ou critiquer un comportement qui, à leurs yeux, passe pour immature, enfantin ou retardataire. Quiconque vous reproche de n'être pas raisonnable croit avoir raison et s'autorise de ce sentiment pour ordonner, juger et donner son avis. Car l'usage de la raison est un enjeu social véritable, une logique de guerre évidente dans le combat pour être adulte — comme on dit.

Être raisonnable consiste à utiliser sa raison comme les autres. Souvent on gratifie quelqu'un d'un : « Tu as raison » lorsque tout bonnement il pense comme nous et émet un avis très exactement semblable au nôtre. D'où l'idée qu'en étant raisonnable, on avance une proposition impossible à blâmer, qu'on fait preuve d'un jugement sain et normal — en un mot, qu'on n'est pas déraisonnable. On ne peut mieux mettre en perspective cette expression et ses sous-entendus : un individu normalement constitué utilise sa raison comme tout le monde, pour mettre ses opinions en conformité avec celles du plus grand nombre.

De même, cette expression signifie aussi qu'on sait contenir et retenir ses désirs ou ses envies. L'enfant qui veut tout immédiatement est appelé déraisonnable, celui qui renonce à ses désirs, en revanche, est qualifié de raisonnable. Ainsi, la raison agit comme un instrument d'intégration sociale et de maîtrise de soi via le renoncement à ses impulsions premières. Détruire en soi les désirs, refuser les pulsions qui veulent, voilà qui signale l'individu raisonnable, certes, mais aussi responsable, digne de considération. Renoncer à soi, au monde, différer ses envies, voire les éteindre : comment proposer projet plus sinistre aux enfants, aux adolescents, voire aux adultes ?

Prendre ses désirs pour la réalité — ou l'inverse ?

Les adultes intègrent l'adolescent dans leur monde s'il a bien appris à mettre ses désirs au second plan et à faire primer les impératifs de la réalité. La raison fonctionne alors nettement comme un instrument normatif (productif de normes), une faculté utile pour inverser la priorité enfantine qui fantasme la réalité d'après son désir. L'adulte se définit à l'inverse : il prend la réalité pour son désir, transforme le réel en objet à vouloir et finit par s'en accommoder. La raison raisonnable fabrique de l'ordre social qui reproduit les mécanismes hiérarchiques utiles au bon fonctionnement du monde comme il va. Là où sévit la vitalité naturelle, la raison opère bien souvent une conversion et remplace ce mouvement impulsif par une soumission culturelle, un ordre policé.

La raison peut également servir à justifier autre chose que l'ordre social. Elle sert aussi parfois et malheureusement à légitimer des options indéfendables, immorales ou dangereuses. Son usage ne garantit pas l'obtention de pensées saines, élevées et délicates ou moralement défendables. En tant qu'instrument, elle sert aux plus belles tâches comme aux plus basses besognes. Méfiez-vous donc de l'usage de la raison s'il cache une idéologie perverse et dangereuse. La raison a aussi son versant sombre, elle ne sert pas toujours à libérer les peuples : elle est également utilisée par des rhéteurs, des parleurs habiles, des dialecticiens retors (de beaux parleurs capables d'emporter les suffrages par des procédés malhonnêtes), des tribuns hypnotiques qui enveloppent la négativité dans des formes spécieuses, rationnelles et apparemment logiques.

Statue de Lénine à Yalta, Ukraine, 1995 (photographie de Martin Parr).

Les fascismes, les tyrannies, les régimes autoritaires, les colonialismes se sont développés avec des raisons, des arguments, des démonstrations, des théories, de la dialectique, de la science aussi. Hitler, Lénine, Staline, Mao, Pétain, tous ont eu recours à la raison pour fasciner des peuples et les conduire du côté où triomphe la pulsion de mort, la haine de l'autre, l'intolérance et le fanatisme destructeur des hommes. Les doctrines de l'espace vital, la lutte des plus forts contre les moins adaptés, la haine des Juifs, la guerre impérialiste comme santé de la civilisation, la destruction de la bourgeoisie, la dictature du prolétariat, la lutte des classes, la révolution nationale, toutes ces idées-programmes ont été largement développées à coup de raisonnements, de raison singulière, à l'aide des armes habituelles de la rhétorique et de l'exposition d'idées, avant d'enfanter les chambres à gaz, les camps de la mort, le goulag puis, plus tard, toujours avec la même ferveur rationnelle, la bombe atomique, la purification ethnique, la guerre chimique. La raison enfante aussi des monstres.

À l'origine du pire, on trouve des passions nauséabondes, des pulsions animales et violentes, des désirs de meurtre, des ressentiments recuits, de la haine du monde en pagaille, de la volonté de vengeance, car tous les dictateurs construisent essentiellement leur pouvoir sur ces pulsions fortes et bestiales. Ensuite, ils usent de la raison pour travestir ces intérêts premiers et leur donnent une forme acceptable, présentable, à laquelle un très grand nombre d'individus finit par consentir. Être raisonnable, alors, consiste à se rendre aux arguments de l'autorité, de la majorité, du chef, du dictateur. Déraisonnable, l'individu refusant de se plier à ces raisons pernicieuses ?

On a enfermé, emprisonné sous l'accusation de folie les rebelles à cette raison majoritaire et obéissante, ceux qui préféraient la raison critique et résistante. Les régimes politiques appellent souvent fou l'individu qui conserve sa raison quand tous l'ont perdu ou en usent de manière errante. À la manière du fou qu'on estime dépourvu de raison, l'opposant aux lieux communs de son époque passe souvent, voire toujours, pour un original, un genre de doux dingue auquel on accorde parcimonieusement le droit de divaguer, ou à qui l'on offre de temps en temps des séjours en hôpital psychiatrique.

Quand la raison n'est pas raisonnable

La raison ne doit pas servir d'idole, comme ce fut le cas pendant la Révolution française où les Temples de la Raison (des églises transformées en endroits consacrés à la vénération de la Raison parfois personnifiée sous les traits d'une jeune fille transportée en procession) fleurissaient à l'ombre des guillotines où étaient décapités les hommes et les femmes que l'on ne trouvait pas raisonnables — parce qu'ils ne défendaient pas les idées des pourvoyeurs de la Veuve (le surnom donné à l'appareil de Guillotin). Culte de la raison chez Lénine aussi, amateur de dialectique (l'art d'exposer ses idées sous une forme scientifique, rigoureuse et apparemment irréfutable) et inventeur des camps de déportation en Sibérie. Méfiez-vous raisonnablement de la raison en sachant qu'elle sert aussi à réaliser des fins coupables.

Le risque dans l'entreprise rationalisatrice consiste toujours à vouloir réduire le réel et la complexité du monde à des formules pratiques mais fautives. La raison sert souvent à réduire à une poignée d'idées simples une réalité plus compliquée qu'on ne l'imagine *a priori*. La réduction rationnelle et la planification supposent que le réel soit rationnel et que le rationnel puisse toujours devenir réel. Or il existe un monde entre ces deux univers qui communiquent assez peu et entretiennent des relations difficiles. On perd en intelligence dès qu'avec la raison on emprisonne en quelques mots un monde divers, diffus, éclaté ; de même, on risque la simplification outrancière si l'on se décide à faire du rationnel dont on a l'idée un modèle à incarner pour produire des effets dans l'histoire.

Les utopistes du XIXe siècle ont désiré des sociétés qui leur semblaient rationnelles, raisonnables. Tout y était décidé : de la forme du vêtement à l'organisation des repas en passant par la dimension des maisons, la répartition des tâches, la structure de la ville, le statut des enfants, des femmes, des hommes, des personnes âgées, des morts, rien n'était laissé au hasard, tout était rigoureusement planifié selon des principes rationnels. La raison ayant occupé tout l'espace, il ne restait plus de place pour la fantaisie, l'imagination, l'invention, la création — la vie. Toutes les expériences qui visaient la réalisation de ces micro-sociétés utopiques se sont transformées en échecs...

Là où le raisonnable, le rationnel et la raison triomphent sans partage, l'ennui souvent surgit, voire pire. Qu'on laisse à la raison le pouvoir exclusif de dissiper les illusions, de détruire les croyances, d'être un instrument critique, de mettre à bas les fictions fautives et coûteuses en sang humain. Dès qu'elle contribue à fabriquer de nouvelles illusions, à donner le jour à des chimères rationnelles, elle annonce toujours le pire, qu'elle devrait au contraire nous aider à craindre lucidement, puis à conjurer.

Projet d'architecture d'une cité idéale (après 1470), école de Piero della Francesca (vers 1416-1492).

TEXTES

Max Horkheimer (allemand, 1895-1973)

Appartient à un groupement de philosophes allemands qui s'appuie sur le marxisme, critique sa version soviétique et propose une révolution sociale (l'École de Francfort). Analyste de la famille et de l'autorité, de la technologie et de l'usage de la raison, du capitalisme et des régimes totalitaires.

Quand est-on raisonnable ?

Aujourd'hui, lorsque vous êtes traduit devant un tribunal pour faute de conduite automobile, et que le juge vous demande si votre manière de conduire était raisonnable, il veut dire : Avez-vous fait tout ce qui était en votre pouvoir pour sauvegarder votre vie et la vie d'autrui, vos biens et les biens d'autrui, et pour obéir à la loi ? Implicitement il tient pour établi que ces valeurs doivent être respectées. Ce qu'il met en cause, c'est tout simplement la correction de votre conduite, rapportée à ces critères généralement reconnus. Dans la plupart des cas, être raisonnable veut dire ne pas s'entêter, sens qui lui-même indique la soumission à la réalité telle qu'elle est. Le principe d'une adaptation va de soi. L'idée de raison fut conçue dans l'intention d'accomplir beaucoup plus qu'une simple régulation des rapports entre les moyens et les fins. On la considérait comme un instrument de compréhension des fins, comme l'*instrument de leur détermination.*

Éclipse de la Raison (1947), trad. J. Debouzy, Payot, 1974.

Épictète (grec, 50-125 ap. J.-C.)

Esclave affranchi, vivait dans le plus grand dépouillement. Appartient à l'école stoïcienne qui enseigne la maîtrise des instincts et des passions, l'usage de la volonté pour agir uniquement sur ce qui dépend de nous, l'indifférence à l'endroit du reste, l'absence de crainte à l'endroit de la mort.

Ce qui dépend de nous et ce qui n'en dépend pas

Il y a des choses qui dépendent de nous ; il y en a d'autres qui n'en dépendent pas. Ce qui dépend de nous, ce sont nos jugements, nos tendances, nos désirs, nos aversions : en un mot, toutes les œuvres qui nous appartiennent. Ce qui ne dépend pas de nous, c'est notre corps, c'est la richesse, la célébrité, le pouvoir ; en un mot, toutes les œuvres qui ne nous appartiennent pas.

[…] Souviens-toi que tu dois te comporter comme dans un festin. Le plat qui circule arrive-t-il à toi ? Tends la main et prends modérément. Passe-t-il loin de toi ? Ne le recherche pas. Tarde-t-il à venir ? Ne jette pas de loin sur lui ton désir, mais patiente jusqu'à ce qu'il arrive à toi. Sois ainsi pour tes enfants, ainsi pour ta femme, ainsi pour les charges publiques, ainsi pour la richesse, et tu seras un jour digne d'être le convive des Dieux. Mais si tu ne prends rien de ce que l'on te sert, si tu le considères avec indifférence, tu seras alors non seulement le convive des Dieux, mais tu deviendras aussi leur collègue. C'est en faisant ainsi que Diogène, Héraclite et leurs semblables ont mérité d'être justement appelés ce qu'ils étaient : des êtres divins.

Manuel, I.1 et II.15, trad. M. Meunier, Garnier, 1964.

Blaise Pascal (français, 1623-1662)

Scientifique et catholique fervent à la santé fragile. Travaillait quand il est mort à un livre se proposant de démontrer la misère des hommes sans Dieu et leur salut dans le catholicisme. On a retrouvé ses manuscrits partout, y compris cousus dans le revers de son manteau. Diversement associées, ces notes ont donné les *Pensées*.

Ni trop, ni trop peu

Guerre intestine de l'homme entre la raison et les passions.
S'il n'avait que la raison sans passions…
S'il n'avait que les passions sans raison…
Mais ayant l'un et l'autre, il ne peut être sans guerre, ne pouvant avoir la paix avec l'un qu'ayant la guerre avec l'autre : aussi il est toujours divisé, et contraire à lui-même.

Cette guerre intérieure de la raison contre les passions a fait que ceux qui ont voulu avoir la paix se sont partagés en deux sectes. Les uns ont voulu renoncer aux passions, et devenir dieux ; les autres ont voulu renoncer à la raison et devenir bêtes brutes. (Des Barreaux) Mais ils ne l'ont pu, ni les uns ni les autres ; et la raison demeure toujours, qui accuse la bassesse et l'injustice des passions, et qui trouble le repos de ceux qui s'y abandonnent ; et les passions sont toujours vivantes dans ceux qui y veulent renoncer. [...]

Si on soumet tout à la raison, notre religion n'aura rien de mystérieux et de surnaturel. Si on choque les principes de la raison, notre religion sera absurde et ridicule. [...]

Deux excès : exclure la raison, n'admettre que la raison.

Pensées (412, 413, 273, 253), éd. Bunschvicg.

D'AUTRES TEXTES SUR LA RAISON

Paul Feyerabend (autrichien, 1924-1994)

L'un des rares philosophes, spécialisé dans les questions scientifiques et de méthode, à se réclamer de l'anarchisme. Bataille contre ce qui confirme la toute puissance de la raison et souhaite réhabiliter l'erreur, l'intuition, l'irrationnel, la magie, l'astrologie, la superstition comme moyens d'accès possibles aux vérités.

Fiction de la raison universelle

L'hypothèse qu'il existe des règles (des critères ?) de connaissance et d'action universellement valides et contraignantes est un cas particulier d'une croyance dont l'influence s'étend bien au-delà du champ des débats intellectuels. Cette croyance (dont j'ai déjà donné quelques exemples) peut se formuler de la manière suivante : il existe une bonne manière de vivre et le monde doit être organisé pour s'y conformer. C'est cette croyance qui a donné leur impulsion aux conquêtes musulmanes ; elle a soutenu les croisés dans leurs batailles sanglantes ; elle a guidé les découvreurs de nouveaux continents ; elle a aiguisé la guillotine et elle fournit son carburant aux débats sans fin des défenseurs libertaires et /ou marxistes de la Science, de la Liberté et de la Dignité. Évidemment, chaque mouvement donne à cette croyance un contenu particulier qui lui est propre ; ce contenu change dès que des difficultés surgissent et se pervertit dès que des avantages personnels ou de groupes sont impliqués. Mais l'idée que ce contenu existe bel et bien, qu'il est universellement valide et qu'il justifie une attitude interventionniste a toujours joué et joue encore un rôle important (comme on l'a dit plus haut, cette croyance est même partagée par quelques critiques de l'objectivisme et du réductionnisme). On peut supposer que l'idée est une survivance d'époques où les affaires importantes étaient dirigées à partir d'un centre unique, un roi ou un dieu jaloux, soutenant et conférant autorité à une vision du monde unique. On peut supposer encore que la Raison et la Rationalité sont des pouvoirs de même nature et qu'ils sont entourés d'une aura identique à celle dont jouirent les dieux, les rois, les tyrans et

leurs lois sans pitié. Le contenu s'est évaporé ; l'aura reste et permet aux pouvoirs de survivre.
L'absence de contenu constitue un avantage fantastique qui permet à des groupes particuliers de s'autoproclamer « rationalistes », de prétendre que leurs succès sont dus à la Raison et d'utiliser la force ainsi mobilisée pour supprimer des développements contraires à leurs intérêts. Inutile de dire que la plupart de ces prétentions sont fausses.

Adieu à la Raison (1987), trad. B. Jurdant, Seuil, 1989.

Allez voir au-delà de la raison

La science n'est pas sacro-sainte. Les restrictions qu'elle impose (et de telles restrictions sont nombreuses, bien qu'il ne soit pas facile d'en faire la liste) ne sont pas nécessaires pour avoir sur le monde des vues générales, cohérentes et adéquates. Il y a les mythes, les dogmes de la théologie, la métaphysique, et de nombreux autres moyens de construire une conception du monde. Il est clair qu'un échange fructueux entre la science et de telles conceptions non scientifiques du monde aura encore plus besoin d'anarchisme que la science elle-même. Ainsi l'anarchisme n'est-il pas seulement une possibilité, mais une nécessité, à la fois pour le progrès interne de la science et pour le développement de la culture en général. Et la Raison, pour finir, rejoint tous ces monstres abstraits — l'Obligation, le Devoir, la Moralité, la Vérité —, et leurs prédécesseurs plus concrets — les Dieux — qui ont jadis servi à intimider les hommes et à restreindre un développement heureux et libre ; elle dépérit…

Contre la méthode. Esquisse d'une théorie anarchiste de la connaissance (1975), trad. B. Jurdant et A. Schlumberger, Seuil, 1979.

Friedrich Nietzsche (allemand, 1844-1900)

Athée, antichrétien, malade toute son existence, récupéré par le nazisme — à cause d'un faux livre fabriqué par sa sœur pour plaire à Hitler —, il meurt après dix années de folie et de prostration. Invite à tourner la page de deux mille ans de pensée occidentale en affirmant, « par-delà le bien et le mal », une passion effrénée pour la vie.

« Le corps est une grande raison »

J'ai un mot à dire à ceux qui méprisent le corps. Je ne leur demande pas de changer d'avis ni de doctrine, mais de se défaire de leur propre corps — ce qui les rendra muets.
« Je suis corps et âme » — ainsi parle l'enfant. Et pourquoi ne parlerait-on pas comme les enfants ?
Mais l'homme éveillé à la conscience et à la connaissance dit : « Je suis tout entier corps, et rien d'autre ; l'âme est un mot qui désigne une partie du corps. »
Le corps est une grande raison, une multitude unanime, un état de paix et de guerre, un troupeau et son berger.
Cette petite raison que tu appelles ton esprit, ô mon frère, n'est qu'un instrument de ton corps, et un bien petit instrument, un jouet de ta grande raison.
Tu dis « moi », et tu es fier de ce mot. Mais il y a quelque chose de plus grand, à quoi tu refuses de croire, c'est ton corps et sa grande raison ; il ne dit pas moi, mais il agit en Moi.

Ainsi parlait Zarathoustra (1883-1885), trad. M. de Gandillac, Gallimard, 1971.

pg. 71 dans l'édition GF
présentation Paul Mathias
trad. Geneviève Bianquis
texte identique
à celui de Gandillac.
ici trad. revisée
par Gen. Bianquis

Affaire du Watergate, discours de démission du président Richard Nixon, 1974 (photographie de Jerry Rosencrantz).

9

La Vérité
Le politicien, le menteur et le cannabis

Quand vous l'aurez trompé(e), le direz-vous à votre ami(e) ?

Surtout pas, évitez, à moins que vous n'ayez envie de faire de la peine sans qu'il soit vraiment nécessaire d'en faire, tout simplement par volonté de dire la vérité, fût-ce au prix d'une douleur et d'une souffrance infligées. Si l'histoire de la veille s'explique par le seul plaisir d'une soirée passée à deux (ou plus...), sans hypothéquer le lendemain et sans projet de changer de vie, alors pourquoi honorer le devoir de vérité par la certitude de faire du mal ? Avec la vérité, on peut produire des effets considérables, pour le meilleur et pour le pire.

Certes, l'idéal est encore de ne pas se mettre dans la situation d'avoir à mentir, d'éviter l'action que vous vous sentirez obligé de cacher. Prévenir pour éviter de guérir. On peut aussi ne rien dire, sans qu'il soit besoin de mentir : ne pas dire une vérité ne suppose pas obligatoirement de s'installer dans le mensonge — sauf pour les chrétiens qui parlent d'un mensonge par omission et voient la racine du péché dans l'intention même de cacher la vérité. Mais dans le cas où vous ne seriez pas un saint, ou une sainte — le cas de tous sur cette terre —, il faut se résoudre à faire du mensonge un mal nécessaire — le plus rarement possible, certes. Car l'éviter absolument instaurerait le règne de la moralité pure, bien évidemment, mais aussi, à défaut de sainteté généralisée, celui de la cruauté intégrale.

Masquée, cachée, travestie ou dissimulée, qu'est donc cette vérité ? La coïncidence entre le dire et l'être, entre une affirmation et l'état réel d'une chose, d'un fait, d'un geste, d'une parole. Est vrai ce qui a eu lieu ; dire la vérité, c'est donc décrire fidèlement cet événement : vous étiez chez vos parents, vous vous y trouviez vraiment, vous le dites — voilà la vérité. Elle suppose une volonté délibérée de superposer le réel et le jugement porté sur lui. De bonne foi, on juge, on estime : si l'écart est nul entre ce qui est, ce que l'on voit et ce que l'on dit, alors la vérité est au rendez-vous. Le mensonge, quant à lui, s'épanouit dans l'écart volontaire : vous étiez en galante compagnie et vous affirmez que vous dîniez chez vos parents — voilà le mensonge.

La vérité, rarement bonne à dire

Il existe une violence de la vérité crue et nue : prenez la ferme résolution, un matin, au réveil, de dire la vérité à absolument tous ceux que vous croiserez dans les vingt-quatre heures, amis, amants, maîtresses, parents, familles, collègues, anonymes, supérieurs hiérarchiques, commerçants, voisins de bus et autres. Tenez-vous à cette décision sans y déroger, quelles que soient les circonstances. Je gage que vous vous serez fâché avec la moitié de vos connaissances, sinon toutes. On aura eu l'impression, en vous côtoyant, de croiser un rustre, un grossier personnage, sans tact, sans élégance, un individu au mauvais caractère, à la langue de vipère, sans manières, ignorant la politesse élémentaire et le savoir-vivre de base.

Or, vous vous serez contenté de la vérité, rien d'autre. C'est-à-dire ? Vous aurez dit aux imbéciles qu'ils le sont, aux importuns qu'ils vous ennuient, aux intéressés, aux pingres, aux radins qu'ils vous énervent, aux gens qui ont grossi ou vieilli que les kilos en trop ou les rides ne leur vont pas bien, vous aurez affirmé sans ménagement que vous en avez assez de déjeuner avec des personnes qui ne vous intéressent plus, avec lesquels les repas vous semblent longs, vous vous déplacerez pour dire à quelqu'un que vous ne supportez pas sa beauté, son intelligence, son succès, son argent, vous avouerez que les réussites des autres vous pincent souvent le cœur alors que leurs échecs vous réjouissent la plupart du temps, etc.

Vous vous serez comporté en humain et vous n'aurez fait que dire la vérité, exprimer ce que vous ressentiez et qui vous venait directement à l'esprit, sans vous l'interdire... La vie quotidienne tout entière, quand on n'agit pas dans la transparence, se réduit à un genre de mensonge par omission. Qui accepterait sans crainte d'apprendre ce que ses amis pensent et disent vraiment de lui ? Qui jouerait le jeu de l'invisibilité pour assister à un repas où il est question de lui sans redouter la défaillance d'un qui passe pour son ami ? Les sots, les naïfs, les niais...

Je t'aime, donc je te mens...

Malgré l'évidente méchanceté de la nature humaine, certains pensent nécessaire d'interdire absolument le mensonge, sans tolérer une seule exception, quel que soit le cas de figure. Même si les conséquences de la vérité doivent être pires dans leurs effets dévastateurs que l'acte de mentir. Peu importent les conséquences du geste, il faut vouloir la vérité pour elle-même : mentir disqualifie la source du droit, car il suffit de mentir une fois à quelqu'un pour qu'il puisse toujours légitimement mettre en doute votre parole à l'avenir.

Le mensonge rend impossible, et définitivement, la confiance nécessaire à la relation éthique. Un seul détruit la possibilité même d'un rapport moral pour la suite. Chacun a le droit à la vérité et il est un devoir de la donner pour celui qui en dispose. La vérité se pratique à la manière d'une religion, comme un Dieu que l'on adore : rien ne justifie la dérogation, surtout pas une mise en perspective avec les conséquences de la vérité. Pourtant, elles peuvent être catastrophiques et induire pire que le mensonge. Peu importe, disent par exemple Kant (1724-1804) et les chrétiens. Ainsi, lorsqu'un nazi botté entre dans votre maison pour y poursuivre un Juif qui, l'étoile jaune au revers de sa veste, vous demande asile dans la précipitation et se réfugie dans la pièce d'à côté, il faudrait lui signaler, effectivement, l'entrée d'un individu essoufflé dans votre salon et sa dissimulation. Dût-il perdre la vie après arrestation, tortures, emprisonnement et déportation, cet homme devenu un enjeu entre la vérité et le mensonge devrait être sacrifié sur l'autel de la pureté philosophique et de la rigueur morale. Kant a raison sur le principe, mais que faire d'un principe invivable, impraticable, sinon au prix d'un mal plus grand encore (la mort d'un homme) que celui auquel on voulait échapper (le mensonge) ?

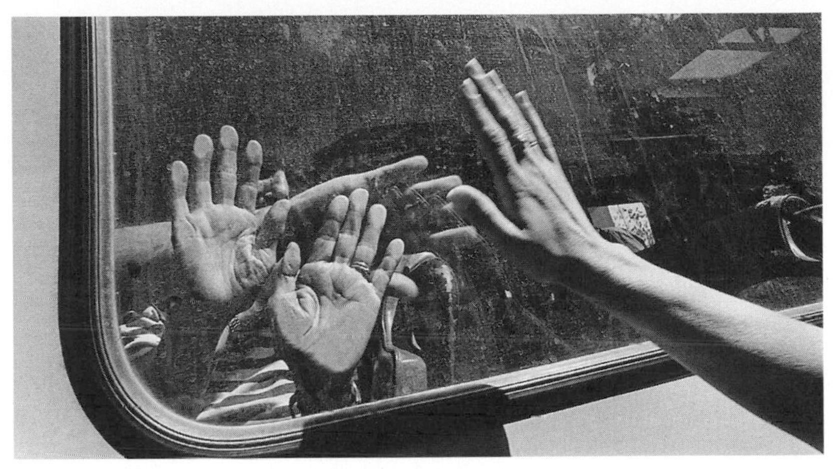

Sarajevo, départ de Juifs, 1993 (photographie de Gilles Peress).

D'autres philosophes définissent le mensonge autrement, avec moins de rigidité, plus d'intelligence de la vie réelle et concrète. Moins doctrinaires, moins guindés dans le pur respect de la loi morale qui prétend garantir l'existence de celle-ci dans un monde pur mais inexistant, plus soucieux de la réalité humaine, ils définissent le mensonge comme le fait de ne pas donner la vérité, certes, mais seulement à qui on la doit. Ce qui modifie considérablement les choses. Car chacun constate ne pas devoir forcément la vérité à tout le monde. Certains en effet y ont droit, d'autres non, les uns peuvent l'entendre, les autres pas. Dans le cas de figure précédent, on ne doit pas la vérité à un nazi, si l'on sait ce qu'il va en faire, ce à quoi elle va lui servir. En lui cachant la présence d'un Juif dissimulé chez soi, on ne dit pas la vérité, certes, mais on ne pratique pas non plus un mensonge.

D'où la nécessité de distinguer le mensonge pour nuire, impur, celui qui vise une tromperie destinée à se soumettre l'autre, à le circonscrire, à l'éviter, à le mépriser, et le mensonge pour servir, pur, appelé par certains le mensonge pieux, celui qu'on commet par exemple pour épargner de la peine et de la douleur à une personne aimée. En soi, le mensonge n'est qu'un instrument à l'aide duquel on dissimule et soustrait la vérité au regard d'autrui. Mais il est lisible positivement ou négativement au regard des vertus ou des vices qu'il sert. Réfléchissez avant d'informer votre copain ou votre copine sur votre escapade de la veille...

TEXTES

Emmanuel Kant (allemand, 1724-1804)

Inventeur du Criticisme (critique du fonctionnement de la raison et réduction de son usage aux seuls objets d'expérimentation, le reste, bien séparé, relevant de la foi). Un livre majeur : *Critique de la raison pure* (1781). En morale, laïcise le contenu de l'enseignement des Évangiles.

Mentir ? Jamais !

Ainsi, il suffit de définir le mensonge comme une déclaration intentionnellement fausse et point n'est besoin d'ajouter cette clause qu'il faut qu'elle nuise à autrui, que les juristes exigent pour leur définition [...]. Car il nuit toujours à autrui : même si ce n'est pas à un autre homme, c'est à l'humanité en général, puisqu'il disqualifie la source du droit.

Mais ce mensonge par bonté d'âme *peut* même, *par accident*, tomber sous le coup des lois civiles ; or ce qui n'échappe à la sanction que par accident, peut également être réputé injustice selon des lois extérieures. C'est ainsi que si tu as *par un mensonge* empêché d'agir quelqu'un qui s'apprêtait à commettre un meurtre, tu es juridiquement responsable de toutes les conséquences qui pourraient en découler. Mais si tu t'en es tenu à la stricte vérité, la justice publique ne peut s'en prendre à toi, quelles que puissent être les conséquences imprévues qui s'ensuivent. Il est cependant possible que, après que tu as loyalement répondu par l'affirmative au meurtrier qui te demandait si celui à qui il en voulait était dans ta maison, ce dernier en soit sorti sans qu'on le remarque et ait ainsi échappé au meurtrier, et qu'ainsi le forfait n'ait pas eu lieu ; mais si tu as menti et dit qu'il n'était pas à la maison, et que de fait il soit réellement sorti (encore que tu ne le saches pas), supposé que le meurtrier le rencontre lors de sa sortie et perpètre son acte, c'est à bon droit qu'on peut t'accuser d'être à l'origine de sa mort. Car si tu avais dit la vérité exactement comme tu la savais, peut-être le meurtrier cherchant son ennemi dans la maison aurait-il été arrêté par les voisins accourus et le crime aurait-il été empêché. Donc celui qui *ment*, si généreuse puisse être son intention en mentant, doit répondre des conséquences de son mensonge, même devant les tribunaux civils, si

imprévues qu'elles puissent être : c'est que la véracité est un devoir qui doit être considéré comme la base de tous les devoirs à fonder sur un contrat, devoirs dont la loi, si on y tolère la moindre exception, devient chancelante et vaine.
C'est donc un commandement de la raison qui est sacré, absolument impératif, qui ne peut être limité par aucune convenance : en toutes déclarations, il faut être *véridique* (loyal).

Sur un prétendu droit de mentir par humanité (1797), trad. L. Guillermit, Vrin, 1977.

Theodor W. Adorno (allemand, 1903-1969)

Musicien de formation, sociologue et musicologue, philosophe juif chassé par le nazisme et réfugié aux États-Unis, membre de l'École de Francfort. Penseur antifasciste soucieux de réfléchir aux conditions d'une révolution sociale qui fasse l'économie de la violence.

« L'erreur, c'est la franchise excessive »

Fais bien attention à une chose, mon enfant ! — L'immoralité du mensonge ne tient pas à ce qu'on porte atteinte à la sacro-sainte vérité. Une société comme la nôtre est bien mal placée pour se réclamer de la vérité, puisque aussi bien elle ne pousse ses membres obligés à dire ce qu'ils ont à dire que pour les prendre au piège d'autant plus sûrement. La fausseté (*Unwahrheit*) généralisée n'a pas lieu d'exiger des vérités particulières, alors qu'elle les change immédiatement en leur contraire. Et pourtant, il y a dans le mensonge quelque chose d'odieux, dont faisait prendre conscience le châtiment du fouet qu'on infligeait autrefois, mais qui en même temps nous apprend quelque chose sur les gardes-chiourmes de cette société. L'erreur, c'est une franchise excessive. Celui qui ment a honte, car chaque mensonge lui fait éprouver tout ce qu'il y a d'indigne dans l'ordre d'un monde qui le contraint au mensonge pour survivre et lui chante en même temps la vieille chanson : « À la fidélité et à la probité, décideras bien de ne manquer jamais… ». Cette pudeur affaiblit les mensonges de ceux qui ont une sensibilité délicate. Ils s'en tirent mal ; et c'est alors seulement que le mensonge devient proprement quelque chose d'immoral par rapport à autrui. C'est en effet le prendre pour un imbécile et lui témoigner son dédain. Au sein des pratiques éhontées de notre temps, le mensonge a perdu depuis longtemps sa fonction bien claire de nous tromper sur la réalité. Personne ne croit plus personne, tout le monde sait à quoi s'en tenir. On ne ment à autrui que pour lui signifier le peu d'intérêt qu'on lui porte, pour lui montrer qu'on n'a pas besoin de lui et qu'on se moque de ce qu'il peut bien penser. Le mensonge, qui pouvait autrefois apporter un certain libéralisme dans la communication, est devenu maintenant l'une des techniques de l'impudence, qu'utilise chaque individu pour répandre autour de lui la froideur dont il a besoin pour prospérer.

Minima Moralia (1951), trad. E. Kaufholz, Payot & Rivages, 1993.

Voutch, *Le Grand Tourbillon de la vie*, Le Cherche-Midi, 1998.

– Si je vous trompe un jour, vous ne souffrirez pas. Car je ferai en sorte que vous ne le sachiez pas, que vous n'ayez jamais le moindre soupçon, le moindre doute. Comme avant-hier, par exemple.

Faut-il être obligatoirement menteur pour être Président de la République ?

Plutôt, ça aide. On voit mal comment un homme décidé à sacrifier sa vie à la vérité pourrait faire une carrière politique, que ce soit dans les plus bas étages ou dans les sommets. Car, en matière de politique, il n'existe que deux questions : comment accéder au pouvoir ? Et, une fois parvenu au sommet, comment s'y maintenir ? Les deux interrogations souffrent la même réponse : tous les moyens sont bons. On appelle machiavélisme cet art d'évacuer intégralement la morale pour réduire la politique à de purs problèmes de force. En d'autres termes, notamment ceux du dicton populaire : la fin justifie les moyens — tout est bon, pourvu qu'on obtienne ce que l'on visait. Dans cette perspective, le mensonge fournit une arme redoutable et efficace.

L'accès au pouvoir suppose la démagogie, c'est-à-dire le mensonge au peuple. Les candidats aux fonctions officielles ont depuis toujours renoncé à la vérité pour se contenter de tenir un discours flatteur à destination des électeurs : peuple français, exceptionnel, génial, ancestral, inventif, créateur, etc. Au lieu du souci de l'intérêt général que la fonction appelle, l'homme politique en mal de mandat cherche bien souvent l'assentiment du plus grand nombre — cinquante et un pour cent, cela suffit. Pour l'obtenir, il flatte, séduit, amadoue et promet, il tient un propos utile pour ramasser les suffrages, mais n'a aucunement l'intention d'honorer ses promesses — dont il affirmera plus tard qu'elles n'engagent que ceux qui y ont cru.

Le moteur des menteurs

Le mensonge destiné à augmenter les intentions de vote, à créer une dynamique élective, à doper les sondages se double d'un mensonge sur l'adversaire à discréditer. On ne lui reconnaît jamais de talent, d'intelligence ou de mérite, tout ce qu'il entreprend est mauvais, mal fait, perdu d'avance. Jamais cette catégorie d'hommes ou de femmes ne sort des logiques gouvernementale ou oppositionnelle : la vérité est relative au camp dans lequel on se trouve, vérité tout ce que pense et fait le candidat défendu, erreur tout ce qui procède de son adversaire. Pas d'absolu de la vérité permettant de penser en termes d'intérêt général, de destin pour le pays, de santé d'un État, de rôle de la Nation sur la planète et qui permettrait de reconnaître à l'opposant un tant soit peu de vertu, notamment quand ses propositions vont dans ce sens ; pas d'absolue vérité, donc, mais une subjectivité, des vérités de circonstance.

Mensonge en direction du peuple, de l'adversaire, mais aussi mensonge sur soi : on cache ses zones d'ombre, on gomme les traces gênantes dans son parcours, ses échecs, ses reniements, ses prises de position tranchées en fonction de la vérité du moment (pour le nucléaire civil ou militaire, la réduction du mandat présidentiel au quinquennat, la réalisation d'une Europe à la monnaie unique, la suppression de la conscription au profit d'une armée de métier, les avis des responsables politiques au plus haut niveau changent suivant les époques et les saisons électorales...). Et l'on prétend présenter un projet pour le destin de la France alors qu'il a été concocté par des cabinets de conseillers en communication pour correspondre au profil du meilleur produit vendable.

Lorsque ces mensonges ont assez séduit les électeurs pour que le pouvoir ne soit plus un objectif, mais une réalité, il s'agit, deuxième temps fort de l'action politique dans les démocraties modernes, de se maintenir en place. Comment rester ? De quelle manière aller jusqu'au bout ? Ne pas partir ? Revenir le plus vite possible ? Mêmes réponses que pour le cas précédent : tous les moyens sont bons et, parmi eux, le mensonge. Car aucun homme politique ne dit aimer le pouvoir pour la jouissance que son exercice procure, personne ne dit aimer cet alcool fort pour les ivresses qu'il donne, mais tous disent leur obligation de rester pour le bien de la France et des Français, pour finir ce qui n'a pas eu le temps d'être fait, pour réaliser ce qu'on n'a pas eu le temps de faire à cause du sort, de la fatalité, des autres, de la conjoncture — jamais de soi.

Toujours la volonté particulière triomphe au détriment de l'intérêt général. Les cellules d'information et de communication des instances du pouvoir — l'État ou le Gouvernement — abreuvent les journalistes d'informations construites pour séduire. Mensonge, là encore, associé à la propagande, à la publicité appelée naguère la réclame. Le verbe sert pour nuire, les mots d'un homme de l'opposition sortent de sa bouche comme si la réalité du pouvoir n'existait pas, et servent à la surenchère, pour donner des leçons, critiquer, annoncer qu'on ferait mieux, etc. Les déclarations d'un élu exerçant le pouvoir donnent toujours l'impression qu'il est resté dans l'opposition. Car la fonction politique oblige à un mensonge particulier caractérisé par une pratique sophistique.

Célébration de l'emballage, mépris du contenu

Les sophistes étaient des grands ennemis de Platon (428-347 av. J.-C.). Pour eux, l'essentiel réside dans la forme, jamais dans le fond : peu importe ce que l'on dit, le contenu, le message, la valeur des informations ou ce que les mots annoncent pour l'avenir, car seules comptent la forme, la façon, la technique d'exposition. Ancêtres des publicitaires uniquement soucieux de vendre un produit et d'attirer l'attention sur l'emballage plutôt que le contenu, ces philosophes se faisaient payer cher pour enseigner à parler, exposer, séduire les foules et les assemblées sans aucune considération pour les idées véhiculées. L'ensemble du combat de Socrate, et de Platon son porte-parole, vise cette engeance, cette profession singulière.

Pour un sophiste, la vérité réside dans l'efficacité. Est vrai ce qui parvient à ses fins et produit ses effets. Est faux tout ce qui manque son but. Hors de la morale et des considérations de vice ou de vertu, ce qui importe, pour les élèves des sophistes, c'est, dans les conditions de la démocratie grecque, de prendre la parole sur la place publique, de séduire son auditoire, de plaire et surtout d'obtenir son suffrage pour être élu et siéger dans les instances décisionnaires. Quand Socrate enseigne des vérités immuables, les sophistes — Protagoras (Ve s.

av. J.-C.), Gorgias (vers 487-380 av. J.-C.), Hippias (?-343 av. J.-C.), Critias, Prodicos (ve s. av. J.-C.) et quelques autres — vantent les mérites de la parole séduisante et du verbe enchanteur.

L'art politique est un art de la sophistique, donc du mensonge. Pour dissimuler cette évidence, des théoriciens du droit ont même forgé le concept de raison d'État qui permet de tout justifier, d'entretenir le silence, d'intervenir en plus haut lieu sur le cours normal de la justice, de classer des affaires secrets défense ou secrets d'État, de négocier avec des terroristes auxquels on paie des rançons ou avec des États sanguinaires, de passer des contrats dans la discrétion pour vendre des armes à des gouvernements officiellement ennemis, parce qu'ils contreviennent au principe des droits de l'homme, mais officieusement amis quand ils paient en monnaie forte.

Frédéric Pajak, dessin extrait de *L'Immense solitude*, PUF, 1999.

Ouvertement, la raison d'État existe pour éviter de faire échouer des négociations importantes, pour éviter une transparence qui servirait les ennemis de l'intérieur (l'opposition) ou de l'extérieur. En réalité elle prouve que l'État existe rarement pour servir les individus, contrairement à ce qu'on dit de lui pour le justifier, mais, au contraire, que les individus n'existent que pour le servir et qu'en cas de refus d'obéissance, il dispose, tout puissant, de moyens de contrainte : la police, les tribunaux, l'armée, le droit, la loi. Sachez-le, ne l'oubliez pas, et votez si le cœur vous en dit...

TEXTES

Pierre Hadot (français, né en 1922)

Révolutionne l'histoire de la philosophie ancienne grecque et romaine (du VIe s. av. J.-C. au Ve s. ap. J.-C.) en démontrant qu'à cette époque l'adoption d'une philosophie oblige à modifier radicalement sa propre existence afin de mettre sa théorie et sa pratique en conformité.

Les sophistes, marchands d'apparences

Moyennant un salaire, ils enseignent à leurs élèves les recettes qui leur permettront de persuader les auditeurs, de défendre avec autant d'habileté le pour et le contre (antilogie). Platon et Aristote leur reprocheront d'être des commerçants en matière de savoir, des négociants en gros et en détail. Ils enseignent d'ailleurs non seulement la technique du discours qui persuade, mais aussi tout ce qui peut servir à atteindre la hauteur de vue qui séduit toujours un auditoire, c'est-à-dire la culture générale, et il s'agit là aussi bien de science, de géométrie ou d'astronomie que d'histoire, de sociologie ou de théorie du droit. Ils ne fondent pas d'écoles permanentes, mais ils proposent, moyennant rétribution, des séries de cours, et, pour attirer les auditeurs, ils font leur propre publicité en donnant des conférences publiques, à l'occasion desquelles ils mettent en valeur leur savoir et leur habileté. Ce sont des professeurs ambulants, qui font ainsi bénéficier de leur technique non seulement Athènes, mais encore d'autres cités.
Ainsi l'*aretê*, l'excellence, cette fois conçue comme compétence, qui doit permettre de jouer un rôle dans la cité, peut faire l'objet d'un apprentissage, si le sujet qui l'apprend a des aptitudes naturelles et s'y exerce suffisamment.

Qu'est-ce que la philosophie antique ?, Gallimard, 1996.

Platon (grec, 427-347 av. J.-C.)

Figure majeure de la philosophie occidentale. Propose sa pensée sous forme de dialogues. Idéaliste (fait primer l'Idée sur la Réalité présentée comme en découlant) et dualiste (sépare le réel en deux mondes opposés : l'âme, l'intelligible, le ciel — positifs, et le corps, le sensible, la terre — négatifs). Le christianisme lui doit beaucoup.

Le mensonge, privilège du gouvernant

Mais c'est un fait qu'il y a aussi la vérité, et que nous devons en faire le plus grand cas ! Car, si nous avons eu raison de dire tout à l'heure que, en réalité, tandis que la fausseté est inutilisable par les Dieux, elle est utilisable par les hommes sous la forme d'un remède, il est dès lors manifeste qu'une telle utilisation doit être réservée à des médecins, et que des particuliers incompétents n'y doivent pas toucher. — C'est manifeste, dit-il. — C'est donc aux gouvernants de l'État qu'il appartient, comme à personne au monde, de recourir à la fausseté, en vue de tromper, soit les ennemis, soit leurs concitoyens, dans l'intérêt de l'État ; toucher à pareille matière ne doit appartenir à personne d'autre. Au contraire, adresser à des gouvernants tels que sont les nôtres des paroles fausses est pour un particulier une faute identique, plus grave même, à celle d'un malade envers son médecin, ou de celui qui s'entraîne aux exercices physiques envers son professeur, quand, sur les dispositions de leur corps, ils disent des choses qui ne sont point vraies ; ou bien encore envers le capitaine de navire, quand, sur son navire ou sur l'équipage, un des membres de cet équipage ne lui rapporte pas ce qui est, eu égard aux circonstances, tant de sa propre activité que de celle de ses compagnons. — Rien de plus vrai, dit-il. — Concluons donc que tout membre particulier de l'équipage de l'État, pris en flagrant délit de tromperie, « *quelle que soit sa profession, devin, guérisseur de maux, ou bien artisan du bois* », sera châtié, pour introduire ainsi, dans ce que j'appellerais le navire de l'État, une pratique qui doit en amener le naufrage et la perte. — Châtié ? dit Adimante. Au moins le sera-t-il dans le cas où nos propos seront suivis de réalisation.

La République (entre 389 et 369 av. J.-C.) in *Œuvres complètes*, tome I, trad. L. Robin, « La Pléiade », Gallimard, 1950.

Nicolas Machiavel (italien, 1469-1498)

Diplomate, poète, auteur de pièces de théâtre et théoricien politique. Analyse en moderne les questions spécifiques du politique : souveraineté, autorité, liberté, force, ruse, mensonge, détermination. Dans cet ordre d'idée, établit le portrait du gouvernant idéal dans son livre majeur *Le Prince* (1532).

Ruse du renard, force du lion

Il faut donc savoir qu'il y a deux manières de combattre, l'une par les lois, l'autre par la force : la première sorte est propre aux hommes, la seconde propre aux bêtes ; mais comme la première bien souvent ne suffit pas, il faut recourir à la seconde. Ce pourquoi est nécessaire au Prince de savoir bien pratiquer la bête et l'homme. Cette règle fut enseignée aux Princes en paroles voilées par les anciens auteurs qui écrivent comme Achille et plusieurs autres de ces grands seigneurs du temps passé furent donnés à élever au Centaure Chiron pour les instruire sous sa discipline. Ce qui ne signifie autre chose, d'avoir ainsi pour gouverneur un demi-bête et demi-homme, sinon qu'il faut qu'un Prince sache user de l'une ou l'autre nature, et que l'une sans l'autre n'est pas durable. Puis donc qu'un Prince doit savoir bien user de la bête, il en doit choisir le renard et le lion, car le lion ne se peut défendre des rets, le renard des loups ; il faut donc être renard pour connaître les filets, et lion pour faire peur aux loups. Ceux qui simplement veulent faire les lions, ils n'y entendent rien. Partant le sage Seigneur ne peut garder sa foi si cette observance lui tourne à rebours, et que les causes qui l'ont induit à promettre soient éteintes. D'autant que si les hommes étaient tous gens de bien, mon précepte serait nul ; mais comme ils sont méchants et qu'ils ne te la garderaient pas, toi non plus tu n'as pas à la leur garder. Et jamais un Prince n'a eu défaut d'excuses légitimes pour colorer son manque de foi ; et s'en pourraient alléguer infinis exemples du temps présent, montrant combien de paix, combien de promesses ont été faites en vain et mises à néant par l'infidélité des Princes, et qu'à celui qui a mieux su faire le renard, ses affaires vont mieux. Mais il est besoin de savoir bien colorer cette nature, bien feindre et déguiser ; et les hommes sont tant simples et obéissent tant aux nécessités présentes, que celui qui trompe trouvera toujours quelqu'un qui se laissera tromper.

Le Prince (1532), in *Œuvres complètes*, trad. E. Barincou, « La Pléiade », Gallimard, 1952.

Pourquoi pouvez-vous acheter librement du haschisch à Amsterdam et pas dans votre lycée ?

Parce que la Communauté Européenne est encore en chantier, que des législations différentes subsistent dans chacun des pays de la Communauté en vertu de leurs spécificités, de leurs caractères nationaux, même si bientôt tous les pays ressortissants adopteront une même législation qui supposera vraies les mêmes vérités, fausses les mêmes erreurs. En l'occurrence, il semble peu probable que l'alignement se fasse sur la loi des Pays-Bas qui, loin de faire la leçon aux autres nations, n'inviteront pas à dépénaliser puis à légaliser la consommation des drogues douces mais se trouveront vraisemblablement invités à renoncer à leurs douceurs locales. Europe de Maastricht oblige...

En attendant, preuve est faite qu'une frontière décide du juste et de l'injuste, du bien et du mal, du permis et du prohibé, de l'autorisé et du défendu. Il n'existe donc pas une vérité universelle, planétaire, commune à tous les peuples et toutes les nations, du moins pas tant qu'un État universel n'est pas promulgué et que subsistent des vérités locales, subjectives, nationales, propres à des communautés limitées dans le temps et dans l'espace. La vérité néerlandaise sur la question des stupéfiants n'est pas la vérité française : qui a raison ? qui a tort ? qui est dans le vrai ? et qui dans le faux ? Et si personne n'était dans le vrai ou dans le faux, chacun défendant une vérité, sa vérité, c'est-à-dire la règle et la loi qu'il croit juste au moment où il la promulgue ? La vérité définirait alors la proposition admise par le plus grand nombre à un moment donné de l'histoire et en un lieu précis de la planète. L'ensemble de ces vérités étant sujet à repentir, amendement et modification.

Une vérité vraiment vraie ?

Pourtant, il existe des défenseurs de la vérité absolue, les platoniciens de l'origine (ve siècle avant J.-C.) et ceux qui s'en réclament depuis, pour lesquels il existe dans un monde intelligible hors du temps et de l'espace, invisible et impossible à prouver, un monde des Idées pures indépendantes de leurs incarnations, de leurs formes concrètes, sensibles et matérielles. Pas besoin, par exemple, d'une action juste sur terre pour qu'existe une idée de la Justice en soi ; pas besoin d'un bel objet pour qu'il soit dans cet univers conceptuel une Beauté pure. À l'inverse, le monde terrestre et matériel a besoin de ces idées pour être. Le monde intelligible pourrait subsister sans l'autre, en revanche le monde sensible ne pourrait être sans le monde idéal dont il découle. Les vérités du moment ne sont rien en regard de la vérité absolue, pure, intelligible.

Peu importent pour un platonicien les spécificités historiques et les divergences qui séparent l'Égypte pharaonique et les mégapoles post-modernes, la Chine antique et l'Afrique tribale d'aujourd'hui, l'homme des cavernes et l'astronaute envoyé sur la Lune, le vrai a toujours été, il restera indéfectiblement ce qu'il est, malgré les contradictions enregistrées partout dans le monde sensible et concret, celui des faits. Toutes les civilisations ont enseigné des vérités souvent devenues des erreurs avec le temps, mais peu importe, le Vrai absolu existe bel et bien...

Évidemment, le christianisme s'est nourri de cette pensée pour mieux réfuter la diversité, la multiplicité, l'explosion des visions du monde et ramasser sa proposition philosophique pour en faire un corps de doctrine se présentant comme la vérité — « Je suis la Vérité et la Vie », dit le Christ. Pour un chrétien, le temps qui passe, l'histoire et les changements, l'évolution et le progrès n'ont aucune incidence sur la Vérité révélée à laquelle ils sacrifient : le Vrai est le même pour un contemporain de sainte Blandine mangée par les lions avec les premiers martyrs de la cause et pour un cyber-chrétien en relation avec le Vatican sur le net. Défenseurs

de Platon et défenseurs du Christ croient à la même universalité de la Vérité et à sa permanence en dehors des péripéties historiques.

Vérités fausses et vérités vraies

L'inconvénient, c'est que les chrétiens se sont souvent et beaucoup trompés. Qu'ils ont défendu des vérités rapidement devenues des illusions et des erreurs. Ainsi, entre autres, le géocentrisme (la Terre est au centre du système solaire) défendu contre la vérité des scientifiques et de leurs observations en regard de la vérité théologique enseignée dans les Écritures : Dieu ayant créé la Terre parfaite, elle ne pouvait se

Le procès de Galilée (1564-1642) en 1633 (anonyme, XVIIe siècle).

retrouver reléguée dans un coin du cosmos, pour des raisons religieuses elle devait être au centre, même si, preuves à l'appui, les calculs des astronomes montraient le contraire. Le Vatican a condamné Galilée (1546-1642) qui enseignait l'héliocentrisme (le Soleil est au centre du système) avec justesse. Il a fallu attendre trente ans après le premier pas de l'homme sur la Lune pour que le pape Jean-Paul II reconnaisse que Galilée avait eu raison, trois siècles auparavant, de dire que le Soleil et non la Terre occupait le point central dans notre système.

Vérité chrétienne et théologique contre vérité laïque et scientifique, vérité issue de la croyance et de la foi contre vérité procédant de la raison et de l'observation : le choc est rude. Car les vérités diverses, différentes et successives montrent des opinions changeantes, des certitudes rarement immuables mais occasionnelles et relatives à des conditions historiques. La vérité est singulière et non universelle, relative et non absolue, particulière et non générale, datée et non hors de l'histoire et du temps. Est vrai ce qu'une époque énonce comme tel jusqu'à preuve du contraire. Parfois, quelques vérités incontestables (en physique, en biologie, en chimie, en histoire : des faits, des dates, des formules) ne souffrent pas la discussion car une expérience sans cesse possible à répéter atteste leur validité et les certifie en tous lieux et en tous temps. Mais en dehors de ce petit capital de vérités irréfutables, il n'existe que du changement.

D'où la validité du perspectivisme (la vérité n'existe pas, seules existent des perspectives) sinon sa vérité. La vérité renvoie donc à la perception subjective (en relation avec un sujet) d'un objet. Or cette perception n'est jamais totale, englobante et générale. Là où je suis, je ne vois qu'une partie de ce qui m'apparaît. Si je veux voir les faces cachées d'un cube, je dois me déplacer ; je ne vois plus alors celles qui m'apparaissaient précédemment. D'où une condamnation à ne saisir qu'une réalité fragmentée, mutilée. La vérité supposerait une saisie globale, intégrale du monde et de sa constitution dans le détail. À la manière d'un portrait cubiste qui déplie et déploie des volumes pour les montrer tous sur un même plan, le perspectivisme permet de comprendre les vérités multiples, mobiles et changeantes, dans leur rôle d'établissement du sens.

Que faut-il en conclure ? Non pas que nulle vérité n'existe, ce qui serait donner des arguments au nihilisme, au révisionnisme, au négationnisme qui mettent en doute l'existence véritable de faits historiques avérés (ainsi du projet nazi partiellement réalisé de détruire le peuple Juif) afin de poursuivre un dessein politique dangereux, mais qu'une vérité est un instantané, un cliché, une image dans le temps. Donc qu'on peut faire évoluer une vérité du moment, laquelle devient alors une erreur avant affinement et proposition d'une nouvelle vérité. On peut se battre, on doit se battre, pour défendre sa conception de la vérité. D'autres que vous et nous, plus tard, selon d'autres et de nouvelles perspectives, proposeront de nouvelles images, appelées elles aussi à être dépassées. Et c'est normal, parce que la vie est mouvement, seule la mort est immobilité et pétrification, du vrai comme du reste. Désormais, à vous de jouer...

TEXTE

Blaise Pascal (français, 1623-1662)

Scientifique et catholique fervent à la santé fragile. Travaillait quand il est mort à un livre se proposant de démontrer la misère des hommes sans Dieu et leur salut dans le catholicisme. On a retrouvé ses manuscrits partout, y compris cousus dans le revers de son manteau. Diversement associées, ces notes ont donné les *Pensées*.

« Plaisante justice qu'une rivière borne ! »

On ne voit rien de juste ou d'injuste qui ne change de qualité en changeant de climat. Trois degrés d'élévation du pôle renversent toute la jurisprudence, un méridien décide de la vérité ; en peu d'années de possession, les lois fondamentales changent ; le droit a ses époques, l'entrée de Saturne au Lion nous marque l'origine d'un tel crime. Plaisante justice qu'une rivière borne ! Vérité au deçà des Pyrénées, erreur au delà. […]

Rien, suivant la seule raison, n'est juste de soi ; tout branle avec le temps. La coutume fait toute l'équité, par cette seule raison qu'elle est reçue ; c'est le fondement mystique de son autorité. Qui la ramène à son principe, l'anéantit. Rien n'est si fautif que ces lois qui redressent les fautes ; qui leur obéit parce qu'elles sont justes, obéit à la justice qu'il imagine, mais non pas à l'essence de la loi : elle est toute ramassée en soi ; elle est loi, et rien davantage.

Pensées (1662), 294, éd. Brunschvig.

Philippe Gelück, *Entrechats*, Casterman, 1999.

D'AUTRES TEXTES SUR LA VÉRITÉ

Platon (grec, 427-347 av. J.-C.)

Figure majeure de la philosophie occidentale. Propose sa pensée sous forme de dialogues. Idéaliste (fait primer l'Idée sur la Réalité présentée comme en découlant) et dualiste (sépare le réel en deux mondes opposés : l'âme, l'intelligible, le ciel — positifs, et le corps, le sensible, la terre — négatifs). Le christianisme lui doit beaucoup.

Le mythe de la caverne

Représente-toi donc des hommes qui vivent dans une sorte de demeure souterraine en forme de caverne, possédant, tout le long de la caverne, une entrée qui s'ouvre largement du côté du jour ; à l'intérieur de cette demeure ils sont, depuis leur enfance, enchaînés par les jambes et par le cou, en sorte qu'ils restent à la même place, ne voient que ce qui est en avant d'eux, incapables d'autre part, en raison de la chaîne qui tient leur tête, de tourner celle-ci circulairement. Quant à la lumière, elle leur vient d'un feu qui brûle en arrière d'eux, vers le haut et loin. Or, entre ce feu et les prisonniers, imagine la montée d'une route, en travers de laquelle il faut te représenter qu'on a élevé un petit mur qui la barre, pareil à la cloison que les montreurs de marionnettes placent devant les hommes qui manœuvrent celles-ci et au-dessus de laquelle ils présentent ces marionnettes aux regards du public. — Je vois ! dit-il. — Alors, le long de ce petit mur, vois des hommes qui portent, dépassant le mur, toutes sortes d'objets fabriqués, des statues, ou encore des animaux en pierre, en bois, façonnés en toute sorte de matière ; de ceux qui le longent en les portant, il y en a, vraisemblablement, qui parlent, il y en a qui se taisent. — Tu fais là, dit-il, une étrange description et tes prisonniers sont étranges ! — C'est à nous qu'ils sont pareils ! repartis-je. Peux-tu croire en effet que des hommes dans leur situation, d'abord, aient eu d'eux-mêmes et les uns des autres aucune vision, hormis celle des ombres que le feu fait se projeter sur la paroi de la caverne qui leur fait face ? — Comment en effet l'auraient-ils eue, dit-il, si du moins ils ont été condamnés pour la vie à avoir la tête immobile ? — Et, à l'égard des objets portés le long du mur, leur cas n'est-il pas identique ? — Évidemment ! — Et maintenant, s'ils étaient à même de converser entre eux, ne croiras-tu pas qu'en nommant ce qu'ils voient ils penseraient nommer les réalités mêmes ? — Forcément. — Et si, en outre, il y avait dans la prison un écho provenant de la paroi qui leur fait face ? Quand parlerait un de ceux qui passent le long du petit mur, croiras-tu que ces paroles, ils pourront les juger émanant d'ailleurs que de l'ombre qui passe le long de la paroi ? — Par Zeus, dit-il, ce n'est pas moi qui le croirai ! — Dès lors, repris-je, les hommes dont telle est la condition ne tiendraient, pour être le vrai, absolument rien d'autre que les ombres projetées par les objets fabriqués. — C'est tout à fait forcé dit-il. — Envisage donc, repris-je, ce que serait le fait, pour eux, d'être délivrés de leurs chaînes, d'être guéris de leur déraison, au cas où en vertu de leur nature ces choses leur arriveraient de la façon que voici. Quand l'un de ces hommes aura été délivré et forcé soudainement à se lever, à tourner le cou, à marcher, à regarder du côté de la lumière ; quand, en faisant tout cela, il souffrira ; quand, en raison de ses éblouissements, il sera impuissant à regarder lesdits objets, dont autrefois il voyait les ombres, quel serait, selon toi, son langage si on lui disait que, tandis qu'autrefois c'étaient des billevesées qu'il voyait, c'est maintenant, dans une bien plus grande proximité du réel et tourné vers de plus réelles réalités, qu'il aura dans le regard une plus grande rectitude ? et, non moins naturellement, si, en lui désignant chacun des objets qui passent le long de la crête du mur, on le forçait de répondre aux questions qu'on lui poserait sur ce qu'est chacun d'eux ? Ne penses-tu pas qu'il serait embarrassé ? qu'il estimerait les choses qu'il voyait autrefois plus vraies que celles qu'on lui désigne maintenant ? — Hé oui ! dit-il, beaucoup plus vraies ! — Mais, dis-moi, si on le forçait en outre à porter ses regards du côté de la lumière elle-même, ne penses-tu pas qu'il souffrirait des yeux, que, tournant le dos, il fuirait vers ces autres choses qu'il est capable de regarder ? qu'il leur attribuerait une réalité plus certaine qu'à celles qu'on lui désigne ? — Exact ! dit-il. — Or, repris-je, suppose qu'on le tire par force de là où il est, tout au long de la rocailleuse montée, de son escarpement, et qu'on ne le lâche pas avant de l'avoir tiré dehors, à la lumière du soleil, est-ce qu'à ton avis il ne s'affligerait pas, est-ce qu'il ne s'irriterait pas d'être tiré de la sorte ? et est-ce que, une fois venu au jour, les yeux tout remplis de son éclat, il ne serait pas incapable de voir même un seul de ces objets qu'à présent nous disons véritables ? — Il en serait, dit-il, incapable, au moins sur-le-champ ! — Il aurait donc, je crois, besoin d'accoutumance pour arriver à voir les choses d'en haut. Ce sont leurs ombres que d'abord il regarderait le plus aisément, et, après, sur la surface des eaux le simulacre des hommes aussi bien que des autres êtres ; plus tard, ce serait ces êtres eux-mêmes. À partir de ces expériences, il pourrait, pendant la nuit, contempler les corps célestes et le ciel lui-même, fixer du regard la lumière des astres, celle de la lune, plus aisément qu'il ne le ferait, de jour, pour le soleil comme pour la lumière de celui-ci. — Comment n'en serait-il pas ainsi ? — Finalement, ce serait, je pense, le soleil qu'il serait capable dès lors de regarder, non pas réfléchi sur la surface de l'eau, pas davantage l'apparence du soleil en une place où il n'est pas, mais le soleil lui-même dans le lieu qui est le sien ; bref, de le contempler tel qu'il est. — Nécessairement, dit-il. — Après quoi, il ferait désormais à son sujet ce raisonnement que, lui qui produit les saisons et les années, lui qui a le gouvernement de toutes les choses qui existent dans le lieu visible, il est aussi la cause, en quelque manière, de tout ce que, eux, ils voyaient là-bas. — Manifestement, dit-il c'est là qu'après cela il en viendrait. — Mais quoi ! Ne penses-tu pas que, au souvenir du lieu qu'il habitait d'abord, au souvenir de la sagesse de là-bas et de ses anciens compagnons de prison, il se louerait lui-même du bonheur de ce changement et qu'il aurait pitié d'eux ? — Ah ! je crois bien ! — Pour ce qui est des honneurs et des éloges que, je suppose, ils échangeaient jadis, de l'octroi de prérogatives à qui aurait la vue la plus fine pour saisir le passage des ombres contre la paroi, la meilleure mémoire de tout ce qui est habituel là-dedans quant aux antécédents, aux conséquents et aux concomitants, le plus de capacité pour tirer de ces observations des conjectures sur ce qui doit arriver, es-tu d'avis que cela ferait envie à cet homme, et qu'il serait jaloux de quiconque aura là-bas conquis honneurs et crédits auprès de ses compagnons ? ou bien, qu'il éprouverait ce que dit Homère et préférerait très fort « *vivre, valet de bœufs, en service chez un pauvre fermier* » ; qu'il accepterait n'importe quelle épreuve plutôt que de juger comme on juge là-bas, plutôt que de vivre comme on vit là-bas ? — Comme toi, dit-il, j'en suis bien persuadé : toute épreuve serait acceptée de lui plutôt que de vivre à la façon de là-bas ! — Voici maintenant quelque chose encore à quoi il te faut réfléchir : suppose un pareil homme redescendu dans la caverne, venant se rasseoir à son même siège, ne serait-ce pas d'obscurité qu'il aurait les yeux tout pleins, lui qui, sur-le-champ, arrive de la lumière ? — Hé oui ! ma foi, je crois bien ! dit-il. — Quant à ces ombres de là-bas, s'il lui fallait recommencer à en connaître et à entrer, à leur sujet, en contestation avec les gens qui là-bas n'ont pas cessé d'être enchaînés, cela pendant que son regard est trouble et avant que sa vue y soit faite, si d'autre part on ne lui laissait, pour s'y accoutumer, qu'un temps tout à fait court, est-ce qu'il ne prêterait pas à rire ? est-ce qu'on ne dirait pas de lui que, de son ascension vers les hauteurs, il arrive la vue ruinée, et que cela ne vaut pas la peine, de seulement tenter d'aller vers les hauteurs ? et celui qui entreprendrait de les délier, de leur faire gravir la pente, ne crois-tu pas que, s'ils pouvaient de quelque manière le tenir en leurs mains et le mettre à mort, ils le mettraient à mort, en effet ? — C'est tout à fait incontestable ! dit-il.

La République (entre 389 et 369 av. J.-C.), VII (514a-517a), in *Œuvres complètes*, tome 1, trad. L. Robin, « La Pléiade », Gallimard, 1950.

Alain (français, 1868-1951)

Professeur légendaire au dire de ses anciens élèves. Journaliste qui fait entrer la philosophie dans le commentaire hebdomadaire d'actualité. Invente pour la presse le format calibré du *Propos* et transforme le fait divers ou l'information du jour en leçon susceptible d'une portée générale.

À qui doit-on la vérité ?

Le mensonge consiste à tromper, sur ce qu'on sait être vrai, une personne à qui l'on doit cette vérité-là. Le mensonge est donc un abus de confiance ; il suppose qu'au moins implicitement on a promis de dire la vérité. À quelqu'un qui me demande son chemin, il est implicite que je dois cette vérité-là ; mais non pas s'il me demande quels sont les défauts d'un de mes amis. Le juge lui-même admet qu'on ne prête point serment, si on est l'ami, l'employeur ou l'employé de l'inculpé. Et il peut être de notre devoir de refuser le serment (un prêtre au sujet d'une confession). Seulement refuser le serment c'est quelquefois avouer. Il faudrait alors jurer, et puis mentir ? Telles sont les difficultés en cette question, que les parents, les précepteurs et les juges ont intérêt à simplifier.

Définitions (1929-1934), « La Pléiade », Gallimard, 1958.

Jean-François Sineux, *L'allégorie de la caverne*, 2001.

Francis Bacon (anglais, 1561-1626)

Dépoussière la méthode de son époque inspirée d'Aristote au profit de l'observation des faits et des événements concrets. Vise la construction d'une science moderne. On prétend que, zélé, il est mort de froid après avoir mené trop longuement ses observations dehors dans la neige, en hiver.

Comment accéder au vrai ?

Il y a deux voies pour chercher et trouver la vérité. L'une, des sensations et des faits particuliers, court aux axiomes les plus généraux, et là, s'appuyant sur l'immuable vérité de ces principes, notre esprit juge et découvre les axiomes moyens : c'est la route suivie de nos jours. L'autre, des sensations aussi et des faits particuliers fait sortir les axiomes, mais c'est par une marche continue qu'elle s'élève graduellement jusqu'aux propositions les plus générales : c'est la véritable voie. On ne l'a pas encore tentée.

[...] L'une et l'autre voie commence aux sensations et aux faits particuliers, et aboutit aux propositions les plus générales. Mais leur différence est immense : l'une ne fait que toucher et effleurer ces faits ; l'autre est longtemps au milieu d'eux, les étudie avec ordre et méthode. L'une établit, dès le départ, des généralités abstraites et vaines ; l'autre s'élève par degrés aux vérités qui sont en réalité les mieux conçues et les mieux exprimées dans la nature.

[...] Ces ouvrages de la raison humaine que nous transportons dans l'étude de la nature, nous les nommons anticipations de la nature, parce que ce sont des affirmations téméraires et prématurées. Mais ces principes qui sont tirés des choses suivant la méthode légitime, nous les appelons interprétations de la nature.

[...] Les anticipations ont plus de force que les interprétations pour emporter notre assentiment, parce que, recueillies dans un petit nombre de faits et parmi ceux qui se présentent le plus souvent, elles éblouissent l'intelligence et remplissent l'imagination. Mais les interprétations, tirées d'un grand nombre de faits souvent très éloignés de nous et isolés les uns des autres, ne frappent pas tout d'abord notre esprit.

[...] Non, quand tous les génies de tous les âges se rassembleraient, quand ils mettraient en commun et se transmettraient leurs travaux, les sciences ne feraient pas de grands progrès par la voie des anticipations : car des erreurs radicales et nées du premier travail de l'esprit ne se peuvent guérir par l'excellence de remèdes venus trop tard.

Novum organum (1620), Aphorismes I, 19, 22, 26, 28, 30, trad. Burnouf (1854).

Simone Weil (française, 1909-1943)

Catholique et révolutionnaire internationaliste. Travaille en usine pour partager la souffrance ouvrière et en consigner les détails dans son ouvrage *La Condition ouvrière* (1934). A milité au côté des peuples en lutte pour la liberté : les républicains espagnols dès 1936 et les résistants français dans les années 40. Meurt d'anorexie.

Le mensonge organisé

Le besoin de vérité est plus sacré qu'aucun autre. Il n'en est pourtant jamais fait mention. On a peur de lire quand on s'est une fois rendu compte de la quantité et de l'énormité des faussetés matérielles étalées sans honte, même dans les livres des auteurs les plus réputés. On lit alors comme on boirait l'eau d'un puits douteux.

Il y a des hommes qui travaillent huit heures par jour et font le grand effort de lire le soir pour s'instruire. Ils ne peuvent pas se livrer à des vérifications dans les grandes bibliothèques. Ils croient le livre sur parole. On n'a pas le droit de leur donner à manger du faux. Quel sens cela a-t-il d'alléguer que les auteurs sont de bonne foi ? Eux ne travaillent pas physiquement huit heures par jour. La société les nourrit pour qu'ils aient le loisir et se donnent la peine d'éviter l'erreur. Un aiguilleur cause d'un déraillement serait mal accueilli en alléguant qu'il est de bonne foi.

À plus forte raison est-il honteux de tolérer l'existence de journaux dont tout le monde sait qu'aucun collaborateur ne pourrait y demeurer s'il ne consentait parfois à altérer sciemment la vérité.

Le public se défie des journaux, mais sa défiance ne le protège pas. Sachant en gros qu'un journal contient des vérités et des mensonges, il répartit les nouvelles annoncées entre ces deux

rubriques, mais au hasard, au gré de ses préférences. Il est ainsi livré à l'erreur.

Tout le monde sait que, lorsque le journalisme se confond avec l'organisation du mensonge, il constitue un crime. Mais on croit que c'est un crime impunissable. Qu'est-ce qui peut bien empêcher de punir une activité une fois qu'elle a été reconnue comme criminelle ? D'où peut bien venir cette étrange conception de crimes non punissables ? C'est une des plus monstrueuses déformations de l'esprit juridique.

L'Enracinement in *Œuvres*, « Quarto », Gallimard, 2000.

Conclusion

Laissez-les vivre...

Voilà, l'année se termine et l'hypothèse se précise pour vous d'une sortie rapide du lycée pour entamer une formation supérieure ou entrer directement dans la vie active. Désormais, vous pouvez envisager le destin de votre professeur de philosophie : le pouce levé, vous lui laissez la vie sauve et l'abandonnez à une sortie honorable — des vacances bien méritées après la correction des copies du bac ; ou alors, le pouce baissé, vous le condamnez au bûcher parce qu'il a transformé le cours en catastrophe hebdomadaire. Si vous êtes un peu philosophe, comme on dit, accordez votre grâce au lieu d'allumer l'incendie : laissez-le retrouver son jardin potager et sa famille, dissociez-le de la philosophie et pratiquez directement la discipline, en l'évitant, lui, et en allant directement aux textes, aux livres, aux sources livresques.

Comme il fonctionne, le manuel invite avant tout à défricher le terrain encombré et broussailleux de la philosophie. L'option ternaire (trois parties, une par trimestre ; trois notions traitées dans chacune de ces trois parties ; trois questions par notion) vaut comme une formule pratique, rien d'autre. Vous vous doutez qu'on n'épuise pas neuf thèmes aussi généraux que ceux-là en quelques pages de cours — ce à quoi le principe du manuel oblige pourtant. Chaque idée effleurée ici fait par ailleurs l'objet d'un traitement plus profond sous forme de thèses universitaires, de gros ouvrages truffés de références, de livres conséquents débordant de citations en plusieurs langues, le tout empilé sur les rayonnages des bibliothèques de faculté où ils attendent le rare lecteur.

Ce cours met à votre disposition un trajet philosophique subjectif et revendiqué comme tel. Sous l'apparente désinvolture des questions qui structurent ce livre, vous disposez sans en avoir l'air d'un cours en bonne et due forme sur : le naturalisme cynique (ch. 1.3), l'idéalisme platonicien (ch. 2.3), le relativisme sophiste (ch. 9.2), la politique machiavélienne (ch. 9.2), le *cogito* cartésien (ch. 7.1), le déterminisme spinoziste (ch. 4.2), l'état de nature hobbien (ch. 5.3), le contrat social rousseauiste (ch. 5.2), le moralisme kantien (ch. 9.1), la philosophie de l'histoire hégélienne (ch. 6.3), le perspectivisme nietzschéen (ch. 9.3), la critique freudo-marxiste de la technique (ch. 3.3), l'inconscient freudien (ch. 7.3), le radicalisme libertaire foucaldien (ch. 4.1) et autres aperçus de philosophie contemporaine (une bonne vingtaine d'auteurs, dont certains très actifs à l'heure actuelle...).

Subjectif, critique et alternatif...

Bien évidemment, je revendique la subjectivité de ces quelque trois cents pages, car l'objectivité n'existe pas. On opposerait fautivement ce manuel subjectif aux autres, objectifs, neutres et moralement ou politiquement corrects : seules s'opposent des subjectivités, la mienne, nettement revendiquée et celle des autres, la plupart du temps masquée, moins facile à déchiffrer car l'engagement dans les thèses défendues, les auteurs choisis, les textes retenus, se double de l'effacement des prises de positions trop visibles (idéalistes, ascétiques, spiritualistes, conservatrices le plus souvent). Écrire, c'est élire et choisir, retenir et écarter, effectuer un choix : j'assume pleinement le mien.

J'ai souhaité ce cours comme une occasion pour vous d'effectuer une lecture critique du monde. En réaction aux propositions familiales, aux

habitudes du moment, de l'époque, de la mode, contre les discours dominants, les idéologies qui triomphent sur le devant de la scène spectaculaire, les lieux communs généralisés, les mensonges sociaux, ce cours permet une pensée autre, différente, alternative. Du moins j'espère qu'il fonctionne ainsi. Ce désir critique vise un autre objectif, plus élevé : vous permettre, après une compréhension plus nette des contours et de la nature du réel, de trouver un sens à votre existence et un projet pour votre vie en dehors des obsessions modernes : l'argent, les richesses, le paraître, l'immoralité et la superficialité.

Les penseurs et pensées que j'ajoute dans le corps de ce livre aux classiques de la philosophie découvrent et célèbrent ce qui, dans l'histoire des idées, a été masqué, dissimulé, travesti ou critiqué parce que porteur d'effets potentiellement explosifs : dans l'institution philosophique, du lycée à l'université, on parle peu ou pas de la passion subversive, critique et libertaire des Cyniques de l'Antiquité grecque, on ignore tout de la philosophie hédoniste des cyrénaïques, de la révolution métaphysique des matérialistes de toujours (de Leucippe — entre 490 et 460 av. J.-C. — aux neurobiologistes et éthologues contemporains, Jean-Pierre Changeux, Jean-Didier Vincent, Boris Cyrulnik en passant par les classiques du XVIIIe siècle), on méprise le courant libertin du Grand Siècle (le XVIIe) pour enseigner plus souvent Pascal, Malebranche ou Descartes que Gassendi, La Mothe Le Vayer ou Gabriel Naudé, on laisse à la porte les théories situationnistes (Guy Debord, Raoul Vaneigem) pourtant importantes pour comprendre Mai 68, un événement majeur aux conséquences encore sensibles aujourd'hui. Bien souvent, l'École de Francfort (Adorno, Horkheimer, Marcuse, puis Habermas) est retenue par les sociologues, pas par les philosophes. Et je pourrais continuer ainsi la liste.

L'histoire officielle de la philosophie se construit généralement avec des pensées dont la charge explosive, réelle à leur époque, a été désamorcée et qui subsistent en monuments désormais inoffensifs. Celles qui pourraient avoir conservé leur virulence métaphysique, politique, sociale ou éthique restent dans la poussière des bibliothèques, ignorées des enseignants. Je me suis proposé de vous les faire lire ici ou là, en regard d'autres pages plus classiques estampillées par l'institution. À l'aide de toutes ces figures de la pensée, anciennes ou modernes, disparues depuis des siècles ou toujours vivantes, majeures ou mineures, vous disposez d'un éventail largement ouvert pour mener à bien la tâche philosophique critique.

... *mais aussi subversif, libertaire et optimiste*

Encore un mot, et vous pourrez partir en vacances... Philosopher en classe terminale, c'est cartographier l'univers d'une multiplicité d'idées ; c'est donc établir des cartes pour ne rien ignorer des cours d'eaux et des marécages, des montagnes et des plaines, des voies de circulation et des impasses, des zones dangereuses et des territoires sûrs ; c'est également dessiner une rose des vents qui permette à chacun de disposer d'un repère avec des points cardinaux ; c'est enfin fabriquer une boussole à l'aide de laquelle le déplacement devient envisageable.

Mais ce déplacement ne peut être réalisé par un autre pour vous : on ne philosophe pas par procuration, pas plus qu'on n'effectue un voyage pour le compte de quelqu'un d'autre. Le cours de l'année vaut comme préparation d'un voyage que vous pouvez entamer, ou non. Nul besoin de partir à l'instant. Vous pouvez passer une grande part de votre vie, sinon toute votre existence, à éviter la philosophie, car on peut vivre sans. Comme on peut vivre sans amitié, sans amour, sans art, sans musique. C'est possible, mais sinistre.

Et puis un jour ou l'autre, devant un événement important de votre existence — une maladie, la mort, une séparation, un licenciement, un anniversaire, une déception, le vieillissement, etc. —, vous découvrirez peut-être que la philosophie naguère abordée par vous revient comme un besoin, une nécessité, un recours. Alors, ces neuf mois passés à l'envisager en classe terminale pourraient vous avoir aguerri, secrètement, discrètement, mais sûrement, et vous pourriez accoucher d'une sagesse pratique. Si tel était le cas, même en l'ignorant, ce jour-là compterait pour moi parmi les plus importants...

Carte du géographe arabe Al-Idrisi (v. 1100 - v. 1166).

TEXTES

Raoul Vaneigem (belge, né en 1934)

Devenu l'un des maîtres à penser du courant contestataire de mai 68 avec un livre culte : *Traité de savoir-vivre à l'usage des jeunes générations* (1967). Effectue une critique radicale du capitalisme, instrument de mort et d'aliénation et défend la révolution comme condition de réalisation de la jouissance.

Mettre les élèves en examen

Chaque jour, l'élève pénètre, qu'il le veuille ou non, dans un prétoire où il comparaît devant ses juges sous l'accusation présumée d'ignorance. À lui de prouver son innocence en régurgitant à la demande les théorèmes, règles, dates, définitions qui contribueront à sa relaxation en fin d'année scolaire.

L'expression « mettre en examen », c'est-à-dire procéder, en matière criminelle, à l'interrogatoire d'un suspect et à l'exposition des charges, évoque bien la connotation judiciaire que revêt l'épreuve écrite et orale infligée aux étudiants.

Nul ne songe ici à nier l'utilité de contrôler l'assimilation des connaissances, le degré de compréhension, l'habileté expérimentale. Mais faut-il pour autant travestir en juge et en coupable un maître et un élève qui ne demandent qu'à instruire et à être instruit ? De quel esprit despotique et désuet les pédagogues s'autorisent-ils pour s'ériger en tribunal et trancher dans le vif avec le couperet du mérite et du démérite, de l'honneur et du déshonneur, du salut et de la damnation ? À quelles névroses et obsessions personnelles obéissent-ils pour oser jalonner de la peur et de la menace d'un jugement suspensif le cheminement d'enfants et d'adolescents qui ont seulement besoin d'attentions, de patience, d'encouragements et de cette affection qui a le secret d'obtenir beaucoup en exigeant peu ?

N'est-ce pas que le système éducatif persiste à se fonder sur un principe ignoble, issu d'une société qui ne conçoit le plaisir qu'au crible d'une relation sado-masochiste entre maître et esclave : « Qui aime bien châtie bien » ? C'est un effet de la volonté de puissance, non de la volonté de vivre, que de prétendre par un jugement déterminer le sort d'autrui.

Juger empêche de comprendre pour corriger. Le comportement de ces juges, eux-mêmes apeurés par la crainte d'être jugés, détourne des qualités indispensables l'élève engagé dans sa longue marche vers l'autonomie : l'obstination, le sens de l'effort, la sensibilité en éveil, l'intelligence déliée, la mémoire constamment exercée, la perception du vivant sous toutes ses formes et la prise de conscience des progrès, des retards, des régressions, des erreurs et de leur correction.
Aider un enfant, un adolescent à assurer sa plus grande autonomie possible implique sans nul doute une lucidité constante sur le degré de développement des capacités et sur l'orientation qui les favorisera. Mais qu'y a-t-il de commun entre le contrôle auquel l'élève se soumettrait, une fois prêt à franchir une étape de la connaissance, et la mise en examen devant un tribunal professoral ? Laissez donc la culpabilité aux esprits religieux qui ne songent qu'à se tourmenter en tourmentant les autres.

Avertissement aux écoliers et lycéens, Mille et une nuits, département de la librairie Arthème Fayard, 1998.

Jacques Derrida (français, né en 1930)

Invente la déconstruction, l'art de démonter par l'analyse et la lecture des textes de philosophie ce qu'ils ont véritablement dans le ventre — leurs sous-entendus idéologiques, politiques et métaphysiques. A milité pour une pédagogie rénovée de la philosophie dans les lycées.

À mort la dissertation !

Il ne paraît pas réaliste de vouloir évaluer les élèves et organiser l'enseignement en fonction d'une épreuve — la dissertation de philosophie — dont on sait parfaitement que l'immense majorité des élèves est hors d'état d'y satisfaire (on peut admettre que, dans le meilleur des cas, le temps nécessaire pour les y préparer convenablement reviendrait à exiger en G ou F un horaire comparable pour la philosophie à celui des sections littéraires...).
Nous proposons qu'au début de chaque année, le professeur définisse avec ses élèves, à partir d'un éventail de notions plus large que l'actuel programme, les questions précises qu'ils aborderont ensemble ; qu'il leur fasse faire en cours d'année un certain nombre d'exercices divers, oraux et écrits, de contrôle de connaissances et de réflexion ; que les élèves, sur la fin de l'année, consa-

crent plusieurs semaines à la constitution d'un dossier sur la question de leur choix. À partir de là, deux cas de figure peuvent être envisagés : ou bien l'organisation du baccalauréat est modifiée, et une partie des épreuves se déroule en contrôle continu ; il serait alors souhaitable que l'évaluation en philosophie, pour l'enseignement technique tout au moins, se fasse en contrôle continu. Ou bien l'organisation du baccalauréat reste à peu près ce qu'elle est, et nous proposons qu'au baccalauréat de technicien la philosophie fasse l'objet d'une épreuve orale obligatoire, où le candidat présenterait et défendrait son dossier.
Il est nécessaire qu'une réflexion collective soit menée sur les formes d'enseignement les plus appropriées aux élèves de l'enseignement technique, ce qui implique des rencontres entre professeurs ayant l'expérience de ces classes, une préparation des jeunes professeurs à ce type d'enseignement, etc.

Du droit à la philosophie, Galilée, 1990.

ANNEXES

Comment séduire votre correcteur ?

1. Avant les hostilités

Rappel, tout de même, de la règle du jeu

Théoriquement — *ôtez-moi d'un doute...* — vous n'ignorez plus qu'en fin d'année vous passez l'épreuve de philosophie du baccalauréat... Sauf si vous êtes en série L, le coefficient est insuffisant pour déterminer votre succès au bac, mais la discipline pèse tout de même trop pour risquer de laisser au hasard ces quatre heures où l'on vous demande de plancher sur un sujet. On vous invite à rédiger un devoir que vous choisirez parmi trois propositions : deux dissertations et un commentaire de texte. Dès que le dernier sujet est distribué dans la pièce où vous composez, on commence le décompte des quatre heures. C'est long et court à la fois... Ne vous laissez pas surprendre par la montre. Quelles que soient vos raisons — copie blanche ou travail bâclé —, vous ne pouvez légalement quitter la salle qu'une heure après le début des hostilités.

Remarques d'intendance, malgré tout

Vous avez attendu et craint ce moment, il arrive. Restez calme, pas besoin de paniquer ou de tricher. Un chef de salle et un surveillant, dont un professeur de philosophie, voire davantage si la pièce est grande, vont vous surveiller, en évitant péniblement de piquer du nez. Pour cette épreuve, vous n'avez droit qu'à votre trousse de crayons. Rien d'autre, sinon l'eau, le chocolat, les sucres et autres nourritures légales qui sécurisent et réconfortent. Normalement, vous ne pouvez sortir et vous rendre aux toilettes qu'accompagné par l'un des deux surveillants de salle — qui, théoriquement, se contente de vous attendre derrière la porte. Débranchez votre téléphone cellulaire, laissez votre ordinateur portable chez vous et renoncez aux calculettes programmées qui permettent — ne faites pas l'ignorant... — de communiquer avec l'extérieur : vos copains qui ont le manuel et un dictionnaire sur les genoux dans la voiture, au parking à côté, ne vous diront que des sottises : ils vous embrouilleront. Faites confiance à vos possibilités, c'est moins risqué et, de toute façon, toujours plus élégant.

Découvrez le sujet, quand même

Vous voici donc devant trois propositions. Il faut en retenir une (vous n'avez pas le choix de vous abstenir) et vous y tenir. Ne partez pas du principe que vous prendrez systématiquement un type de sujet (dissertation) ou un autre (commentaire de texte), car, ainsi, vous vous interdisez le choix et vous vous condamnez à réduire votre liberté d'autant. Prenez le temps de peser le pour et le contre. Ne vous précipitez pas vers la question qui vous plaît le plus *a priori*. Demandez-vous avec quel sujet vous pourrez produire le meilleur effet. Dès que vous avez opté pour l'un d'entre eux, n'en démordez pas et ne dérogez jamais à cette règle : revenir sur cette décision serait catastrophique pour votre gestion du temps. En un quart d'heure, vous devez avoir éliminé ceux que vous laisserez définitivement de côté.

Travaillez sur le brouillon, si, si !

Réfléchissez (si votre état le permet) le crayon à la main, notez, mettez sur le papier des mots, des concepts, des notions, des exemples, des cas, des citations si vous en avez, des références à des auteurs, à des livres, à des courants philosophiques. Disposez tout le matériau possible sur votre brouillon. Cherchez ensuite à structurer, à distinguer des grandes lignes au milieu du désordre apparent de vos notes. Envisagez des parties, rassemblez ce qui est divers en trois ou quatre blocs réguliers, équilibrés. Si rien ne sort, ne vous énervez pas. Respirez fort, calmez-vous et cherchez encore au fond de vous ce qui peut servir. Vous ne pouvez rester complètement sec — c'est l'angoisse qui vous inhibe, faites-la tomber et reprenez vos esprits.

2. L'heure venue des hostilités...

Première douleur possible : le commentaire de texte

Vous avez choisi le commentaire de texte : l'épreuve se présente sous la forme d'une dizaine de lignes signées par le seul nom de son auteur (normalement au programme) — sans références au livre d'où provient l'extrait, ni aux dates. En séries technologiques suivent trois types de question : on vous demande (question 1) de dégager l'idée générale (la thèse du texte) et de préciser les étapes de l'argumentation (la structure, le squelette et la colonne vertébrale). Rédigez, faites des phrases et ne renvoyez pas aux lignes (du genre : « de la ligne 1 à la ligne 2 l'auteur veut dire que »...). Préférez des expressions du style : « dans un premier temps », « ensuite », « pour suivre », « puis », « enfin » ou « pour conclure ».

Ensuite (question 2), on vous interroge sur le vocabulaire en vous demandant ce que signifient des mots, des expressions ou des phrases qui proviennent du texte. Pour ces deux types de question (1 et 2), répondez brièvement, entre 5 et 6 lignes, guère plus. Si vous ne comprenez pas ce qu'on vous demande, débrouillez-vous pour rédiger malgré tout quelques lignes : ne laissez jamais une question sans réponse, avec un blanc qui vous vaudra tout de suite le sourcil froncé du correcteur.

Enfin (question 3), il vous faut rédiger un essai dans lequel vous donnez votre point de vue sur une question en rapport avec le texte. Construisez votre propos, même si l'on ne vous demande pas de respecter la logique de la dissertation : ici, vous formulez un point de vue dans un français clair et correct. Répondez en une page et demie ou deux pages en évitant de parler ouvertement à la première personne (n'utilisez pas « je », « moi », « personnellement », évitez évidemment : « moi-même personnellement je pense que »...) : on sait que dans cette partie de votre devoir vous donnez un avis propre.

Tâchez d'éviter (ce conseil vaut aussi pour la dissertation) les éloges de l'extrême-droite ou du stalinisme, du catholicisme ou de l'islamisme intégristes, du racisme ou de la misogynie et autres positions idéologiques qui vous vaudront systématiquement des ennemis parmi les enseignants qui vont vous noter. Normalement, après un an de philo, on a jeté ces opinions indéfendables aux orties...

L'essai est noté, la plupart du temps, sur la moitié des points, les autres questions se partagent les dix points qui restent. Généralement, les commentaires de texte sont mieux notés : mais il ne s'agit que d'une moyenne. N'en concluez surtout pas que vous aurez obligatoirement une meilleure note qu'en prenant la dissertation...

Seconde douleur possible : la dissertation

Préalable pour saper votre moral

Vous avez opté pour l'exercice qui est la gloire de l'enseignement français, mais aussi son occasion la plus fréquente de désespérer : la gloire parce que longtemps cet exercice a servi à sélectionner les meilleurs élèves d'une classe d'âge, à reproduire les élites et les dirigeants — la dissertation fut l'instrument de sélection par excellence. Toutefois, elle est devenue l'occasion de désespérer le corps enseignant : il faut bien constater que cet exercice est mal adapté aux conditions du monde et de l'enseignement d'aujourd'hui, de sorte que peu d'élèves parviennent à y briller. Et nous souffrons à vous corriger et à vous infliger la plupart du temps de mauvaises notes ou de très moyennes.

Les notes académiques et nationales se trouvent presque toutes entre 6 et 11 sur 20. En dessous de 6 on descend jusqu'à la note plancher de l'enseignant — qui peut aller jusqu'à 1 ou 2... Au-dessus de 11 se répartissent les bonnes notes, un petit paquet jusqu'à la note plafond — jamais 20 (au contraire des mathématiques...), en fait entre 11 et 15 ou 16.

Les enseignants se réunissent pendant la correction du bac afin d'harmoniser les notes, de telle sorte que chacun soit corrigé le plus objectivement possible. Quel que soit l'enseignant, une même copie doit obtenir une note *a priori* semblable chez tous les correcteurs. Donc sachez-le, sauf si vous êtes franchement mauvais ou vraiment très bon — ce que vos résultats de l'année vous permettent plus ou moins de savoir, même s'il existe des bonnes et des mauvaises surprises le jour de l'examen — votre note se trouvera fort probablement entre 6 et 11 sur 20...

Un brouillon pour éviter la copie cochonne

D'abord, faites impérativement un brouillon. Plus il sera travaillé, moins vous rendrez une copie qui lui ressemble... Le brouillon n'est pas le premier jet que l'on se contente de recopier sans changer un seul mot, mais une occasion de travailler la précision du langage, la rigueur du style, la qualité de la syntaxe, de l'orthographe, de la grammaire, la justesse de la formulation. Le devoir de philosophie suppose une langue française claire, précise, nette et riche. Plus votre brouillon est rempli de ratures, de biffures, de repentirs, de gribouillis, de traits, de flèches, plus vous donnez de chance à votre copie.

Priorité stratégique à la problématique

Qu'est-ce que la problématique ? C'est le noyau dur de votre devoir. Il est constitué de 6 à 10 lignes à placer entre l'introduction et le développement du devoir. Dans la problématique vous montrez à votre lecteur que vous avez compris le sujet, que vous avez saisi ce qu'on attend de vous et que vous n'allez pas donner dans le hors-sujet (qui est réponse à une question qu'on ne vous pose pas). Il s'agit de questionner la question. Comment ?

En isolant (1) les concepts importants, les mots essentiels. Puis en les définissant (2). Enfin en reformulant (3) la question en d'autres termes et en évitant, autant que faire se peut, de la transposer avec des mots de la même famille. La problématique gagne à s'articuler autour de quelques questions (4) à partir des termes et des idées en jeu. Une juxtaposition d'interrogations ne suffit pas pour autant à constituer une problématique.

Déterminez si possible le type de sujet...

En matière de dissertation, vous pouvez vous trouver devant deux types de sujet :

1. soit la formulation du sujet vous permet de répondre par oui ou par non (exemple : Doit-on toujours dire la vérité ?) ;
2. soit elle ne vous le permet pas (exemple : Pour quelles raisons devrait-on respecter la nature ?).

Dans le premier cas, votre plan s'impose.

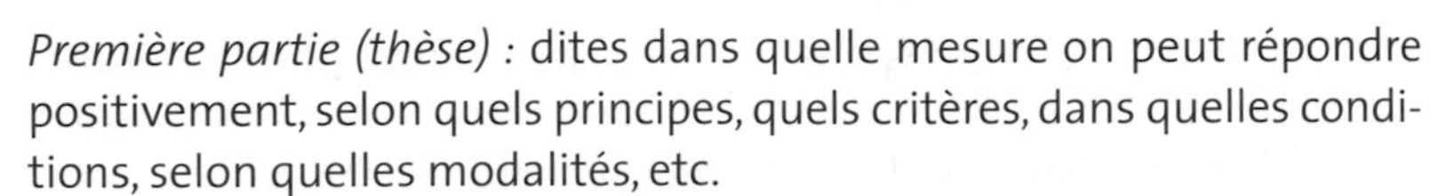

Première partie (thèse) : dites dans quelle mesure on peut répondre positivement, selon quels principes, quels critères, dans quelles conditions, selon quelles modalités, etc.
Deuxième partie (antithèse) : précisez comment l'inverse est également possible.
Troisième partie (synthèse) : dans la mesure du possible, montrez que les deux thèses ne s'opposent pas mais se complètent, se nécessitent, s'éclairent.

Dans le second cas, les choses ne sont pas plus compliquées.

Vous disposez d'une série de réponses à la question posée. Cette liste doit pouvoir vous permettre de les regrouper sous deux ou trois rubriques qui constituent autant de parties.

Essayez-vous à l'écriture...

Ensuite, écrivez selon les principes d'une langue française respectueuse des usages. Commencez avec le corps de votre devoir : il doit vous permettre de rédiger entre deux et trois pages (recto, verso, et recto).

Les références à l'histoire de la philosophie sont évidemment les bienvenues. Mais, ne rêvons pas, votre acquisition des fondamentaux en la matière exigerait d'autres conditions que celles du lycée, en particulier du lycée technique. Je corrige le bac de vos sections depuis presque vingt ans et la majorité des copies soit fait l'impasse sur l'histoire de la philosophie (il est trop difficile de passer d'un cours écrit, dicté, à l'exploitation de ces mêmes informations dans un devoir), soit y renvoie mais mal à propos (faux sens, contresens, références ou informations plaquées sans rapport avec la question posée, hors-sujet partiels ou complets). D'où ma conclusion : votre devoir n'est pas tenu de briller dans le domaine de l'histoire de la philosophie. Qu'il permette déjà une réflexion sur le sujet proposé, ce sera parfait.

De même pour les exemples : si vous y recourez, tâchez d'éviter impérieusement ceux qui proviennent directement de la vie quotidienne (les différends avec vos parents, les résultats scolaires de votre petite sœur, l'état de santé de votre poisson rouge, etc.) ou de l'actualité médiatisée du moment (la corruption d'un chef d'État, les actes pédophiles d'un prêtre en procès, le naufrage d'un pétrolier, etc.). Un devoir peut fonc-

tionner sans exemples, en revanche, une succession d'exemples juxtaposés ne constitue d'aucune manière un devoir. Soyez donc dans la mesure sur cette question : ni trop, ni trop peu.

Pour mémoire, sur l'écriture : faites des phrases courtes (1) (sujet, verbe, complément). Avec ces phrases courtes, construisez des paragraphes (2) (dans lesquels, je le rappelle, la première phrase vous permet d'énoncer votre thèse, les suivantes étant consacrées dans l'ordre à expliquer, démontrer, puis illustrer votre thèse). Avec ces paragraphes structurés, construisez des parties (3) (chacune déployant votre thèse, puis votre antithèse et votre synthèse).

Sachez conclure...

Après avoir écrit la problématique (1) et le corps de votre devoir (2), passez à la rédaction de la conclusion (3). Synthétisez les résultats obtenus dans le cours de votre devoir. Faites un bilan bref et net des certitudes auxquelles vous êtes parvenu, récapitulez. En guise de conclusion à votre conclusion, ouvrez éventuellement sur une question induite par les réflexions qui vous sont venues à l'esprit en travaillant votre devoir et qui permettrait un débat plus large que ce à quoi obligeait le strict sujet du devoir. L'ensemble doit être équilibré et peser le même poids que l'introduction : entre 6 et 10 lignes.

Introduisez enfin

Lorsque vous avez tout écrit (c'est-à-dire, dans l'ordre de rédaction : la problématique, le corps du devoir, la conclusion), abordez enfin l'introduction : vous ne pouvez pas le faire avant de rédiger le texte, car vous ne savez pas alors ce que vous allez dire et ne pouvez l'annoncer (c'est ce qui définit l'introduction) que lorsque vous l'avez effectivement dit. L'introduction est donc la dernière partie écrite de votre travail et celle qui, bien évidemment, apparaît en tête de votre devoir lorsque vous le recopiez. D'où l' intérêt d'un brouillon, d'un vrai...

Première phrase de votre introduction : vous partez du général (la notion au programme) pour arriver au particulier (la question qu'on vous propose). Votre première phrase doit montrer que vous avez replacé le sujet particulier dans la perspective d'une question générale du programme. Énoncez ensuite la question retenue (le sujet choisi) : il arrive parfois qu'après avoir lu une copie, on ne sache même pas quel sujet a été vraiment traité... Annoncez enfin votre plan sous forme rédigée.

Terminez-en, tout de même...

Voilà. Recopiez dans l'ordre (introduction, problématique, corps du devoir, conclusion), servez, c'est prêt... Vous disposez d'un devoir tout chaud de quatre pages au moins. N'allez pas au-delà de quatre pages, c'est trop. Le correcteur vous saura gré de ne pas lui donner à lire une copie aussi longue que trois autres devoirs mis bout à bout...

Faire et ne pas faire

Puisque vous en êtes au recopiage, voici quelques conseils de présentation :

1. Pas de stylo fantaisie aux encres extravagantes (bleu des mers du sud, caca d'oie, vert pomme, jaune paille) : noir ou bleu, rien d'autre. Noir de préférence. Évitez les stylos-billes qui bavent, les stylos-plumes peu sûrs qui lâchent des pâtés. Soyez au devant d'un équipage d'écriture au point : ne soyez pas pris au dépourvu, ayez des stylos de rechange et des cartouches en quantité.

2. La copie est fournie par l'Éducation Nationale. Déroutante parfois. Plus large que vos propres copies. Marge officielle, large elle aussi. Pour ne pas vous y perdre, car elle n'a pas toujours de lignes imprimées, ayez de quoi tracer les vôtres au crayon à papier (n'oubliez pas la gomme, et le gommage ensuite...). Entre vos lignes, prévoyez des espaces dignes de ce nom : pas trop petits (copie étriquée), pas trop grands (copie pleine de vide). Vous éviterez ainsi les écritures ascendantes ou descendantes.

3. Soignez votre écriture : évitez celle qui renvoie le correcteur à sa myopie et le met en colère (pas de pattes de mouche ou de griffonnages riquiqui) ; évitez aussi celle, bien ronde, bien épaisse — du genre trois mots par ligne — qui trahit le fumiste n'ayant pas grand-chose à dire et qui cherche à meubler ; évitez, enfin, le graphisme illisible, catastrophique un jour d'examen. À l'œil, un correcteur sait combien pèse votre copie. On ne le trompe plus là-dessus...

4. Bannissez les jeux de mots, les plaisanteries, les histoires prétendument drôles, les calembours : ce que vous pouvez vous autoriser parfois à l'oral, ce qui passe avec un professeur qui ne se formalise pas, vous ne pouvez vous le permettre à l'écrit : l'écrit n'est pas de l'oral sur papier. Il suppose une précaution, un sérieux avec lequel vous ne pouvez prendre de liberté... Bien sûr, ne prenez pas le correcteur à témoin en vous adressant à lui (« Comme vous l'aurez remarqué dans ma première partie, cher correcteur... »).

5. Interdisez-vous les proverbes : « Bien mal acquis ne profite jamais », « Le temps passe, les souvenirs restent », « Une hirondelle ne fait pas le printemps »..., et autres sentences issues du bon sens populaire : « La vérité sort de la bouche des enfants » ou « Tous les goûts sont dans la nature », ou encore « Les goûts et les couleurs, ça ne se discute pas »... voire le traditionnel : « Qui est le premier : la poule ou l'œuf ? ». Tâchez d'être au moins un cran au-dessus.

6. Ne citez jamais le nom d'une personne vivante connue ni celui d'une personne anonyme (« Ma grand-mère dit que », versions tout autant interdites avec votre concierge, votre beau-frère, etc.). Inutile d'évoquer le nom du Pape, du Président de la République, du vainqueur du Tour de France, ni celui d'un chanteur en vogue, d'un acteur ou d'un présentateur de télévision. Non plus celui d'un philosophe aperçu à la télévision dans la semaine. Il pourrait être bon, mais mauvais aussi...

7. Jetez à la poubelle votre bidon de blanco : aucune bonne raison de plâtrer ou replâtrer vos copies avec ce béton armé qui les rigidifie et témoigne de votre peu de temps passé sur le brouillon.

3. Un exemple

Voici une proposition de dissertation type, un genre de corrigé rédigé pour mettre en évidence les mouvements, la logique, la structure, la construction, les emboîtements d'une dissertation : n'en faites pas un modèle absolu, mais une copie indicative, rédigée pour vous proposer ce vers quoi vous pouvez tendre. Tâchez de ne pas la recopier *in extenso* si d'aventure le sujet vous est proposé un jour dans cette formulation... Et ne désespérez pas à l'idée que votre copie de fin d'année ne lui ressemble que de manière lointaine...

Sujet : ***Doit-on toujours dire la vérité ?***
Allons-y...

- **Première phrase d'introduction : partez du général pour parvenir au particulier.**

Dire la vérité passe depuis toujours pour un signe de vertu, du moins théoriquement. Car jamais personne n'enseigne ouvertement l'art du mensonge que pourtant tout le monde pratique plus ou moins. La vérité vertueuse et théorique s'oppose dans les faits au mensonge condamnable et pratique. Devant cette évidente contradiction, on se demandera si l'on peut dire la vérité toujours ***(vous venez d'énoncer le sujet)*** ou seulement dans certains cas. Parfois on peut la dire, bien sûr, on doit même la dire. Mais en d'autres occasions, le contraire semble préférable ***(vous venez d'annoncer le plan)***... Précisons.

Voici la problématique, séparée de l'introduction et du corps du devoir.

D'abord tâchons de définir (***isolez et définissez les trois notions essentielles***) ce que recouvre ici le terme de « vérité » (***la première***) : elle existe lorsque, dans une conversation ou dans une proposition, on rapporte des faits tels qu'ils se sont produits. La vérité d'un événement, c'est sa coïncidence avec l'histoire qui le rapporte. De même, on distinguera le pouvoir de dire la vérité, la possibilité donc, du devoir de la dire, de l'obligation. « Peut-on » ***(la deuxième)*** n'est pas « doit-on ». D'où la nécessité de réfléchir sur les conditions — « toujours » ***(la troisième)*** ou seulement « parfois » ? — dans lesquelles on pourrait ne pas la dire. On se demandera donc ***(reformulez la question en d'autres termes)*** : en toutes circonstances, a-t-on les moyens de ne pas recourir au mensonge ?

Premier temps de votre devoir : la thèse

Dire toujours la vérité, sans jamais reconnaître de limites ou de bornes à son expression, c'est possible dans un certain nombre de cas ***(thèse de votre première partie)*** : lorsqu'il n'y a aucun intérêt à mentir ***(première idée)*** ; quand on a décidé de dire le vrai en toutes circonstances, une bonne fois pour toutes, pour des raisons religieuses ou morales rigoristes ***(deuxième idée)*** ; ou bien si l'on se moque absolument des conséquences qui découlent du fait de la dire ***(troisième idée)***.

Développement de la première idée

Ainsi on peut et doit dire la vérité lorsque sa formulation n'entraîne aucune conséquence. Dans le cas, par exemple, où elle suppose la pure et simple expression d'évidences : ***(exemples)*** la nuit succède au jour dans une rotation calculable ; tous les hommes sont mortels, etc., ou lorsqu'elle permet de donner des informations positives et de nature à valoriser celui qui les fournit. Ainsi un médecin qui annonce à son patient un bon résultat médical, une rémission dans sa maladie, une guérison assurée.

Développement de la deuxième idée

On peut aussi dire la vérité, et dans toutes les circonstances, parce qu'on croit en un Dieu, quel qu'il soit, et que l'on obéit à son commandement interdisant tout mensonge. En matière de morale, certains philosophes — dont Kant ***(référence à l'histoire des idées)*** — pensent de même et supposent que ne pas dire la vérité une seule fois, c'est rendre impossible la confiance tout le temps. Pour qu'une croyance en l'autre soit possible, il faut qu'il ne mente jamais. Cette position ne souffre aucune exception.

Développement de la troisième idée

Dans cette hypothèse, toujours dire la vérité suppose qu'on ne se soucie pas des conséquences qu'il y a à la révéler. Les défenseurs de l'idée que toute vérité est bonne à dire font primer la vérité sur ses effets. Peu importe la suite. Après l'affirmation d'une vérité, il faut moins se soucier de l'enchaînement des événements, positifs ou négatifs, que de la position absolue et rigoureuse à tenir coûte que coûte. Pouvoir dire la vérité oblige à la dire.

Deuxième temps de votre devoir : l'antithèse

On peut s'opposer à cette vision rigide des choses et défendre plutôt l'idée qu'il n'est pas toujours nécessaire de dire la vérité ***(thèse de votre deuxième partie)***. Un individu qui ignorerait le mensonge serait sûrement un saint, mais en même temps un insupportable personnage, incapable de prévenance, de délicatesse et de diplomatie. Ne pas dire la vérité semble donc se justifier, notamment : quand on a le souci des conséquences de la vérité ***(première idée)*** ; lorsque sa révélation peut blesser ***(deuxième idée)*** ; voire dans le cas où son utilité n'est pas démontrée ***(troisième idée)***.

Développement de la première idée

Lorsque l'annonce d'une vérité provoque en cascade des conséquences négatives pour celui qui en prend connaissance, il ne semble pas nécessaire de la dire. Un silence peut paraître préférable, sinon un mensonge. ***(Exemple)*** Ainsi d'un malade à qui il resterait quelques semaines à vivre : un médecin disciple de Kant lui annoncerait sa condamnation à mort. Il serait certes moral, mais aussi cruel. Au nom de l'humanité, un autre médecin trouverait des formulations qui le dispensent d'annoncer trop brutalement une aussi mauvaise nouvelle.

Développement de la deuxième idée

De même, on peut douter qu'il soit défendable de dire la vérité lorsque, sous couvert de moralité, son expression permet à un tiers de donner comme ne venant pas de lui une information désagréable — qu'il s'empresse pourtant de transmettre, parfois avec un certain plaisir pervers. ***(Exemple)*** Chacun a pu expérimenter ce genre de pratique malsaine en apprenant par un supposé ami ce qu'un autre hypothétique ami bien intentionné a dit sur son propre compte...

Développement de la troisième idée

On ne pratiquera pas toujours la vérité dans les cas où son utilité n'apparaîtra pas évidente. Or en matière d'utilité, chacun décide : faut-il selon le principe d'une belle théorie pure défendre absolument la vérité, quelles qu'en soient les conséquences — et toujours la faire primer ? Ou plutôt se demander si, au nom d'une conception de l'humanité, on ne doit pas mettre en avant la douceur, la gentillesse, la prévenance, la sollicitude, autant de vertus bien souvent préférables à la vérité ?

■ Troisième temps de votre devoir : la synthèse

Réfléchir sur une question éloigne bien souvent des faits quotidiens. On théorise dans l'absolu alors qu'il n'existe que des situations dans lesquelles se trouvent réellement des individus en chair et en os. Dire toujours la vérité et ne jamais la dire, voilà deux pratiques monstrueuses ***(Première idée)***. Ne peut-on pas imaginer une pratique mesurée du mensonge, autant dire un recours exceptionnel et circonstancié ***(Deuxième idée)*** ? Ou encore un art de l'éviter sans pour autant infliger la vérité douloureuse ***(Troisième idée)*** ? Et si une position intermédiaire était tenable ***(Thèse de votre troisième partie)*** ?

Développement de la première idée

Les excès sont en effet condamnables. Un individu décidé à ne dire que la vérité ou un autre convaincu qu'il ne faut jamais la dire, voilà deux façons différentes d'être le même monstre négateur d'autrui. Le premier exerce sa cruauté au nom de la vérité : il répond positivement à la question « Doit-on toujours dire la vérité ? ». Chaque fois qu'on le peut, on le doit. En revanche, le second répond négativement : il affirme qu'on ne doit pas toujours la dire, voire qu'il vaut mieux ne jamais la dire.

Développement de la deuxième idée

L'idéal suppose la bonne distance : ni la vérité à tout prix, ni le mensonge systématique, mais un mensonge pratiqué de manière rare, exceptionnelle, dans le but de préserver l'autre de la violence de la vérité — quand celle-ci est violente. ***(Exemples)*** Cacher à un malade condamné la nature de son mal, ne pas rapporter des informations négatives ou désagréables. En fait, mentir pour épargner, ne pas dire la vérité dans le cas où elle est difficile à entendre.

Développement de la troisième idée

À la question : « Doit-on toujours dire la vérité ? » on répondra : non, pas toujours, pas systématiquement, mais, de manière pondérée, on peut recourir à des mensonges qui ne sont pas travestissement ou déformation de la vérité, mais omission : ***(Exemples)*** ne pas répondre à une question en sachant qu'il nous faudrait mentir, mais s'en sortir avec une pirouette humoristique ou ironique, répondre assez finement pour ne pas éveiller les soupçons, en réalité jouer avec les mots. De sorte qu'on ne dirait pas toujours la vérité, certes, mais sans pour autant recourir au mensonge...

Conclusion : récapitulez les certitudes obtenues

Concluons donc que le mensonge n'est ni bon ni mauvais en soi, pas plus que la vérité ; que dire toujours la vérité n'est pas plus défendable que de ne jamais la dire ; qu'en fait il faut moins la penser en termes de fin qu'en termes de moyen ; qu'ainsi, l'usage de la vérité et celui du mensonge se jugent et s'apprécient moins absolument que relativement. On ne dira pas toujours la vérité, mais seulement quand elle augmentera l'humanité entre les hommes. En revanche, dès qu'une vérité proférée augmenterait le mal, on tâcherait de lui préférer un mensonge générateur de gentillesse, ***(ouvrez sur d'autres perspectives)*** vertu nécessaire pour entamer une relation avec autrui...

4. Après les hostilités...

Voilà, c'est fini. Copie rendue. Année terminée. Prenez vos jambes à votre cou. Quittez le lycée. Tâchez de ne pas redoubler...

Finalement, la philosophie se sera réduite à trente-trois semaines de cours dans l'année, à raison de quelques heures hebdomadaires — si vous n'avez pas trop séché, si les réunions pédagogiques n'ont pas été trop nombreuses, si la météo n'a pas été apocalyptique, si votre enseignant n'a pas eu trop d'opérations d'ongles incarnés ou de grippes, voire d'angines à répétition, etc. Quelques dizaines d'heures, tout bien compté, dans votre existence. C'est peu. Peu et beaucoup.

Restent des souvenirs, une note bien souvent moyenne, et surtout cette évidence à ne pas oublier : la philosophie ne se réduit pas à ce théâtre institutionnel (des cours, des notes, des bulletins, des livrets, des conseils de classe, un programme, une dissertation, un commentaire de texte). Elle est, bien au-delà de tout ça, une invitation à mettre en perspective sa vie et sa pensée, son existence et sa vision du monde, l'un éclairant sans cesse l'autre — la grande leçon des penseurs de l'Antiquité. Dans cet ordre d'idée, les affaires sérieuses commencent pour vous... Allez — et bon vent !

Index des noms cités

Les textes présentés dans l'ouvrage sont signalés par un numéro de page en **gras**.

Adorno, Theodor Wisengrund : **68**, **98**, **142**, **264**, **285**, 309
Agathon : 134
Alain : **302**
Alcibiade : 134
Alexandre (empereur) : 189
Antigone : 157, 159, 167
Arendt, Hannah : **207**
Aristippe de Cyrène : 20
Aristote : **117**
Arman : 81
Augustin (saint) : 203, **208**, 223
Bachelard, Gaston : **266**
Bacon, Francis : **304**
Bakounine, Michel : **153**
Bataille, Georges : **90**
Beauvoir, Simone de : **39**
Bell, Alexander Graham : 95
Benjamin, Walter : **69**
Bentham, Jeremy : **129**, 131
Beuys, Joseph : 81, 88
Bonald, Louis de : 203
Bonaparte, Napoléon : 189
Bossuet, Jacques Bénigne : 203
Bourdieu, Pierre : **91**
Cage, John : 81
Cartier-Bresson, Henri : 65, 252
Cézanne, Paul : 82
Changeux, Jean-Pierre : 309
Char, René : 67
Charlemagne : 189
Charles Quint : 189
Charmide : 134
Cioran, Emil Michel : **206**
Conche, Marcel : **175**
Condillac, Etienne de : **226**
Condorcet (marquis de) : 204, **210**
Cratès : 52
Créon : 157, 159, 167
Critias : 290
Cyniques (les) : 20, 52, 54, **56**
Cyrulnik, Boris : 309
Dagognet, François : **59**
Debord, Guy : 309
Deleuze, Gilles : **128**
Démocrite : 20
Derrida, Jacques : **23**, **313**
Descartes, René : **116**, **226**, 309
Diderot, Denis : 20, **37**
Diogène de Sinope : 20, 52, 54
Dubuffet, Jean : **22**, **77**
Duchamp, Marcel : 61, 79, **85**
Engels, Friedrich : 204
Epictète : **273**
Epicure : **161**
Euthydème : 134
Feyerabend, Paul : **276**, **277**
Flaubert, Gustave : 228
Foucault, Michel : **131**
Fourier, Charles : 20
Franck, Anne : 196
Freud, Sigmund : 228, 238-**243**
Galilée : 296
Gassendi, Pierre : 20, **166**, 309
Gengis Khan : 189
Girard, René : **191**
Gorgias : 290
Gorz, André : **113**
Grenier, Jean : **151**
Grotius, Hugo : **168**
Guillotin, Joseph Ignace : 271
Gutenberg (Johannes Glensfleisch, dit) : 108
Habermas, Jürgen : **118**, 309
Hadot, Pierre : **24**, **25**, **291**
Hains, Raymond : 81, 89
Hegel, G.W.F. : 187, 204, **211**
Heidegger, Martin : 16, 17
Helvétius, Claude Adrien : 20, **184**
Héraclite : 20
Hipparchia : 52
Hippias : 290
Hitler, Adolf : 189, 270

Hobbes, Thomas : **37**
Hobsbawm, Eric : **215**
Holbach (baron d') : **138**
Horkheimer, Max : **98**, **142**, **273**, 309
Hugo, Victor : 65
Hume, David : **68**, 255
Husserl, Edmund : 220
Hypnos : 220
Jankélévitch, Vladimir : 196, **199**, **234**
Jésus-Christ : 295
Jonas, Hans : **105**
Jünger, Ernst : **119**
Jupiter : 258
Kant, Emmanuel : 16, **36**, 204, **212**, **213**, 229, **254**, 282, **284**, 326
Kawara, On : 81, 88
Kosuth, Joseph : 81
La Boétie, Etienne de : **161**
La Mettrie, Julien de : 20, **35**
La Monte Young : 81
La Mothe Le Vayer, François de : 309
Lafargue, Paul : **112**
Leibniz, Gottfried Wilhelm : 16, **247**
Lénine : 204, 271
Leucippe : 309
Locke, John : **164**
Lucrèce : **262**
Machiavel, Nicolas : **293**
Maistre, Joseph de : 203
Malebranche, Nicolas : **265**, 309
Manzoni, Piero : 81, 88
Mao Tsé-toung, 270
Marcuse, Herbert : 107, **114**, 309
Marx, Karl : 204
Matisse, Henri : 71
Merleau-Ponty, Maurice : 220
Meslier, Jean : **162**
Mill, John Stuart : **149**
Millet, Jean-François : 71
Minotaure, le : 258
Monet, Claude : 71
Montaigne, Michel de : **48**, 223
More, Thomas : 180
Morphée : 220
Mozart, Wolgang Amadeus : 65
Naudé, Gabriel : 309
Nietzsche, Friedrich : 80, **110**, 223, **278**
Nouvel, Jean : 65
Nyx : 220
Œdipe : 238-243
Paik, Nam Jun : 81, 89
Parménide : 20
Pascal, Blaise : **274**, **298**, 309
Pasiphaé : 258
Paz, Octavio : **84**
Pessoa, Fernando : **235**
Pétain (maréchal) : 270
Phèdre : 134
Picasso, Pablo : 65, 71
Platon : 17, 80-81, **86**, 134, 289, **292**, 296, **299**
Popper, Karl : **150**
Poussin, Nicolas : 82
Prodicos : 290
Prométhée : 103
Protagoras : 289
Proudhon, Pierre Joseph : **152**
Rank, Otto : 240
Reich, Wilhelm : **55**, **244**
Revault d'Allonnes, Myriam : **201**
Rimbaud, Arthur : 65
Rousseau, Jean-Jacques : 108, **176**, 223, **237**
Rubens, Petrus Paulus : 82
Sade (marquis de) : **141**
Saint-Evremond, Charles de : **234**
Sartre, Jean-Paul : 220, **225**
Schelle, Karl Gottlob : **22**
Schopenhauer, Arthur : **92**
Sloterdijk, Peter : 18, **57**, 134-135, 223, 289
Socrate : 18, 134-135, 223, 289
Sophocle : 157, 159, **167**
Sorel, Georges : **192**
Spinoza, Baruch : **139**, **165**
Staline, Joseph : 189, 270
Stirner, Max : **153**
Thanatos : 220
Thomas d'Aquin (saint) : 203, **267**
Thoreau, Henri-David : **163**
Turrell, James : 81
Vaneigem, Raoul : 20, **21**, 309, **312**
Veyne, Paul : **67**
Vincent, Jean-Didier : 309
Vinci, Léonard de : 72
Viola, Bill : 81
Virilio, Paul : **100**
Volney (comte de) : **214**
Voltaire : **40**, 108
Vulcain : 258
Weil, Simone : **305**

Index des notions

A

aliénation : 97, 107, 113-114, 176-177
angoisse : 151, 229, 244-245, 258, 261
animalité : 30-38, 40-42, 44-45, 57-58, 90-91, 146, 189, 251
art : 33, 61-92
art contemporain : 79-83, 88-89
art et beau : 68, 72-73, 79-83, 86-87
art et goût : 65-66, 68-69, 71-76, 91
autorité : 146-148, 152, 156-164, 170-174, 179-180, 239-240, 269-270
autrui : 33, 39, 46, 66, 141-142, 144-149, 161, 187, 229, 273-274, 280-286

B

beau : 68, 71-76, 79-84, 86-87
besoin : 30-34, 95-69
bien (voir éthique)
bonheur : 50-54, 107, 112-114, 203-204, 210-211, 228-229

C

capitalisme : 98, 110-114, 118, 128, 197
causalité (voir raison)
censure : 51, 144-150, 244-245
cerveau : 33, 46, 101, 121, 138-139
choix (voir liberté, libre-arbitre)
cité, citoyenneté : 52, 176-177, 179-180, 287-290
civilisation : 54, 202-205, 229, 295
communication : 97-99, 181, 285-286, 288-289
connaissance : 34-36, 250-253, 259-260, 276-277, 299-302
conscience : 136, 219-247, 250
contrat social (voir cité, citoyenneté)
contrôle : 57, 124-132, 150, 178, 181
corps : 31-33, 39, 44, 128, 135-136, 208, 221, 240-241, 247, 274, 278
crime contre l'humanité : 158-159, 194-200, 207
crime, délinquance : 128, 141-143, 178-182, 230, 284
croyance : 253, 257-264, 276-277, 299-302
culpabilité : 50-54, 228-234
culture : 32-34, 44-45, 65-66, 73-76, 187-188

D

démocratie : 287-290
désir : 52, 171, 173, 223-224, 240-241, 243, 269, 274
déterminisme : 133-143, 238-242
devoir : 156-160, 171-172, 280-283
dieu (voir religion)
drogue : 250-256, 294-295
droit : 146-148, 155-184, 189, 195, 199, 294-295
droit à la désobéissance : 156-165
droit de punir : 175
droit naturel : 157, 160, 166, 168-169, 172-174

E

échanges : 96-97, 106-107
éducation : 33-35, 145-146, 171-172, 251-252
enfance : 136-137, 238-345
esclavage : 106-115
État : 156-160, 165, 169, 179-180, 288-289, 292-293
état de nature (voir droit naturel et nature humaine)
éthique : 101-105, 108, 144-148, 156-157, 280-283, 289-290
existence : 32-36, 228-231, 257-263

F

finalité : 31-34, 202-206, 260-261
folie : 131-132, 221

G

gouvernement : 147-148, 152, 159, 287-290, 292-293

guerre : 107-108, 186-190, 203-204, 207

H

hasard : 138-139, 257-261
histoire : 96, 185-215
humanité : 30-34, 37-38, 43-49, 95-96, 104, 189-190, 195-196, 199, 203-204, 210-211, 224, 228-229, 281-282

I

idéalisme, idée : 80-81, 86, 203-204, 221-222, 250-252
identité : 46, 135-136, 187, 222-223, 230-231, 234-235, 241-242
idéologie : 189-190, 203-204, 269-270
illusion : 135-136, 228-229, 250-256, 260-263, 299-302
imagination : 228-229, 260, 262-263, 265, 268-273, 304
inconscient : 135-136, 205, 221, 228-229, 238-247
individu : 34, 39, 82, 97, 127-128, 134-136, 146-148, 152, 156-160, 171-172, 176-177, 222-224, 229-230, 234-235, 281
information : 287-293
instinct : 30-38, 136-137, 146, 265
intelligence : 221-222, 250-252, 282-283
intuition : 251
irrationnel : 44-45, 253-267, 276

J

jugement : 62-69, 72-76, 82-83, 141-142, 250-251
justice : 156-158, 161-163, 167, 172-174, 179-180, 194-200, 281, 294-298

K

kitsch : 73-74

L

langage : 32-33, 35-36, 62-63, 187, 250-252, 289-291
liberté : 54, 56-58, 113-114, 123-154, 159-162, 170-174, 176-177, 260-261
libre-arbitre : 31-34, 133-143, 159-160, 203-204, 208, 241-242
logique : (voir raison)
loi : 125, 153-154, 156-160, 163-164, 170-174, 179-180, 184, 195, 207, 298

M

magie (voir irrationnel)
méchanceté : 31-32, 37, 282
mensonge (voir vérité)
métaphysique : 210, 264, 277
méthode : 65-66, 226-227, 250-251, 277, 304
morale (voir aussi éthique) : 37, 44, 50-54, 105, 108, 112-113, 134-135, 146-149, 156, 229-230, 234, 244-245, 266, 282, 285-286
mort : 46, 204-205, 258-263
mythe (voir irrationnel)

N

nature : 29-59, 136-137, 141-142, 262-263
nature (maîtrise de la) : 94-97, 101-105, 116-119
nature et culture : 30-34, 43-49, 187-189, 251
nature humaine : (voir aussi droit naturel) 37-38, 282
néant : 202, 222, 259-260
nécessité (voir déterminisme)
nihilisme : 202-206, 296-297

O

obéissance : 53-54, 125, 141-142, 156-164, 229-230, 270-271, 290
opinion : (voir vérité)
ordre (voir rébellion)

P

paix (voir guerre)
passion : 32-34, 135-137, 139-140, 239-240, 278
péché (voir religion)
pensée : 67, 139-140, 165, 212, 226, 251-252
perception : 65-66, 221-222, 297
personne (voir humanité)
perversion : 50-53, 56-57, 133-137
peur : 105, 232-233, 257-262
philosophie : 15-20, 32-34, 223-224, 307-310

plaisir : 31-32, 50-54, 65-66, 69-70, 133-137, 141-142, 144-148, 228-229, 240-241
politique : 144-150, 165, 172-174, 179-180, 189, 192, 201, 212, 287-293, 294-297
pouvoir : 54, 56-57, 110-112, 124-132, 145-146, 156-159, 161-165 171-175, 178-182, 189-190, 201, 207, 253, 269-270, 287-289
principe de précaution : 103, 105
progrès : 94-97, 100-105, 107-109, 113-115, 202-205, 210-211
psychanalyse, psychologie (voir inconscient)

R

raison : 32-35, 226, 249-278
réalité : 220-222, 228-229, 250-253, 299-302
rébellion : 50-58, 79-81, 127, 147, 156-165, 173-174, 297
religion : 43-44, 203-204, 223, 228-233, 257-267, 296
rêve (voir inconscient)

S

science : 210-211, 260, 266, 277
sensibilité : 65-66, 82-83, 221-222, 240-241, 299-302
sexualité : 31-32, 39-40, 50-58, 133-137, 145, 238-245
société : 44-47, 52-54, 106-112, 124-132, 134-135, 146-147, 157-159, 172-174, 191
soumission (voir rébellion)
subjectivité, sujet : 220-225, 241-242, 295-297

T

technique : 93-121, 181-182, 260
temps : 33-34, 66, 97, 136-137, 195-196, 204-205, 222-223, 241-242, 258-261, 295-298
théorie (voir raison)
travail : 54, 97, 106-115, 126-129

U

universalité, universel : 80-81, 157, 223-224, 294-297
utopie : 108, 180, 268-272

V

valeur : 32-33, 52-54, 56-57, 273, 289-291
vérité : 80-81, 279-306, 325-329
violence : 54, 142-143, 159-160, 171, 178-179, 186-192, 207-208, 230
volonté : 32-34, 135-143, 187-189, 203, 211, 230-231, 238-242, 269-271, 288-289

CRÉDITS PHOTOGRAPHIQUES

Première de couverture : Barry Flanagan, *courtesy* Waddington Galleries/photo Jerry Hardman-Jones, *courtesy* Yorkshire Sculpture Park ; 18 : Giraudon ; 26 : RMN/H. Lewandowski ; 29 : Magnum/Elliott Erwitt ; 33 : Magnum/Elliott Erwitt ; 34 : RMN/Gérard Blot ; 45 : Rue des Archives ; 47 : Magnum/Josef Koudelka ; 53 : Magnum/Elliott Erwitt ; 54 : D. R. ; 61 : « L.H.O.O.Q. » de Marcel Duchamp - Adagp, Paris 2001/AKG Paris/ Cameraphoto ; 64 : Document Mission Henri Lhote ; 66 : Collection Christophe L ; 72 : RMN ; 75 : RMN/J.-G. Berizzi ; 81 : « Fountain » de Marcel Duchamp - Adagp, Paris 2001/ CNAC/MNAM/Dist RMN/Christian Bahier et Philippe Migeat ; 83 : Magnum/Elliott Erwitt ; 88 h. g. : « Infiltration homogen fur cello » de Joseph Beuys - Adagp, Paris 2001/CNAC/MNAM/P.-Y. Brest ; 88 h. d. : CNAC/MNAM/J.-C. Mazur - D. R. pour les ayant droit ; 88 b. : « Merda d'artista » de Piero Manzoni - Adagp, Paris 2001/CNAC/MNAM/J.-C. Mazur ; 89 h. : « Affiches lacérées sur tôle » de Raymond Hains - Adagp, Paris 2001/CNAC/MNAM/B. Hatala ; 89 b. : Galerie Beaubourg, Vence ; 93 : Rue des Archives ; 103 : Liberto Macarro ; 109 : Jean-Baptiste Sécheret ; 115 : Martin Veyron ; 120 : D. R. ; 123 : Magnum/Alex Majoli ; 126 : « Rimbaud dans Paris » d'Ernest Pignon-Ernest - Adagp, Paris 2001/Photothèque des Musées de la Ville de Paris ; 137 : Magnum/Chris Steele-Perkins ; 145 : Larry Clark, *courtesy* Galerie Kamel Mennour, Paris ; 147 : Magnum/Peter Marlow ; 155 : Collection Christophe L ; 158 : « Electric chair » d'Andy Warhol - Adagp, Paris 2001/CNAC/MNAM/Dist RMN/Philippe Migeat ; 160 : Magnum/Stuart Franklin ; 172 : Magnum/Peter Marlow ; 174 : D. R. ; 180 : Jeff Koons, *courtesy* Galerie Jérôme de Noirmont, Paris ; 182 : Magnum/Patrick Zachmann ; 185 : Collection Cahiers du cinéma ; 188 : Collection Christophe L ; 190 : Corbis Sygma/Orban ; 196 : Magnum/Marc Riboud ; 198 : Magnum/Bruno Barbey ; 205 : Collection Christophe L ; 216 : Magnum/Martine Franck ; 219 : Disney, par autorisation spéciale de TWDCF, Dreamland éditeur ; 221 : Rue des Archives ; 224 : Jean-François Sineux ; 231 : Collection Cinestar ; 240 : D. R. ; 242 : AKG Paris ; 249 : Collection Christophe L ; 252 : Magnum/Henri Cartier-Bresson ; 259 : Rue des Archives ; 261 : D. R. ; 270 : Magnum/Martin Parr ; 272 : Giraudon ; 279 : Magnum/Jerry Rosenkrantz ; 283 : Magnum/Gilles Peress ; 296 : Giraudon ; 303 : Jean-François Sineux ; 311 : Rapho DPL/R & S Michaud.

Imprimé en France par I.M.E. – 25110 Baume-les-Dames
Dépôt légal : février 2010
701.5501/18